DOY FE…

Antonio Ruiz Vilaplana

DOY FE...
UN AÑO DE ACTUACIÓN EN LA ESPAÑA NACIONALISTA

Edición de Francisco Espinosa Maestre
y Luis Castro Berrojo

ESPUELA DE PLATA

1ª edición: junio de 2012
2ª edición: junio de 2023

© Herederos de Antonio Ruiz Vilaplana
© Edición: Francisco Espinosa Maestre y Luis Castro Berrojo
© 2023. Ediciones Espuela de Plata

www.editorialrenacimiento.com
POLÍGONO NAVE EXPO, 17 • 41907 VALENCINA DE LA CONCEPCIÓN (SEVILLA)
tel.: (+34)955998232 • editorial@editorialrenacimiento.com

Texto revisado por Antonio Duque Amusco

Diseño de cubierta: Equipo Renacimiento, sobre una fotografía de
Antonio Ruiz Vilaplana en el Madison Square Garden, Nueva York, 19 de julio de 1938

DEPÓSITO LEGAL: SE 1041-2023 • ISBN: 978-84-18153-97-6
Impreso en España • Printed in Spain

PRÓLOGO

Ruiz Vilaplana, un secretario judicial en la capital de la cruzada[1]

Fueron Hugh Thomas y Gabriel Jackson en sus conocidas historias de la guerra civil o Herbert Southworth en *Antifalange* –quienes habían leído las ediciones de *Burgos Justice* hechas en Londres y Nueva York aún en plena guerra–, los que nos hicieron fijarnos en Antonio Ruiz Vilaplana. La primera edición en castellano de *Doy fe...* la publicó en París la Imprimerie Coopérative Etoile en 1937. Aquí en España se tradujo al catalán ese mismo año con el título de *En dono fe...* y luego hubo que esperar cuatro décadas hasta que la editorial Epidauro volvió a publicarla en castellano en 1977 en una edición muy reducida. Finalmente en

---

1. Todo este trabajo que sirve de prólogo a la presente edición de *Doy fe...* no existiría sin la colaboración de Carmen Negrín, que amablemente nos pasó copia digital del dossier que sobre la obra de Ruiz Vilaplana existe en el archivo de su abuelo, Juan Negrín. De ahí procede buena parte, la mejor, del material utilizado. También debemos mencionar al Arxiu Històric de la ciutat de Barcelona y a Alicia Torres Déniz por proporcionarnos copia de algunas páginas de *Solidaridad Obrera*.

2010 ha sido el editor burgalés Carlos Olivares quien se ha decidido a darle nueva vida, aunque también hay otras ediciones que luego comentaremos.

Sabemos poco de Ruiz Vilaplana (Barcelona, 1905-Ginebra, 1973)[2]. Cursó los estudios de Derecho en Madrid. En 1928 aprobó las oposiciones de Secretario Judicial. Él mismo detalla en el inicio de *Doy fe...* los juzgados por donde pasó (Riaza, El Ferrol y Madrid) desde esa fecha hasta su llegada a Burgos en noviembre de 1935. Pese a su juventud era, además de secretario del Juzgado de Instrucción de Burgos, presidente del Colegio de Secretarios Judiciales. Antes de su salida de la zona franquista fue designado secretario instructor de la Comisión de Incautación de Bienes de Burgos. También fue oficial letrado del Tribunal de Cuentas de la República. Políticamente se definía como republicano en un sentido amplio, pero no militaba en ningún partido. Menos conocido es que durante la República y hasta su incorporación al juzgado de Burgos se ocupó como periodista de la sección de justicia del diario republicano *Ahora*, dirigido desde 1931 por el conocido periodista y escritor Manuel Chaves Nogales.

---

2. Una de las pocas referencias a Ruiz Vilaplana y *Doy fe...* se encuentra en G. Mañá y otros, *La voz de los náufragos*, Ediciones de la Torre, 1997, pág. 115 y ss. La semblanza biográfica más completa se encuentra en la reciente edición del relato de su paso por EE. UU. antes de recalar en México (*Destierro en Manhattan*, Zimerman ed., 2010). En este texto se indica, por ejemplo, que durante su carrera se alojó durante un año en la Residencia de Estudiantes y que, posteriormente, además de colaborar con *Ahora*, lo hizo también con el diario *Luz*. Señalan igualmente los editores de *Destierro en Manhattan* que, una vez en París, se presentó ante el agregado de prensa de la embajada española y le contó su experiencia. Captaron su interés de inmediato y la Delegación de Propaganda lo animó a que la pusiera por escrito.

El retrato que de él se extrae leyendo el libro es el de un hombre liberal de ideas moderadas que con poco más de treinta años había consolidado su vida profesional en un mundo conservador por esencia como el judicial. Pero fue esta imagen precisamente la que más fuerza dio a su testimonio y más daño hizo a los golpistas, máxime cuando lo que narraba procedía de su propia experiencia en Burgos. Además, el relato de Ruiz Vilaplana se refería al núcleo esencial del plan puesto en marcha por los sublevados con el golpe militar de julio del 36, que no era otro que la represión, aunque, eso sí, desde un observatorio inusual: el Juzgado de Instrucción de la capital de provincia que los golpistas habían elegido como «capital de la cruzada».

Entre otras cuestiones de interés, Ruiz Vilaplana narró el desarrollo del golpe en Burgos, incluyendo la historia de la primera víctima, un obrero asesinado por los llamados «legionarios de Albiñana» el 19 o 20 de julio (no el 18, como indica el autor). En este caso, en que no se pudo reconocer el cadáver, cuenta Ruiz cómo se siguieron los procedimientos habituales, disponiendo el juez que se tomasen fotografías de la víctima y se expusiesen públicamente para su reconocimiento. Al mismo tiempo se comunicó el hecho a la Guardia Civil y a la Policía con vistas a su esclarecimiento. Pues bien, ésta sería la última vez en mucho tiempo en que se siguieron tales trámites rutinarios. No habían transcurrido ni veinticuatro horas cuando el gobernador militar ordenó la retirada de las fotos e hizo saber al juez que no convenía dar publicidad a estos hechos. Por su parte y como era de esperar, ni la Guardia Civil ni la Policía realizaron gestión alguna para aclarar lo ocurrido.

El terror siguió en los días siguientes, contando entre sus víctimas a los principales dirigentes de izquierdas, e incluso republicanos moderados, tanto de la capital como de la provincia. Cuando los cadáveres no eran enterrados en fosas el ritual se repetía y el Juzgado tenía que personarse allí donde aparecían y dejar constancia del levantamiento. En alguna ocasión el hallazgo de restos humanos mal enterrados obligó a realizar exhumaciones en las que también el Juzgado tuvo que personarse. Ruiz Vilaplana comenta una ocasión en la que el juez instructor de la 5ª División pidió al Juzgado que se inhibiera dado su interés en que no transcendiera lo ocurrido: se refería a la aparición de los cadáveres de un padre y una hija, la cual además había sido violada. Cada uno de los casos a los que acudió el Juzgado dio lugar a un expediente de «hallazgo de cadáveres desconocidos». En muchas ocasiones las víctimas eran sobradamente identificadas pero, en consonancia con el nuevo espíritu reinante, el Juzgado no consideró conveniente mencionar su identidad, de forma que no quedara rastro documental de las víctimas.

La dura experiencia de esos meses quedó plasmada en varios capítulos de los más inspirados del libro. Este fue el caso del número XIV, dedicado a la justicia, o del XVI, sobre el clero. En el primero de ellos trató sobre el abuso de los bandos militares y la farsa de los consejos de guerra, señalando cómo la maquinaria judicial militar necesitó de personal judicial civil para su funcionamiento. Algunos, como en su caso, lograron esquivar este peligro. Asistió solamente a un juicio, el celebrado en la Audiencia contra un grupo de dirigentes socialistas y republicanos de Miranda de Ebro, y comprendió por qué algunos se referían a estos espectáculos como «las Checas blancas».

Cuenta, por ejemplo, que en el borrador del decreto que establecía el funcionamiento de los consejos de guerra sumarísimos de urgencia se leía que «no era preciso para dictar sentencia ni siquiera oír al acusado». Sin embargo, en el texto definitivo no salió así por indicación del agregado alemán a la Secretaría de Justicia que, sin explicarse qué problema tenían en que se oyera a los acusados, consiguió que se eliminara. Ante lo cual Ruiz Vilaplana se preguntaba qué pensaría el nazi sobre los juicios a posteriori, es decir, aquellos en que la ejecución precedía al fallo.

En funciones de secretario Ruiz Vilaplana asistió a todo esto con enorme preocupación y plenamente consciente de lo que estaba ocurriendo a su alrededor. La gota que colmó el vaso fue el asesinato del conocido músico y folclorista burgalés Antonio José Martínez Palacios, desaparecido en una saca de octubre de 1936. Después preparó todo convenientemente y con la documentación en regla el 30 de junio de 1937 cruzó la frontera con Francia con la intención de no volver a pisar la zona ocupada.

Los comienzos de *Doy fe...*

Una vez establecido en París, Antonio Ruiz se dedicó de inmediato a redactar su testimonio que debió concluir a finales del verano de 1937. Ya con el borrador disponible lo pasó a algunas personas para que valoraran su interés. Una de ellas, aunque ignoremos la vía por la que le llegó, fue el jurista y político católico y republicano Ángel Ossorio Gallardo, entonces embajador en París, que sin duda debió de tener algo que ver con que la primera edición en español se realizase en aquella ciudad. Otro de los que recibió el libro fue Manuel Chaves Nogales, el anterior director de *Ahora*, residente en Montrouge-Seine desde que a fines de 1936 decidió abandonar primero Madrid y luego España, y que sin duda debía de conocer personalmente a Ruiz Vilaplana por haber sido éste colaborador fijo de su periódico. He aquí su respuesta al embajador:

Mi querido don Ángel: He visto el libro de Vilaplana que está muy bien. Acaso me sea posible reproducirlo, todo o parte, en la revista de La Habana, BOHEMIA, de la que soy corresponsal en París, revista muy republicana y muy de izquierdas de la que le mando un ejemplar con un trabajo mío análogo.

Estas cosas de propaganda política, sin embargo, no quieren pagarlas los periódicos y para que se decidiesen a reproducir los capítulos de Vilaplana sin miedo a tener que pagar haría falta una autorización del autor.

Si no hay inconveniente de ello haré la gestión con BOHEMIA y con otros periódicos americanos en los que colaboro, seguro de dar al libro una gran difusión.

Suyo agradecido amigo

q, o, s, m

44 Place Jules Ferry. Manuel Chaves Nogales
Montrouge – Seine. 25 [octubre] 37

Ossorio entonces gestionó la autorización poniendo en contacto a Ruiz Vilaplana con Chaves Nogales. La carta del primero al segundo está fechada el 2 de noviembre de 1937. En ella le da permiso para reproducir gratuitamente su libro en BOHEMIA y donde le parezca conveniente, y le agradece su interés. En el asunto también intervino Juan Vicens[3]. Él será, junto con el autor, quien distribuya ejemplares y recoja algunos de los comentarios que suscita.

---

3. J. Vicens (Zaragoza, 1895-Pekín, 1959). Relacionado con la Institución Libre de Enseñanza y la Residencia de Estudiantes. Bibliotecario e Inspector del Patronato de Misiones Pedagógicas. Creador de numerosas bibliotecas desde

El 27 de octubre Vilaplana escribe a Indalecio Prieto, ministro de Defensa entre mayo de 1937 y abril de 1938. Se ha enterado por Jerónimo Bujeda Muñoz[4] que el dirigente socialista quiere hacer una edición popular de su libro y le dice: «... he de hacerle presente que cuanto soy y tengo está a disposición del gobierno legítimo de la República por lo que por ley natural puede hacer V.E. del libro lo que crea más conveniente a la causa». Y añade: «Aprovecho la ocasión para expresar a V.E. que la posición con la que me presento en el libro para una mayor eficacia no es mi verdadera posición política, pues ésta ha sido siempre y en todo momento (salvo el obligado silencio en zona rebelde) de completa adhesión fervorosa al gobierno legítimo de la República».

Con el libro de fondo, Ruiz Vilaplana cruza correspondencia con diversos personajes entre los que destacan Luis Buñuel, entonces al servicio de la República en París; Pascual Guillén, uno de los dos guionistas del filme *Morena clara* (Florián Rey, 1936); el aludido Bujeda, al que le dice que cuenta con material «para dos o tres libros más que debo hacer»; Alfredo Cabello, al que reconoce la precipitación con que lo ha escrito; y otros como Eduardo Ugarte[5], Felipe

---

Cultura Popular. Autor de *España viva: el pueblo a la conquista de la cultura*, editado en París en 1938 y reeditado por Ediciones Vosa en 2002.

4. J. Bujeda Muñoz (Tarancón, 1904-México, 1971). Abogado del Estado. Asesor jurídico de la República en París. Salvó la vida de Ramón Serrano Suñer al lograr trasladarlo al hospital desde el que se fugó. Perteneciente al sector de Juan Negrín fue uno de los expulsados del PSOE. Establecido en Cuba tras el exilio pasó a México tras la revolución.

5. E. Ugarte Pagés (Fuenterrabía, 1901-México, 1955). Coguionista con Buñuel de *Don Quintín el amargao* (1935), obra de Carlos Arniches, su suegro. Amigo de García Lorca y muy relacionado con La Barraca. Miembro fundador de la

Sánchez-Román[6], Fernando Clérigo[7] y Ramón J. Sender, quien en carta a Vicens opina que el libro debe difundirse por América y se muestra especialmente sensible al episodio del campesino asesinado con un papel escrito. Cree que «las líneas del obrero hallado en Burgos deben ser esculpidas en Burgos en su día. Son alucinantes». En el papel se leía literalmente esto:

> Abisa a todos los compañeros y marchar pronto, nos dan de palos brutalmente y nos matan, como lo ven perdio no quieren sino la barbarida.

Estas palabras también llamaron la atención del gran poeta César Vallejo, quien las incluirá en uno de los poemas de *España, aparta de mí este cáliz* (1939) y al que, por cierto, Ruiz Vilaplana entrevistará en París a fines de 1937 o comienzo de 1938, poco antes de su muerte en dicha ciudad en abril de este último año[8].

Asociación de Amigos de la URSS y de la Alianza de Intelectuales Antifascistas para Defensa de la Cultura. Se exilió en México.

6. F. Sánchez-Román Gallifa (Madrid, 1883-México, 1956) Jurista, Hijo de Felipe Sánchez Román, ministro de Alfonso XIII. Diputado republicano. Fundador del Instituto de Ciencias Jurídicas de la Universidad Nacional de México.

7. F. Clérigo, abogado, escritor y político republicano.

8. Ver referencia en <http://personales.com/peru/trujillo/vallejo/entrevistas.htm>. Según parece Vilaplana conoció a César Vallejo en la embajada española en París, donde el embajador Ángel Ossorio le ofreció un puesto de redactor y lector. Tomamos este dato de la pequeña «biografía» contenida en la edición de la segunda obra de Ruiz Vilaplana *Destierro en Manhattan*, publicada en México en 1945 y editada en España en 2010 por la editorial Zimerman. La «biografía», firmada por «Los editores», se basa en los recursos que proporciona Internet y Google, pero prescinde indebidamente de relacionar las fuentes utilizadas.

La aparición de la edición en catalán sorprende a Antonio Ruiz Vilaplana, quien a fines de octubre de 1937 comentará sus impresiones a Ossorio Gallardo:

> Ya sabe V. y creo innecesario repetírselo que estoy de acuerdo y por completo conforme con todo lo que se haga del libro que bien V. o personas autorizadas del Gobierno juzguen oportuno, pero no quiero que al amparo de esta dualidad, creyendo V. que yo he intervenido y pensando yo que es cosa de V., y en realidad sin saberlo V. ni yo, haya personas que solamente por medro personal se aprovechen. Para ello, y abusando nuevamente de la bondad reiterada de V. para conmigo, le agradeceré me sugiera una norma o criterio fijo, para estas cuestiones, bien entendido que puede V. actuar enteramente a su voluntad, y con olvido absoluto de los derechos que a mí puedan corresponder.
>
> Mi sinceridad me obliga a reconocer que deseo obtener del libro el mayor provecho económico necesario a mi situación personal y familiar y futura tan incierta, pero siempre subordinada por completo a la conveniencia nacional o de la causa. Esto no tiene nada que ver con la preocupación de que sin beneficio para la causa ni material para mí, sirva el asunto a personas o entidades editoriales intermedias, bajo la capa de un servicio a la patria.

El 29 de octubre es Luis Prieto, amigo de Ruiz Vilaplana e hijo de Indalecio Prieto, quien desde la embajada de España en Londres le comunica sus impresiones tras la lectura de *Doy fe...* Dice: «Hay gente, todavía, que cree que los "blancos" son unos angelitos con uniforme de Falange o Requeté o ambos combinados que defienden la paz, el orden, la familia, la religión, la patria, etc, etc… etc… etc… *Doy fe...* es una muestra más de qué clase de angelitos son esos españoles. Mi mejor enhorabuena por el reportaje». También le comenta el proyecto del ministro de Defensa, su padre, de hacer una edición popular del libro. En los últimos días de octubre Ruiz Vilaplana informa a Ossorio Gallardo del deseo de Indalecio Prieto de realizar una edición para repartirla gratuitamente entre los soldados. Le pide además una lista de nombres a quienes enviar el libro teniendo en cuenta la salida inmediata de la edición francesa. El 31 de octubre Ossorio Gallardo le comunica que esta edición va tan avanzada que le hace llegar un listado de nombres a los que debe enviar el libro. Vale la pena reproducirlo, pues resulta revelador de la amplia simpatía que la república española tenía entre los intelectuales y artistas franceses[9]:

> Louis Aragon (París, 1897-1982), poeta y novelista. Militó en el Partido Comunista. Antifascista. Colaboró con la resistencia tras la invasión nazi.
> Claude Aveline (París, 1901-1992), poeta y escritor, miembro de la resistencia. Relacionado con España: escribió sobre los sucesos de octubre de 1934 y participó en el Congreso de Intelectuales Antifascistas de Valencia de 1937.
> Victor Basch (Budapest, 1863-Lyon, 1944). Filósofo. Cofundador y presidente de la Liga Francesa para la Defensa de los Derechos del Hombre y del Ciudadano. Profesor en las universidades de Nancy, Rennes y Lyon. Antinazi y defensor de la República española. Detenido en 1944 y asesinado junto con su mujer por la Milicia Francesa de Lyon de Paul Tavier por orden nazi. Sobre el cadáver dejaron escrito: «El judío siempre paga». Su hija Ivonne estaba casada con el sociólogo Maurice Halbwachs, detenido por la Gestapo poco después y fallecido en Buchenwald en marzo de 1945.

---

9. En el original sólo constan los nombres. La información la añadimos nosotros.

Albert Bayet (Lyon, 1880-París, 1961). Sociólogo. Profesor de la Sorbona. Miembro de la Liga de los Derechos del Hombre y presidente de la Federación Nacional de la Prensa Clandestina entre 1943 y 1944.

Pierre Bénard (1898-1946). Periodista. Resistente. Creador de *Le Canard Enchainé* en 1923.

Pierre Brossolette (París, 1903-1944). Periodista y político socialista. Antifascista. Jugó un papel clave dentro de la resistencia, en la que alcanzó el grado de capitán, de cara a la unificación de la Francia libre. Se suicidó tras ser torturado por la Gestapo en 1944.

Jean Cassou (Deusto, 1897-París, 1986). Escritor y crítico. Hispanista. Antifascista y resistente. Traductor de Lorca y Machado.

André Chamson (Nimes, 1900-París, 1983). Paleógrafo. Novelista y ensayista. Activista a favor de la República española. Resistente. Director de los Archivos de Francia a partir de 1959.

François Crucy (1875-1958). Periodista. Socialista y resistente relacionado con Brossolette.

Gabriel Cudenet (París, 1894-1948). Periodista. Radical-socialista.

François Jourdain (París, 1876-1958). Pintor y decorador. Miembro del Partido Comunista y de la Asociación de Escritores y Artistas Revolucionarios.

Georges Henri Rivière (1897-1895). Museólogo. Creador del concepto ecomuseo.

Agnés Humbert (1894-1963). Historiadora del Arte y etnógrafa. Una de las fundadoras de la resistencia.

Renaud de Jouvenel, creador de la casa de discos «Le Chant du Monde».

Philippe Lamour (1903-1992). Miembro del Partido Comunista. Antifascista y resistente. Uno de los modernizadores de la agricultura francesa.

Paul Langevin (París, 1872-1946). Físico. Encarcelado por la Gestapo en 1940. Huyó a Suiza en 1944. Su hija Helene fue deportada a Auschwitz pero sobrevivió; no así su marido, Jacques Solomon. Ingresó en el Partido Comunista y formó parte del Comité Parisino de Liberación. Sus restos reposan en el Panteón.

Bernard Lecache (1895-1968). Periodista. Antinazi. Miembro del Partido Comunista y masón (excluido del PCF por negarse a escoger entre el partido y la masonería). Fundador de la Liga contra los Pogroms».

Jacques Madaule (1898-1993). Político e intelectual católico, discípulo de E. Mounier. Fundador de la «Amistad judeo-cristiana de Francia».

Heinrich Mann (Lübeck, 1871-Los Ángeles, 1944). Escritor alemán. Autor de *El ángel azul*. Antizani y antiimperialista. Se exilió en 1933, primero en Francia y luego en Estados Unidos. Hermano del escritor Thomas Mann (1875-1955).

Jacques Maritain (París, 1882-Toulouse, 1973). Filósofo. Relacionado con España desde antes de la guerra civil. Amigo de Falla y de Bergamín. Firmante del «Manifiesto de escritores cristianos contra el bombardeo de Guernica». Negó el carácter «santo» de la guerra. Participó activamente a comienzos de 1938 en la campaña para salvar la vida al político catalán, republicano y católico Manuel Carrasco i Formiguera, finalmente asesinado.

Louis Martin-Chauffier (Vannes, 1894-1980). Periodista, escritor y resistente. Redactor jefe de *Liberation*, importante periódico clandestino, entre 1942 y 1944.

François Mauriac (Burdeos, 1885-París, 1970). Premio Nobel de literatura en 1952. Católico, resistente y simpatizante de la República española.

Henry de Montherlant (París, 1895-1972). Novelista, ensayista y académico. Relacionado con temas españoles (autor de *Los bestiarios*, novela sobre el mundo de los toros escrita en 1926).

André Morizet (1876-1942). Político socialista y comunista. Resistente.

Enmanuel Mounier (Grenoble, 1905-1950). Filósofo cristiano estrechamente relacionado con Maritain. Firmante, como él, del «Manifiesto de escritores cristianos contra el bombardeo de Guernica».

Paul Nizan (1915-1940). Filósofo y escritor. Miembro del PCF, que abandonó en 1939. Murió en la batalla de Dunquerque.

Gabriel Péri (1902-1941). Político y periodista. Miembro del comité central del PCF. Resistente. Asesinado por los nazis en Mont-Valerien junto con otras 91 personas.

Jean Richard Bloch (París, 1884-1947). Antifascista. Participó en la guerra civil española. Autor de *España, España 1936*.

Georges Sadoul (Nancy, 1904-París, 1967). Crítico marxista e historiador del cine, del que hizo una historia general.

Tristan Tzara (Rumanía, 1896-París, 1963). Escritor y poeta dadaísta. Miembro del PCF. Antifascista y resistente.

Charles Vildrac (París, 1882-1971). Poeta y escritor.

Andrée [Françoise Caroline] Viollis (Les Mées, 1870-París, 1950). Periodista y escritora. Feminista y antifascista. Codirectora con André Chamson del periódico *Vendredi*, desde el que defendieron la causa republicana. Resistente.

Antoine de Saint-Exupery (Lyon, 1900-1944). Novelista y aviador. Participó en la guerra civil española y en la mundial, en la que murió.

Henri Wallon (París, 18879-1962). Sociólogo marxista. Resistente. Ministro de Educación tras la liberación. Diputado y presidente de la Comisión de Reforma de la Enseñanza.

André Wurmser (París, 1899-1984). Escritor y periodista. Miembro del PCF desde 1934. Resistente. Editor de *Le Patriot du Sud-Ouest*. Vicepresidente de la Federación Nacional de Prensa Francesa. Asiduo de *L'Humanité*.

Jean Zyromski (Nevers, 1890-1975). Político socialista francés (pasó al PCF en 1945). Fundador en 1936 del Comité de Acción Socialista por España.

La gran campaña

La primera referencia al *Doy fe...* aparecida en la prensa republicana española se pudo leer en la portada de *La Vanguardia* del 2 de noviembre de 1937 firmada por Fabián Vidal con el título «Vilaplana estaba allí. La España de Franco por dentro». Vidal[10] comentaba por extenso diversos episodios del libro. A partir de entonces el texto comenzó a circular por la prensa. Así, en el *Informaciones* del 4 de noviembre puede verse el capítulo dedicado a la justicia y en *El Pueblo* del día siguiente el apartado dedicado al asesinato del músico Antonio José. De ese mismo día 5 de noviembre es el primer anuncio de la edición catalana, realizada por J. Vila Bisa por iniciativa del Comisariat de Propaganda de la Generalitat de Catalunya y del que se lee: «La setmana que vé es posará a la venda». *En dono fe... Un any d'actuació á l'Espanya nacionalista* salió poco después al precio

---

10. Pseudónimo del periodista granadino Enrique Fajardo Martínez (Granada, 1883-México, 1948), director del popular diario madrileño *La Voz*. Diputado por Granada en las Constituyentes de 1931 por el Partido Republicano Autónomo. En 1939 pasó por el Tribunal de Responsabilidades Políticas, que lo condenó a nueve años de extrañamiento. Entonces se fue a México, donde acabó suicidándose.

de seis pesetas. Pasados unos días, el 9 de noviembre, es el propio embajador Ángel Ossorio quien informa a Ruiz Vilaplana de que en Radio Madrid se están leyendo capítulos de su libro.

También de 5 de noviembre del 37 es la carta de Luis Prieto en la que le comenta que ha hablado con Antonio Ramos Oliveira[11], agregado de prensa de la embajada española en Londres, sobre la traducción inglesa del libro, que cuenta con la aprobación del embajador Pablo de Azcárate. Se tanteó a Gollancz y Faber & Faber pero finalmente se llega a un acuerdo con Constable. El traductor será el periodista Horsfall Carter, a quien, en carta escrita en inglés y fechada el 18 de noviembre, Vilaplana explicará el significado de la expresión *Doy fe...* para su posible traducción. De ahí saldrá ya en 1938 *Burgos justice: a year's experience of nationalist Spain*.

Esta nueva versión le abre las puertas de Estados Unidos. Aquí nuevamente vemos la mano de Juan Vicens, que es quien indica a Ruiz Vilaplana que contacte con Ernestina Fleischman, persona comprometida con la República[12]. A ella se dirige el 20 de noviembre de 1937 comentándole su deseo de que la edición norteamericana se haga

---

11. A. Ramos Oliveira (Zalamea la Real, Huelva, 1907-México, 1973). Ensayista, periodista y diplomático. Redactor-jefe de *El Socialista*. El golpe militar le coge en Londres, donde trabajaba como agregado de prensa de la embajada de España. De allí pasó a México en 1950. Director en 1951 de la *Revista de Historia de América* y autor, entre otras obras, de una conocida *Historia de España* en tres volúmenes publicada en México en 1954.

12. En 1946 fue condenada a tres meses de prisión y a 500 dólares por el Comité de Actividades Antiamericanas. Su delito: ocupar un cargo de responsabilidad en el Joint Anti-Fascist Refugee Commitee, considerado por sus responsables como una organización humanitaria de ayuda a los refugiados víctimas de la guerra civil española y por el Comité como una entidad de carácter subversivo (http://trove.nla.gov.au/ndp/del/article/42666994?searchTerm="Fleischman's"&searchLimits=).

en una gran editorial y a ser posible un gran editor burgués, y no por el servicio de Spanish pues entonces perderá todo su carácter de objetividad. En caso de que eso no sea posible es preferible no editarlo, y dejar que lo venda ahí la editorial «constable» u otra inglesa a la que se encargue.

Vicens además ha contactado previamente con Marcel Acier, el editor y recopilador de *From Spanish Trenches. Recent letters from Spain*, publicada en Nueva York en 1937, quien les aconseja que utilicen como *adviseurs* [consejeros] al matrimonio formado por Marian y Henry Hart. Acier les aconseja la editorial que ha editado su libro: Modern Age Books.

Otro contacto con Nueva York vendrá vía México, cuya embajada española ocupa Gordón Ordás. Se trata del director de *La Prensa* (Spanish Daily Newspaper), José Camprubí[13], quien solicita a Ruiz Vilaplana cincuenta ejemplares de la obra. Los libros salen desde París para Estados Unidos el 15 de noviembre. La dirección en la capital francesa de Vilaplana era Agencia España, Boulevard de la Madelaine, 12, la misma dirección desde donde estaba actuando Juan Vicens y que no era otra que la del Patronato de Turismo Español. Vilaplana aprovecha el contacto con Camprubí para consultarle sobre la conveniencia de dejar que Constable se haga cargo de llevar el libro a los Estados Unidos o, por el contrario, de buscar una editorial allí que se encargue de la edición. En esta carta le habla de las versiones ya existentes del libro (castellana, catalana, francesa e inglesa) y se refiere también a una posible traducción al alemán,

---

13. José Camprubí Aymar, hermano de Zenobia, la esposa de Juan Ramón Jiménez. La familia Camprubí procedía de Malgrat de Mar, en la costa catalana.

que no sé si llegó a hacerse. De hecho, por esos mismos días, como recogió *La Vanguardia* del 27 de noviembre, el periódico austríaco *National Zeitung* aludió al libro de Ruiz Vilaplana comentando algunos capítulos y oponiendo su contenido a la información ofrecida por otros periódicos sobre la España franquista.

Un primer eco de *Doy fe...* en la prensa franquista puede verse en *El Diario de Burgos* de 23 de noviembre de 1937 bajo el significativo titular «El sugestivo libro de Eleonora Tennant y el de Vilaplana». Carece de firma y constituye la prueba de que el libro estaba teniendo una difusión y una repercusión internacional considerables. La noticia trataba de oponer el libro de la primera al del segundo, al que sin decir ni de qué iba se consideraba lleno «de afirmaciones parciales, interesadas, inexactas de un escritor español indigno de serlo por su proceder para con la Patria». Naturalmente el libro de Eleonora Tennant, *Spanish Journey: Personal Experiences of the civil war*, publicado por la editorial británica Hardcover en 1936, ofrecía una imagen de la España franquista muy diferente y su conclusión, según el diario, era que la España de Franco vivía «bajo el signo del orden y del derecho». Y por si hubiera alguna duda, además de recordar que en Inglaterra aún se ahorcaba, añadía que la represión de Franco se ha dirigido exclusivamente contra los asesinos. Naturalmente del libro de Vilaplana no se decía nada.

La edición francesa, *Sous la foi du serment*, verá la luz a fines del 37 al cuidado de Jean Flory, de la Librairie Générale & Régionaliste, ubicada en el 140 del Boulevard Saint-Germain, «Au coeur du quartier du livre», decía el logotipo. Flory le hace llegar el contrato el 24 de noviembre de 1937. Destaca el punto 8: «Les droits d'auteur sont fixés à QUARANTE POUR CENT du montant du prix de vente de l'ouvrage qui lui-même est fixé pour le premier tirage à QUINZE FRANCS l'exemplaire, l'importance de ces droits d'auteur étant justifiée par le fait que Monsieur Antonio Ruiz VILAPLANA a reglé entièrement la facture de fabrication de cet ouvrage. Les droits d'auteur seront versés trimestriellement...». También algunos periódicos franceses colaborarán publicando algunas partes del libro. «C'est un document que l'Histoire retiendra», se leía en algunos.

A fines de noviembre de 1937 *Doy fe...* entra de lleno en la prensa. El día 25, por ejemplo, *Solidaridad Obrera*, el periódico de la CNT catalana, convencido de la importancia de la obra, anuncia en portada su publicación por partes en sus páginas y la inicia con el capítulo «Burgos, antes de la guerra civil». Y al otro lado del Atlántico, por esos mismos días, aparecían el capítulo «Los enterramientos de la Cartuja» en *Repertorio Americano (Semanario de cultura hispánica)*, de San José de Puerto Rico, y el de Franco en *Democracia Española*, revista decenal de Manila[14]. En otros casos son artículos con firma, como el de Félix Pita Rodríguez[15] desde París para el periódico barcelonés *La Nueva España*, titulado «Quién es el autor del valiente libro sensacional Doy fe...» o el de Denis Weaver[16] para

---

14. La primera fechada el 27/11/1937 y la segunda el 30/11/1937.

15. Félix Pita Rodríguez (Bejucal, Cuba, 1901-La Habana, 1990). Poeta y escritor. Realizó estudios en Cuba y completó su educación en París. Formó parte de la delegación cubana en el Congreso Antifascista de Valencia de 1937. Permaneció fuera de Cuba hasta el triunfo de la revolución. Luego ocupó cargos importantes en el ámbito cultural. En 1985 recibió el Premio Nacional de Literatura.

16. Como corresponsal del *News Chronicle* Denis Weaver pasó por España en octubre de 1936. Paul Preston nos cuenta que yendo en coche por la zona de El Escorial-Aranjuez con otras tres personas, una de ellas otro colega corresponsal, fueron detenidos y hechos presos en un control por fuerzas del Ejército de África. El chófer y el otro acompañante fueron asesinados en el acto y ellos maltratados y trasladados al cuartel general de Varela, donde asistieron aterrorizados a algunos actos de carácter represivo. Poco después fueron enviados a Salaman-

el *News Chronicle* de 2 de diciembre de 1937, con el título «I bear witness», un intento de trasladar al inglés el título original de la obra y de resumir algunos de los detalles más impactantes del libro que pasará luego a otros periódicos británicos como el *Manchester Guardian*. Veamos algunos párrafos del artículo de Félix Pita:

> (…). No es un comunista, no es un socialista, no en fin, un rojo según la expresión hitleriana puesta de moda por los rebeldes españoles. (…). La sola disciplina del hombre íntegro dictó el impulso que haría hacer este libro. De ahí su valor enorme. Documento que la historia recogerá mañana para situar en su justo lugar a los culpables del gran crimen español. Antonio Ruiz Vilaplana ha dado fe del gran crimen. Los culpables y sus cómplices de la gran prensa de información americana tendrán que justificarse en su día. Y los libros como éste, limpios de toda sospecha de propaganda, inmunes contra toda acusación partidarista, serán testigos en el gran tribunal de los hombres honrados del mundo, cuando los asesinos se sienten en el banquillo que les espera fatalmente.

El 4 de diciembre de 1937 *La Vanguardia* recoge la llegada a Barcelona de Ruiz Vilaplana, «que está siendo estos días tan leído y comentado en toda la España antifascista». Y añade: «Este libro, lanzado hoy a la conciencia del mundo, como una acusación rotunda, irrefutable, es ante todo y sobre todo, el libro de un hombre leal, de un hombre honrado, que hoy se halla entre nosotros libre, al fin, de la pesadilla vivida durante ese año de «actuación en la España nacionalista» y al que sin duda Barcelona ha de recibir como merece».

---

ca, donde tras sufrir nuevas amenazas de Luis Bolín, fueron expulsados del país (Preston, P., *Idealistas bajo las balas*, Debate, Barcelona, 2007, págs. 161 y ss.).

La prensa fascista contrataca

Por su parte, prueba de la repercusión que *Doy fe…* estaba teniendo —en los últimos días de 1937 se dan los pasos para las ediciones argentina y chilena del libro[17]–, la prensa fascista no perdía ocasión de atacar al ex secretario judicial de Burgos[18]. Una prueba de ello la tenemos en el *Diario de Cádiz* del 7 de diciembre de 1937. Sin firma y bajo el titular «Ruiz Villaplana (sic) pretende sentar plaza de moralista, en la zona roja» leemos:

> En la zona roja siguen publicando los periódicos y radiándose capítulos del libro «Doy fe» publicado en París por Antonio Ruiz Villaplana (sic), secretario del Juzgado de Instrucción de Burgos y para que os enteréis de quién es el autor aquí van unos pequeños detalles sobre su vida.
>
> Este sujeto, que es casado y con dos hijas dejó abandona a su familia en Madrid y él vivía en Burgos con una artista de varietés llamada Amparo Miguel Ángel a la que hacía pasar por su esposa[19].
>
> Se adhirió con todo entusiasmo al Movimiento Nacional… Salió para Francia según dijo para gestionar la venida de su familia de

---

17. Detrás de esta iniciativa estuvo el poeta, diplomático y político ecuatoriano Jorge Carrera Andrade, que a finales de 1937 ejercía de cónsul de su país en París. La edición argentina corrió a cargo de Carmelo di Vruno. Se editaron cinco mil ejemplares y además el diario *Nueva España* lo publicó por partes.

18. En la «biografía» ya aludida de *Destierro en Manhattan* se lee que incluso se hizo una edición en miniatura y papel cebolla que fue lanzada por aviones sobre algunas ciudades ya ocupadas por los sublevados.

19. No es difícil seguir en la prensa de la época el rastro de de la cantante y actriz Amparo Miguel Ángel, conocida desde finales de los años veinte y que durante la República y como vicetiple ocupó lugar principal en la compañía de Celia Gámez.

la zona nacional, sin duda arrepentido de su conducta anterior, pero ya en el extranjero se acordó que había dejado al descubierto más de cincuenta y un mil pesetas que tenía en depósito por su cargo, las que había gastado alegremente y acordándose que la malversación se castiga con la cárcel le ha parecido mejor no volver para eludir la acción de la justicia, la que lo busca desde mucho antes de la publicación de su libro, pues en el Boletín Oficial de la Provincia de Burgos de dieciséis de agosto ya se inserta en los llamamientos judiciales.

Ya veis: los que sientan cátedra de moralistas en la zona roja son los que huyen de la nuestra por estafadores y los que con sus familiares se han comportado siempre como perfectos caballeros o canalleros, como dice el general Queipo.

Los terribles bombardeos realizados sobre Barcelona a fines de 1937 y comienzos de 1938 dieron lugar a una sección fija en la portada de *La Vanguardia* que se tituló «El bombardeo de ayer». Una de las peores consecuencias fue la del día 7 de diciembre, que causó cincuenta muertos y cien heridos. Entre los primeros se encontraba el conocido abogado y periodista de Esquerra Republicana Joaquín Vilá Bisa, traductor de *Doy fe...* al catalán. Vilá, hombre ligado a los servicios de prensa de la Generalitat desde 1931 hasta el final de su vida, en que cumplía funciones de Comisario de Guerra de Cataluña, había sido también el traductor al catalán y prologuista del libro del periodista francés Jean Alloucherie *Noches de Sevilla: (un mes entre los rebeldes)*.

La primera entrevista a Ruiz Vilaplana de que tenemos noticia apareció en *La Vanguardia* del 8 de diciembre de 1937. Establecía su origen catalán, hecho que había considerado prudente no airear hasta entonces, y afirmaba que «en el campo faccioso decir que es uno catalán y resultar un sujeto peligroso, es todo una misma cosa». Después de contar las razones que le llevaron a abandonar la zona franquista añade sobre su futuro: «Yo mismo no lo sé. Tengo un pasaporte en regla para marchar cuando me convenga. He venido a ver y estoy viendo. Después es posible que escriba otras cosas; de las que he visto allá y de las que he visto aquí…». Y cierra el periodista: «Ruiz Vilaplana, (…), no quiere decir más, no quiere fijar posiciones. Está influido aún por aquel ambiente malsano y quiere ver, ver y vivir nuestro campo…».

Dos días después, el 10, era el periódico falangista *Unidad*, de San Sebastián, el que contraatacaba, aludiendo como ya era habitual a su vida privada y a su integridad moral. El artículo, «La fuga de Vilaplana o una gran botaratada», aparecía firmado por J. de Fuentetoba, quien inventaba una entrevista ficticia en la que Vilaplana admitía ser un sinvergüenza carente de escrúpulos (casado y con dos hijos en Burgos pero con la amante en Valladolid) y un vago (según el autor del artículo Vilaplana se había pasado del periodismo al juzgado de Burgos para ganar mucho y trabajar poco). Por su parte el tal Fuentetoba, posiblemente un seudónimo y que por lo que cuenta trabajó también en *Ahora*, dice del libro que está escrito

> en idioma que de lejos se parece al castellano, un libro lleno de sandeces y de embustes por un puñado de monedas y acaso, acaso, alguna promesa de Negrín o de Prieto… Porque todo eso de las ideas democráticas y de su liberalismo de que habla por la radio es un cuento de las mil y pico de noches. La obra en la que este majadero ha desempeñado el papel de protagonista tiene un título muy conocido en España: «Por seguir a una mujer». Aunque también figure en el reparto de «Rafles»[20] y en el de «Los siete niños de

---

20. Se refiere a la novela del inglés E. W. Hornung *Raffles, ladrón de guante blanco*, muy popular en las primeras décadas del siglo XX.

Écija». Pero ya las pagará todas juntas, si como anuncia se decide a vivir entre los rojos. ¿Qué mayor castigo a su botaratada[21]?

Ruiz Vilaplana también pasó por Madrid el día 10 de diciembre y declaró:

> (…). El Madrid alegre que abandoné antes de julio lo encuentro ahora convertido en una ciudad ensangrentada por el fascismo, pero serena, heroica y fuerte. Jamás fui izquierdista, pero creo que todo español debe defender la integridad de la patria y ésa la representa ahora el gobierno de la República.[22]

Al día siguiente era el *ABC* de Sevilla el que, citando como fuente a *El Defensor de Córdoba*, contestaba una vez más lanzando infundios a cual más disparatado sobre nuestro protagonista. Bajo el epígrafe «El doble marxista Ruiz Villaplana (sic) estuvo en Córdoba, donde dejó amargos recuerdos en los hoteles» y muy en la onda del *gracejo* de Queipo se leía que

> hay en esta capital quien puede dar fe de que el tal Ruiz Villaplana (sic) es un sinvergüenza de tomo y lomo, y como tal se portó en Córdoba, cuando estuvo en época no muy lejana. La Amparo Miguel Ángel actuó en un teatro cordobés, y aquí vino a visitarle el desvergonzado, que dejó huellas de su paso y de su comportamiento. Cometió una estafa en el hotel en que estuvo hospedado y su comportamiento en él fue el de un chulo en la más baja expresión de la palabra. Además se quedó con el dinero de la compañía. Pueden agasajarle los marxistas. Es digno de estar con ellos.

---

21. Este artículo fue publicado también en *El Diario de Burgos*. Es probable pues que fuese enviado vía orgánica a todos los periódicos.

22. *Prensa Hispánica. Información española*. Nº 196. 11-diciembre-1937.

Esta tendencia al insulto ante la imposibilidad de contrarrestar la información ofrecida por Vilaplana, que además se desconocía por estar prohibida la venta de su libro, fue destacada por *La Vanguardia* el 19 de diciembre en un comentario breve titulado «Plumas facciosas». Esta campaña también surtió efecto. En Londres, por ejemplo, en la Cámara de los Lores, un simpatizante de Franco intentó parar la versión inglesa de libro que preparaba la editorial Constable sirviéndose de estas historias que afectaban a la vida privada del autor de *Doy fe...* Entonces la editorial le pidió pruebas, ante lo cual el lord dio marcha atrás y dijo no poder comentar el asunto fuera de la Cámara, ya que sólo en ella estaba protegido contra un proceso por difamación[23].

De ello quedó constancia en la primera edición de 1938 en una nota inicial de los editores titulada «Accusation and reply» (Acusación y respuesta). Siete fueron los cargos formulados en la Cámara de los Comunes el 21 de diciembre de 1937: abandono de esposa e hijos en Madrid, vida marital con una artista de variedades en Burgos, no contribuir al mantenimiento de su familia, pertenencia anterior a organizaciones de derechas, malversación de 51.000 pesetas de los fondos de Justicia, conducta abiertamente desvergonzada y estafa en Córdoba, y salida del Burgos sin pagar el hotel. La respuesta de Ruiz Vilaplana a las siete acusaciones, reproducida por la editorial, fue la siguiente: su esposa y sus hijos estaban con él en París desde el primer momento; resultaba totalmente grotesco que él, como secretario del Juzgado de Burgos y como presidente del Colegio de Secretarios, hubiera convivido en dicha ciudad con la mencionada artista; lo tercero, al vivir con su familia, carece de sentido alguno; nunca perteneció a partidos de derechas; tachó de ridículo lo de la

---

23. Southworth, H. R., *Antifalange*, Ruedo Ibérico, París, 1967, pág. 158.

malversación; recordaba haber visitado Córdoba en una ocasión en 1934, y finalmente admitió haber salido de Burgos sin pagar el hotel, ya que al llevar la cuenta por meses hubiera llamado la atención el pago de los días del mes en que abandonó la ciudad[24].

El Lord, efectivamente, declinó hacer comentario alguno fuera de la Cámara sobre la carta enviada por Ruiz Vilaplana a la editorial. Por su parte ésta concluyó que, dada la repuesta del autor, el informe favorable de la embajada española y la total ausencia de pruebas consideraba procedente la publicación del libro, una exposición de horrores absolutamente desconocidos para el público británico.

Lo que sí hizo el gobierno de Burgos coincidiendo con esta ofensiva fue dictar un decreto, el nº 49 de 11 de diciembre de 1937, por el que los secretarios judiciales pasaban bajo control de los propios jueces de los juzgados donde trabajaban y no como antes en que, ante cualquier problema, era otra instancia ajena al juez la que dirimía los conflictos (la Audiencia Territorial). De esta forma pusieron en manos de los jueces, ya controlados, la suspensión de los secretarios cuando se dieran ciertas circunstancias, entre las que cabe mencionar «cuando se promoviera expediente para su separación». Así se acabó de un plumazo con la independencia de la fe pública[25].

---

24. Hemos podido acceder a la nota editorial de la edición inglesa gracias a la amabilidad de Paul Preston.

25. La conexión entre el decreto y el libro de Ruiz Vilaplana se debe a Torné y García, J.M., «Reflexiones sobre la fe pública judicial», en Primeras Jornadas de Fe Pública Judicial, Sitges, 1985. Tomo la referencia de Gómez Arroyo, J.L., «Comentarios al artículo 452 de la Ley Orgánica del Poder Judicial», en http://www.upsj.org/documentos/congresos/soria/comentarios.pdf. Puede ser interesante señalar que a mediados de los años ochenta surgió una corriente crítica dentro del Colegio Nacional de Secretarios Judiciales denominada «Ruiz Vilaplana», que tenía por objeto recuperar la situación anterior al decreto de diciem-

De *Doy fe...* a *Un año con Queipo*

De Madrid pasó Ruiz Vilaplana a Barcelona. Una noticia de la *Nueva España* del 12 de diciembre de 1937 destacaba que el gobierno español lo había invitado a recorrer el territorio leal y que, una vez que lo hubiese visto con detenimiento, pasase de nuevo a Francia y escribiese sobre ella con la misma sinceridad que lo había hecho sobre la otra. El autor de *Doy fe...* dijo que aceptaba la invitación. La publicidad de *En dono fe...* seguía apareciendo en *La Vanguardia*. Y ya avanzado diciembre le llegaron noticias de que la introducción del libro en Austria y Suiza iba avanzando y ya eran varios los periódicos que había traducido capítulos sueltos, algunos de los cuales habían pasado a la prensa checoslovaca de habla alemana. También hubo una versión holandesa a cargo del hispanista católico y pro republicano Johan Brouwer: *Ik verklaar onder eede* (Brusel, Rotterdam, 1938)[26].

El libro, además, seguía circulando por Latinoamérica[27]. El 19 de diciembre apareció un artículo del escritor y traductor Rafael

---

bre de 1937, lo que no se consiguió hasta la Ley Orgánica del Poder Judicial de 2003. Sobre esto ver también Luis Martín Contreras, «Sobre los defensores de la fe pública», en *Tribuna Libre*, 22/05/2009: http://www.upsj.org/modules/impression/singlearticle.php?cid=1&aid=25.

26. Johan Brouwer (n. 1898) mostró inicialmente simpatías por los franquistas pero un viaje por España ya iniciada la guerra le hizo cambiar de opinión al comprender que la amenaza fascista que se extendía por España acabaría llegando a Europa. Una vez ocupada Holanda por los nazis, Brouwer, profesor universitario, se implicó en actos de resistencia, por lo que fue detenido y asesinado con otros compañeros y estudiantes en julio de 1943.

27. Sabemos de la existencia de dos ediciones en Argentina a cargo de las editoriales Nueva España (1937) y Perseo (1938), y de otra en Chile que publicó Antares en 1938.

Sánchez de Ocaña en *El Nacional* de México titulado «Doy fe» en el que se rebelaba contra la visión maniquea que numerosos medios estaban dando del conflicto español: esa que asemejaba a la zona republicana al infierno y a la franquista al paraíso. *Doy fe...* rompía ese esquema mostrando las interioridades del paraíso, contadas nada menos que por un moderado y probo funcionario judicial, «un pacífico burócrata» según Sánchez de Ocaña. También en diciembre se publicaron trozos escogidos del libro en el *Boletín Internacional* de México, en el *Diario Nacional* de Bogotá, en la revista *Facetas de actualidad española* de La Habana y en *La Voz* de Nueva York.

Ese mismo día *Solidaridad Obrera*, que ya iba por el número 19 de los textos publicados del libro de Vilaplana, anunció en portada la aparición en breve de una entrevista con el autor de *Doy fe...* La entrevista salió el 24 de diciembre de 1937. Trazaba un cuadro del Burgos que había dejado, una ciudad amedrentada por el terror y poblada de alemanes e italianos, y detallaba su paso a Francia: «Después de múltiples gestiones y a pretexto de que tenía mi familia en Francia, conseguí un volante para pasar la frontera y regresar con aquella a los tres días a Burgos. Claro está que no pensé un momento en volver. Ya en París y ante los descarados infundios de la prensa, pagada por los fascistas quise, desde mi posición imparcial, darles un documentado mentís. No me ha guiado otro propósito al publicar *Doy fe*. Esta entrevista pasó, traducida al inglés y bajo el título «From the Heart of Franco's Realm», al *Spanish Labor Bulletin* de 3 de febrero de 1938, publicado por la Spanish Labor Press Bureau de Nueva York. En marzo del 38 el periódico *Frente Popular*, que se editaba en Nueva York, anunciaba la venta de *Doy fe...* en el Club Obrero Español (1490 Madison Av.).

En los últimos días de diciembre de 1937 Vilaplana comunica al embajador Ossorio Gallardo su regreso de España a París y su deseo de verlo. Quiere comentarle en persona –«es natural que debiéndose ello en gran parte a V. desee tenerle al corriente de todo, así como de las ediciones hechas en España y de algún proyecto»– la acogida «verdaderamente emocionante» que allí ha tenido su libro. Le anticipa la noticia de la edición que la Subsecretaría de Propaganda prepara en portugués para Portugal y Brasil. Y le pide orientación sobre la edición alemana, que sigue en manos de Eugeni Xammar[28]. Existen también referencias de que fue traducida al ruso.

El 8 de enero de 1938 *Solidaridad Obrera* anuncia en portada la colaboración de Antonio Ruiz Vilaplana, «el autor del sensacional libro *Doy fe*, que desenmascaró a la España violada por Franco». Su primer artículo llevaría por nombre «Hablando con un 'neutro'». Un mes después volverá a colaborar con el texto titulado «El toro y el 'torico'». Los meses siguientes nos ofrecen algunas noticias sueltas sobre el autor de *Doy fe...*: intervención en conferencias (las últimas a fines de 1938); incorporación a filas por movilización de su reemplazo (*La Vanguardia* de 3 de junio reprodujo el telegrama que desde París envió a José Prat, subsecretario de Presidencia anunciando su regreso), llegando a intervenir en campos de instrucción militar; colaboraciones en *La Vanguardia*; participación en el gran mitin en favor de la República que, con motivo del segundo aniversario del fracaso del golpe, tuvo lugar en el Madison Square Garden de Nueva York el 19 de julio de 1938[29]; gira por EE. UU. (Nueva York, Filadelfia, Chi-

---

28. E. Xammar Puigventós (Barcelona, 1888-La Ametlla, 1973). Periodista, diplomático y traductor. Agregado de prensa de la República en París durante la guerra civil. Funcionario de la Sociedad de Naciones y, tras la guerra mundial, de la ONU.

29. En el acto intervinieron, entre otros y además de Ruiz Vilaplana, el cónsul Careaga (¿Luis Careaga Echevarría?) y Fernando de los Ríos.

cago, Los Ángeles, etc.) y regreso dos meses después a Europa en el «Queen Mary», vuelta a España y nueva incorporación al ejército[30]; asistencia entre los invitados al acto que en honor de las Brigadas Internacionales tuvo lugar en el Gran Teatro de Barcelona el 27 de octubre de 1938, etc.

Un buen broche final para este recorrido por las vicisitudes de Antonio Ruiz Vilaplana y su *Doy fe...* es este documento, uno de los escasos rastros conocidos del libro en los archivos franquistas. He aquí el telegrama postal que «S.E. Generalísimo» envió al «General Jefe del Ejército del Sur» el 9 de abril de 1938:

> Por algunas oficinas de Censura se ha detenido libro de Vilaplana titulado «Doy fe» dedicado a combatir con insidias y falsedades Glorioso Movimiento por lo que ordenará V. E. su inmediata recogida en todas las oficinas de censura[31].

En agosto de 1938 el testigo pasaba del ex secretario del juzgado de Burgos al ex delegado de Propaganda de Queipo: Antonio Bahamonde Sánchez de Castro. Ignoramos si éste llegó a conocer el libro de Ruiz Vilaplana, aunque es muy posible que así fuera por su cargo en los servicios de propaganda. Desde luego como hipótesis resulta atractiva la idea de que la lectura de *Doy fe...* animara a Bahamonde a abandonar la zona facciosa. Éste había obtenido permiso para salir de Sevilla en una misión para Berlín. Partió en barco desde Lisboa

---

30. Según la «biografía» de *Destierro en Manhattan* Ruiz Vilaplana «quedó cesante en su puesto en la oficina de propaganda por movilización de su quinta».

31. Archivo Intermedio Región Militar Sur de Sevilla, leg. 2. Debo este documento a la amabilidad de José María García Márquez.

en enero de 1938 y aprovechó una escala en el puerto de Róterdam para emprender el camino hacia la España republicana.

Sea como sea, resulta notable el paralelismo vital de estos dos hombres, espectadores privilegiados en el primer acto de la tragedia del Nuevo Estado. Como lo es su coincidencia a la hora de valorar y reaccionar ante algunas cuestiones; el profundo horror e indignación ante la barbarie represiva, que les lleva a «huir, huir lejos» y a dar testimonio de lo que han visto ante el mundo civilizado; su precoz apreciación de la diferencia «entre lo realizado por los nacionales, fría y metódicamente, organizado por las que llaman autoridades, y lo que haya podido hacer el pueblo (...) desbordando al poder público» (Bahamonde); su denuncia, no exenta de patriotismo indignado, de los atropellos de las tropas extranjeras y de la subordinación del Nuevo Estado a las potencias fascistas; su crítica actitud, siendo creyentes, ante el papel de la Iglesia –y en especial de los jesuitas– en la gestación del nacional-catolicismo; su certera apreciación de las diferencias y tensiones entre los nuevos «Caudillos» (Franco, Mola, Queipo) y entre los grupos que les apoyan. (Vilaplana muestra en algunos pasajes una indulgencia benevolente hacia los falangistas, que es inconcebible en el texto de Bahamonde. Para este, que escribe con poco más de distancia temporal, queda claro que la falange ya no representa nada, una vez que ha sido domesticada por la unificación y que ha hecho el trabajo sucio de la retaguardia en los primeros meses).

Unos meses después, el día 26 de agosto, *La Vanguardia*, que no perdía ocasión de señalar el hecho admirable y extraño de que personas que vivían bien en la zona franquista y gozaban de predicamento se pasasen a zona republicana, se hizo eco de la aparición de *1 Año con Queipo. Memorias de un nacionalista*, publicado por Ediciones Españolas, dependiente de la Subsecretaría de Propaganda de la República, al precio de 15 pesetas[32]. «La acusación más rotunda contra los asesinatos, crueldades y abusos cometidos por los militares traidores», decía la propaganda. Uno de los primeros comentarios fue el del periodista Antonio Dorta Martín[33] en el *ABC* de Madrid de 13 de septiembre de 1938, en el que se anunciaba la publicación por capítulos del libro. Concluía así:

> Todo lo que se haya hecho por las masas republicanas en sus primeros tiempos de frenesí irresponsable queda empequeñecido, minúsculo, como un juego de niños, ante este libro terrible. Léanlo las personas de buena fe. Léanlo las personas que todavía tengan sensibilidad moral. Los que creemos en España, en su civilización de siglos, tenemos la seguridad de que su lectura no será infecunda. De su ejemplo saldrán fortalecidos los principios inalterables, eternos, de la moral humana, que es también –ha sido siempre y creemos que lo seguirá siendo– la moral del pueblo español.

Finalmente, una noticia de *La Vanguardia* de 13 de noviembre de 1938 une a ambos autores como invitados a la inauguración en Barcelona de la Exposición de Auxilio Femenino Antifascista. Unas semanas después daba comienzo la ofensiva franquista contra Cataluña. Antonio Bahamonde acabó estableciéndose en México a fines

---

32. El libro de Antonio Bahamonde, del que sólo existían ejemplares en la Biblioteca Nacional, sería finalmente publicado en 2005 en Sevilla por Espuela de Plata (Renacimiento).

33. A. Dorta Martín (Tacoronte, Tenerife, 1906-Madrid, 1983). Político republicano, abogado, crítico, periodista y traductor. Redactor-jefe del *ABC* de Madrid y de *Blanco y Negro*. Depurado tras la guerra vivió de las traducciones para editoriales. En 1951, con motivo de ganar una plaza de funcionario y traductor en la FAO, se trasladó a Roma.

de 1938 y dos años después dejó sus impresiones sobre el país en *México es así*. De su viaje quedó un rastro: una entrevista que le hizo en La Habana Carlos Lizandra para *El Mercantil Valenciano* y que el *ABC* de Madrid recogió en su edición del 14 de diciembre de 1938. Cabe destacar estos párrafos de la entrevista:

> Quiero que diga que yo sigo siendo un burgués y que mis ideas siguen siendo muy moderadas. He sido siempre católico y lo sigo siendo, a pesar de que mi fe ha sufrido pruebas terribles por los crímenes que he visto cometer en nombre de la religión. Si yo hubiera estado en Madrid y presenciase las muertes de católicos que se atribuyen a las turbas, mi fe se hubiera robustecido, porque siempre serían los enemigos del catolicismo los que las perpetrasen. Pero a un hombre de conciencia le resulta imposible justificar las matanzas organizadas por gentes que practican el asesinato en nombre de Dios.

* * *

> Voy a Méjico, a reunirme con mi familia. Quiero reconstruir mi vida en América trabajando honradamente. He perdido cuanto tenía. Pero mi conciencia me obliga a protestar ante el mundo civilizado de los crímenes que se cometen en mi patria.

* * *

> Diga usted que no trato de catequizar adeptos para la causa. Cuento la verdad, que puedo probar en toda ocasión, y hablo al corazón de los verdaderos españoles que pueden estar engañados por una campaña de mentiras en la cual tomé parte, por desgracia, aunque no por voluntad mía, sino obligado por las circunstancias trágicas que me rodeaban.

De Ruiz Vilaplana sabemos que pasó a Nueva York y que, después de trabajar un tiempo para la agencia de noticias Consolidated Press se estableció en México, donde en 1945 publicó una nueva obra con los recuerdos de su paso por los Estados Unidos titulada *Destierro en Manhattan*, vuelta a editar allí mismo diez años después y publicada por primera vez en España en 2010[34].

La cruzada de Constantino Bayle, S. J.

El núcleo de propaganda creado en Salamanca para contrarrestar los efectos de las fuerzas favorables a la República y para justificar el golpe militar y la guerra civil no podía permanecer impasible ante obras como las de Antonio Ruiz Vilaplana y Antonio Bahamonde

---

34. A consecuencia de la reciente edición ya mencionada de *Doy fe...* contamos con nueva información sobre Ruiz Vilaplana de la que conviene dejar constancia. Su editor Carlos Olivares ha logrado contactar en Suiza con los descendientes. De este modo hemos podido confirmar algunas cosas y saber otras. Sus hijos Miguel y Juanita, fruto de su matrimonio con la suiza Jeanette Jaberg, aluden a los orígenes un tanto misteriosos de Ruiz Vilaplana, hijo de padre desconocido pero de buena posición social, lo que le permitió recibir una buena educación, realizar la carrera de Derecho en Madrid y residir durante un tiempo en la Residencia de Estudiantes. De su primer matrimonio, que acabó mal, tuvo dos hijos. A partir de 1939, ya en EE. UU., trabajó para diversas agencias de prensa hasta 1945, en que se trasladó a México, desde donde no tardó mucho en pasar a un destino más seguro en Ginebra (Suiza) al servicio de la ONU en tareas de intérprete. Es posible que este trabajo le viniese por medio de Eugeni Xammar, que trabajaba allí y al que había conocido a su llegada a París. Como hemos visto fue, además, uno de los que intervinieron en la propagación de *Doy fe...* Posteriormente también trabajaría para la FAO en Roma. Falleció el 6 de agosto de 1973. (ver Blas López-Angulo, «Antonio Ruiz Vilaplana, apuntes para una biografía», *El Correo de Burgos*, 14-15 de agosto de 2011).

Sánchez de Castro, como tampoco lo hará ante los escritos de Bernanos y los católicos franceses[35]. En esta tarea jugó un importante papel el boletín que dirigía Bayle, *De Rebus Hispaniae*, que cumplió la misión de ofrecer material propagandístico a todas las revistas católicas del mundo con el objetivo supremo, en palabras del propio cardenal Gomá recogidas en el boletín nº 1 de enero de 1938, de «traer pruebas de que la revolución la preparaba, la estaba realizando el Gobierno del Frente Popular», continuando de esta manera la labor ideológica de la Pastoral colectiva.

El hecho de que la historia de *Doy fe…* que se ha contado preceda a la puesta en marcha del boletín de Bayle induce a establecer una relación directa entre ambos en el sentido de que lo segundo fue provocado por lo primero o, al menos, fue una de sus principales causas. Los servicios de propaganda franquistas debieron de captar de inmediato el vuelo que tomaba el testimonio de Ruiz Vilaplana y no debió hacerles ninguna gracia el capítulo XVI, titulado «El papel del clero». La traducción al francés de *Doy fe…* y la eficacia con que se hizo llegar a una serie de personas claves debió influir conside-

---

35. El jesuita Constantino Bayle (Granadilla, Cáceres, 1882-Madrid, 1953) estudió en Comillas. En 1919 se hizo cargo de la revista *Razón y Fe*. En 1933 prologó las *Obras escogidas* de Donoso Cortés y en 1935 publicó *Sin Dios y contra Dios*. Tras el fracaso de golpe militar en Madrid se refugió en la embajada de Bolivia, desde donde a comienzos de 1937 pasó a Francia y a la zona fascista, retomando de nuevo la dirección de la revista jesuítica antes mencionada. Estuvo muy vinculado a Gomá y al núcleo de los Servicios Especiales de Recuperación de Documentos de Salamanca (Ulibarri, Castro Albarrán, etc.). A partir de enero de 1938 creó el llamado Boletín de Información Católica Internacional *De Rebus Hispaniae*, del que llegó a publicar cuarenta números hasta 1940. Un año antes se le premió con el acceso al CSIC, donde dirigió varias secciones e institutos. Para más información véase Robledo, R (Ed.)., *Esa salvaje pesadilla*, Crítica, Barcelona, 2007, págs. 92-98.

rablemente en la actitud crítica hacia los franquistas adoptada en general por los católicos franceses.

Tres retos se le presentaron al jesuita: *Doy fe...* de Antonio Ruiz Vilaplana; *Les grands cimetières sous la lune* de Georges Bernanos y *1 año con Queipo* de Antonio Bahamonde. Los tres tenían peligro: los de los españoles por venir de personas que habían conocido la realidad de la zona ocupada por los golpistas y el de Bernanos por proceder no ya de un conocido escritor –*Diario de un cura rural*, su obra más conocida, es de ese mismo año– sino de un católico monárquico que había sentido en principio enorme simpatía por el «alzamiento» del 18 de julio, del que había sido testigo por encontrarse en Mallorca en esa fecha. Su libro constituía un tremendo testimonio de la actuación del fascismo en la isla y su influencia en los católicos franceses y de otros países europeos fue muy importante.

Bayle se ocupó de cada uno de ellos respectivamente en los números 8 (15/09/1938), 9 (01/10/1938) y 23 (01/07/1939) del boletín. El procedimiento utilizado en los casos de Vilaplana y Bahamonde fue centrarse en un episodio y mostrar su falsedad, con lo cual se suponía que quedaba invalidada la obra. Para atacar el libro del segundo eligió el caso del «Cura de Zafra», Juan Galán Bermejo, del que Bahamonde había hecho un terrible retrato en uno de los apartados de su libro. Para ello solicitó tres informes, reunidos por el obispo de Badajoz, José María Alcaraz Alenda: uno del gobernador civil, otro de los Padres del Corazón de María y otro del propio capellán. Se trataba de certificar que el capellán legionario no tenía nada que ver con el psicópata sanguinario que llevaba cuenta exacta de los crímenes cometidos con su pistola, según la semblanza de Bahamonde.

En cuanto al autor de *Doy fe...* Bayle comenzó por los chismorreos que la prensa fascista ya había puesto en circulación contra «su honestidad pública y privada»³⁶. El jesuita se lamenta del uso que marxistas, neutrales y separatistas habían hecho del libro. Le molesta especialmente, y se centra en él por la circulación que tuvo, el capítulo dedicado a los enterramientos de la Cartuja de Miraflores, aunque no por eso deja de comentar otras cosas, como el caso del músico Antonio José: «La oreja anticlerical le asoma al hablarnos del músico Antonio José (que debió a los Jesuitas su formación artística, empleada luego en propagandas revolucionarias y pornográficas)». Decía tal cosa Bayle porque Ruiz Vilaplana había responsabilizado al elemento eclesiástico y no a Falange del asesinato del músico. Tras el crimen estaría una sórdida historia que había ocurrido en Estépar, pueblo cercano a Burgos, cuyo párroco, acusado de abusar de varias niñas había sido condenado a prisión con la total aprobación del vecindario. La prensa burgalesa silenció el asunto pero la revista *Burgos gráfico*, llevada por gente joven y en la que colaboraba Antonio José, comentó la historia y aprobó el castigo. Lo cierto es que el lugar elegido para acabar con el músico fue precisamente Estépar.

En el capítulo titulado «Los "enterramientos" en la Cartuja» narra Ruiz Vilaplana sus visitas al lugar y sus contactos con el prior y el procurador, con el que solía hablar con cierta frecuencia en los meses previos al 18 de julio. Luego, una vez producido el golpe militar, el 20 de agosto, tuvo que asistir con el personal del juzgado al levanta-

---

36. La prueba de la larga vida que la basura arrojada sobre sus enemigos disfrutó durante la dictadura es que todavía en 1967 el falangista García Venero se refería a «un individuo que estuvo en Burgos varios meses, en un empleo judicial, salió con facilidad al extranjero –por cierto acompañando a una hermosa artista de teatro frívolo cuya familia estaba en Barcelona– y escribió un folleto del que los rojos hicieron varias ediciones en varios idiomas» (tomo la referencia de H.R. Southworth, *Antifalange*, Ruedo Ibérico, París 1967, pág. 158).

miento de un cadáver en los terrenos de la Cartuja. Les acompañó el procurador. Estaban ya para irse cuando un guardia dijo: «¡Hay más! Allí se ve otra mano...». A lo que otros respondieron: «¡No! Aquí no se ven más», «Hemos venido llamados solamente para un cadáver». Camino de la salida, el procurador contó al juez y a él: «Era el capitán Ojeda, persona muy conocida en Burgos. Los demás, no lo sé». Luego añadió que unas noches antes llegó un grupo con varios detenidos y pidió que un cartujo actuara de confesor antes de la ejecución. El que accedió lo hizo con la condición de que sólo confesaría a quienes lo solicitaran y que no asistiría a las ejecuciones. A Ojeda lo intentaron engañar, diciéndole que si se confesaba le perdonarían la vida, pero el cartujo se negó a seguir la farsa y el militar fue asesinado. Enterado el procurador de lo ocurrido dijo que no permitiría otros actos similares en el lugar, pero se le dijo que seguirían utilizando aquel paraje por su «gran efecto en los sentenciados». El expediente abierto aquel día se denominó «Hallazgo de un cadáver desconocido en la Quinta de Miraflores». Dos semanas después –concluye Vilaplana– la esposa y la hija de Ojeda se presentaban en el juzgado para iniciar los trámites de un expediente de «desaparición».

Bayle cuenta que se dirigió a la Cartuja en compañía de Aniceto Castro Albarrán, magistral de Salamanca y compañero suyo en las faenas de propaganda[37]. Hablaron con el procurador y éste, cuyo nombre se nos dice que era Fr. Miguel Fernández, quedó en enviarles su testimonio sobre lo narrado por Ruiz Vilaplana. Admitió que lo conocía, aunque no en el grado indicado por el secretario del

---

37. El mejor acercamiento a la figura de Castro Albarrán sigue siendo la de Ricardo Robledo en «"¡Dios se ha hecho generalísimo nuestro!" Dichos y hechos de Castro Albarrán, magistral de Salamanca», en Robledo, R. (Ed.), *Esa salvaje pesadilla*, Crítica, Barcelona, 2007, págs. 327-342.

juzgado. Lo curioso del caso es que el procurador se da por aludido, como si Ruiz Vilaplana se refiriera a él cuando habla del cartujo que acompañó a los fascistas y confesó a los detenidos, cuando lo cierto es que en el libro se habla del «padre de turno» o simplemente del «padre». Además luego se dice: «El padre Procurador, al enterarse, advirtió que no toleraría más ejecuciones en aquel recinto».

Sobre el capitán Ojeda el procurador escribió:

> El Capitán Ojeda, una de las personas más perniciosas de Burgos, dicen que fue ejecutado en una de las fincas próximas a la Cartuja, no propiedad de la Cartuja; y yo no supe nada hasta que el señor Vilaplana, acompañado del señor Juez, vinieron a darme cuenta del suceso. Fuera de ese caso no han ejecutado más en los alrededores de la Cartuja. Oí que los que ejecutaron al señor Ojeda le ofrecieron un sacerdote de Burgos para que se confesara y él lo rechazó.
>
> Repito que no asistí a la muerte del Capitán Ojeda y que ningún otro ha sido ajusticiado en los alrededores de la Cartuja, que yo sepa; y de noche, como afirma dicho señor, jamás llamó nadie a la Cartuja para asistir espiritualmente a alguien. ¡Qué cinismo el de ese señor!
>
> Por amor a la Verdad Suprema, Dios Nuestro Señor.

Finalmente aprovecha para decir que, según el médico de la Cartuja, también aludido por Ruiz Vilaplana en el libro, si «los sesudos ingleses y neutrales franceses engañados por el tono de sinceridad que finge el ex secretario judicial» oyeran «otras andanzas» de Vilaplana «aprenderían a no fiarse de *testigos* rojos y rojizos». Naturalmente no es posible saber la realidad de este testimonio ni por quién fue escrito, si por el supuesto procurador de la Cartuja, que naturalmente, de ser cierto, no iba a admitir nada y al que sus propias palabras delatan, o por el propio Bayle, el cual, por lo que sabemos, era capaz de eso y más.

Lo único que podemos afirmar es que si en la siniestra oficina de Salamanca dedicaban atención a Antonio Ruiz Vilaplana y a su *Doy fe...* es porque había cumplido su objetivo de llevar a la España republicana, a Europa y a América una visión diferente de la España franquista de la que la mayor parte de los medios de comunicación estaban dando desde el comienzo del golpe militar. En la favorable acogida internacional que tuvo el libro influyó, además de la fuerza y veracidad de su contenido, el momento histórico, con los fascismos en ascenso. Después de lo ocurrido en Italia, Alemania, Austria y en 1936 en España la opinión pública europea estaba muy sensibilizada y recibió bien una obra como ésta, que además fue magníficamente difundida por el aparato de propaganda de la República. No hay caso equiparable en el bando franquista.

Luego, en los años sesenta, la obra fue utilizada por los historiadores extranjeros, que captaron su enorme valor testimonial. Sin embargo en España, salvo en librerías de viejo, ha sido prácticamente imposible encontrar ejemplares de la obra hasta su reciente edición.

Las investigaciones sobre la represión franquista iniciadas en la década de los ochenta, al verse obligadas a partir de los Registros Civiles, acudieron con sumo interés a las historias de las que el secretario del Juzgado de Burgos dejó constancia. Intuíamos que los militares golpistas habían ordenado a los jueces y secretarios que actuaran como convenía a la nueva situación y se olvidaran de la normativa anterior sobre levantamiento de cadáveres, pero hacía falta que alguien que lo vivió nos contara cómo ocurrió tal cosa. No en vano constituye el único testimonio escrito desde dentro sobre el funcionamiento de los juzgados ante la represión. De ahí su valor y el interés que no ha dejado de suscitar desde su publicación hace ahora 74 años.

PRIMERA PARTE

LOS HECHOS

I
BURGOS, ANTES DE LA GUERRA CIVIL

Desde el año 1928, en que ingresé por oposición en el Secretariado Judicial, he venido actuando en estas funciones en diversos lugares.

Primeramente fui destinado al Juzgado de Riaza; es éste un pintoresco pueblecito segoviano, de tanta belleza y conveniencia para la salud como escasez en los rendimientos profesionales.

En el mes de julio del año 1932, y en virtud de nuevas oposiciones, fui destinado a El Ferrol, traslado que representaba un gran avance en mi carrera. El Ferrol es un industrioso y hermoso puerto gallego, situado al norte de la provincia de Coruña, delicioso en la época veraniega, pero crudo e inhóspito durante el invierno por sus constantes lluvias.

Después de El Ferrol tuve una breve actuación en Madrid, en el Juzgado especial creado para la represión del terrorismo, y en el mes de noviembre de 1935 pasé a ocupar el Juzgado, vacante a la sazón, de Burgos.

Siempre alejado de la política, no habiendo actuado en partido alguno, comprendía que el ambiente de Madrid, en aquella época de luchas políticas y turbulencias sociales, no era el más indicado para ejercer la profesión, y Burgos, tranquilo, conveniente desde el punto de vista económico, se ofrecía ante mí como un remanso donde continuar el ascenso en mi carrera.

Fui destinado a Burgos en el mes de noviembre, tomando posesión de dicho Juzgado el día 27 del mismo mes; acudía a este nuevo destino con una gran dosis de entusiasmo, aunque el recuerdo que yo conservaba de esta ciudad no era muy alentador.

Las ciudades castellanas tienen una belleza poética e íntima: Ávila, Segovia, el propio Burgos, que yo conocía de antemano, tienen para el visitante encantos y bellezas difícilmente superables; entre todas ellas, acaso sea Burgos la más rica en valor tradicional y, sin embargo, es la única que pugna por no quedar aletargada en el recuerdo del pasado e intenta agregarse a la corriente moderna de la vida. Por ello resulta tan interesante.

Ya la Naturaleza acusa en su variedad un contraste notable: distínguense sobremanera en la provincia, las zonas central y sur, de pardas llanas y extensos trigales, de la norteña, con su paisaje abrupto y verdor exuberante.

Lerma, Castrojeriz, las grandes llanas de Aranda, granero inmenso de Castilla, se enlazan, en esta provincia vasta, con los riscos accidentados de Pancorbo y los valles fértiles de Mena, junto al montañoso Villarcayo.

Del mismo modo en Burgos ciudad, junto al barrio de Santa Águeda, constituido por vetustos caserones; junto a las viejas y humildes casuchas próximas a Santa Gadea, que agrupándose y como sosteniéndose unas a otras, van a cobijarse bajo la catedral gótica y poderosa; junto a todos estos vestigios del pasado, airones del tiempo, recuerdo de una nobleza egoísta y guerrera, de un catolicismo áspero y dominante, se yerguen los modernos edificios, los bancos y hoteles lujosos, las construcciones ligeras, generalizadas por la moderna arquitectura.

En cuanto a sus moradores, también se ofrecen en Burgos contrastes y diferenciaciones idénticas: coexisten en esta región el labriego rudo, sarmentoso, vieja estampa castellana, y el hombretón del Norte, de genio suave y expansivo; la mujeruca burgalesa, descendiente por formación y ambiente de aquella Ximena, adusta y fuerte hasta en su amor por el Cid, arquetipo burgalés, y la mujer moderna, aireada en la costa cantábrica y que lucha con el peso de una tradición monástica.

Mezcla de tierra llana y montaña abrupta, de templos románticos y edificios modernos, de caracteres tradicionales y espíritu abierto, así se presentaba Burgos ante mí, en el año mil novecientos treinta y cinco.

* * *

A los pocos días de mi toma de posesión del cargo, un funcionario judicial, inteligente y que me había acogido cordialmente, me habló con toda reserva.

—Compañero: usted no ha vivido casi por los pueblos estos y no acierta a saber muchas cosas. Yo le hablo como un hermano y en interés suyo. ¿Usted me promete no molestarse por lo que le diga?

—¡No faltaría más! –le dije–; yo se lo agradezco mucho.

—Entonces voy a ser claro con usted. No conoce usted esto y por eso incurre en algunas cosas que pueden perjudicarle. Conste, querido compañero, que no hablo por mí; yo soy más liberal que nadie y a mí no me asusta nada. Yo vivo bien, me corro mis juerguecitas en Madrid y tan contento; pero aquí, en Burgos, ya me ve usted: más serio que nadie; por eso creo que usted está así, como despistado…

—No le comprendo…

—Por ejemplo: usted lleva aquí ya varios días y no ha hecho al obispo[1] la visita de cortesía.

—No. Yo no sabía, la verdad…

—¿Lo ve usted? Si a mí me ocurrió lo mismo al llegar. Pues debe usted hacerla, porque cada uno pensaremos como sea, pero aquí es conveniente.

—No. Si yo no tengo ningún inconveniente en ver al obispo, sino todo lo contrario. Es que… la verdad, no se me había ocurrido.

—Pues sí, amigo; él lo agradece mucho, y es conveniente estar a bien con él. Haga lo que yo. Vaya a visitarlo, le enviará al día siguiente el «Bendice» de protocolo y luego ya no tiene usted que molestarse más; se le manda tarjeta a primero de año y cumplidos.

—Créame que le agradezco el saberlo, porque si no hubiera incurrido involuntariamente en su enojo.

—Yo sé que él ha preguntado ya por el nuevo secretario. Otra cosa, una tontería, pero que se ha comentado ya: ¿Usted lee el «Heraldo de Madrid»[2]?

—Sí; casi todos los días; me interesa mucho su información teatral.

---

1. Arzobispo Manuel de Castro Alonso. Ultraconservador y beligerante antirrepublicano. Fue miembro de la Asamblea Nacional de Primo de Rivera y de las primeras cortes franquistas. Sucedió en el cargo a Pedro Segura cuando este fue nombrado arzobispo de Toledo y cardenal primado.

2. Uno de los diarios republicanos más difundidos.

—Conmigo, compañero, no tiene que disculparse; pero le aconsejo que no se lo vean en público porque le mirarán mal. Haga usted lo que yo: a mí me gusta leer «La Vanguardia», y como aquí no tienen mucha simpatía a los catalanes, la compro en una tiendecita cerca de casa, me la echo al bolsillo y nadie tiene que saber lo que yo leo.

—Procuraré seguir su ejemplo; no sé si sabré ser...

—Hipócrita, hipócrita, no se recate usted en decirlo; así hay que ser o marcharse. Ya ve: se ha comentado el que bailara usted ayer en el hotel...

—No soy amigo de bailes, pero salía de comer y creí que no hacía daño a nadie.

—¡Pero como es usted casado!...

—Yo no lo he negado nunca; todos lo saben aquí.

Comprendí, por la mirada del compañero aleccionador, que no conseguiría convencerle y me despedí de él.

Hermética, inasequible en su espesa tradición, Burgos había sabido siempre defenderse de la invasión liberal y republicana. A los pocos días de mi estancia en la ciudad pude darme perfecta cuenta de que allí no se conocía aún la República[3]. Se sabía vagamente que en el año 1931 las elecciones populares derrocaron el régimen monárquico, pero creían que se reducía todo a sostener al frente del Estado un presidente con chaqué, en sustitución del monarca uniformado brillantemente. Conocían al citado presidente, por su visita, única y reciente, motivada por la inauguración de una ilumi-

---

3. Burgos fue una de las escasas capitales de provincia donde no ganó la candidatura antimonárquica en las elecciones municipales de 1931. Su voto fue mayoritariamente conservador en todas las elecciones subsiguientes, dando apoyo a las fuerzas más antirrepublicanas, como los agrarios o el Dr. Albiñana.

nación espléndida en la catedral, pero de la República democrática, que llevaba ya en vigor cuatro años, no existía el menor vestigio.

De antiguo había en Burgos un partido republicano –conservador, naturalmente–, pero era algo así como una pequeña válvula de escape de ciertos ideales «equivocados».

Su presidente había sido un buen burgués y burgalés[4], gran amigo del obispo, y cuya esposa era dama de honor de varias fundaciones, catequesis y roperos. La sociedad burgalesa perdonaba a aquel buen hombre y a sus escasos amigos y correligionarios aquella pequeña maldad y en el fondo amparaba su existencia, pues ella le permitía ofrecer al gobierno republicano triunfante unos elementos que, siendo de tal idea, no habían de hostilizar ni atacar en modo alguno los fundamentos católicos y sociales imperantes.

Resuelta así la cuestión política, quedaba por resolver la social; asunto éste de más envergadura y que traía preocupados a los dirigentes acomodados.

Antiguamente –lo recordaban con pena en sus tertulias del casino– no había existido problema alguno de este orden; esto lo creaban y fomentaban «unos cuantos vividores, que engañaban al pueblo para su medro personal».

—¡Señor, Señor! –decía un rico comerciante que había sido varias veces diputado–. ¡Si aquí hemos estado siempre en paz y libres de estas cuestiones! ¿A qué vendrán estos canallas a pervertir a esta buena gente de la región?

Mis frecuentes incursiones por la provincia me hicieron ver la realidad del problema vivo y pavoroso. La mayoría de los campesi-

---

4. Se trata del industrial Perfecto Ruiz Dorronsoro, republicano moderado, luego integrado en las filas de Lerroux. Fue elegido alcalde de la ciudad tras las elecciones de abril del 31 y diputado en las constituyentes.

nos tenía arrendadas sus tierras al dueño, propietario generalmente de un gran número de ellas en diversos lugares de la provincia; el labriego, con su trabajo intensísimo, agotador, el de su mujer, auxiliar de la faena, y el de los pequeños, tan pronto como se sostenían en pie, acostumbrados a la privación, llegaba al fin de temporada a coleccionar unos cuantos quintales de grano. Apartaban de ellos unos pocos destinados al consumo familiar del año y el resto, por la dificultad de transporte y venta particular, eran adquiridos en masa por grandes Federaciones o Sindicatos Agrícolas Católicos, compuestos por los propios dueños de las tierras y otros capitalistas de la ciudad[5]; como podían fijar el precio del grano tales Sindicatos, por su control ejerciente en toda la zona, el campesino tenía que lanzarlo a bajo precio y allí quedaba almacenado en los grandes depósitos del Sindicato, para su lanzamiento al precio y en el momento conveniente.

La operación era, pues, sencilla: por el arriendo anual convertían al campesino en socio industrial, ahorrándose sus jornales y las preocupaciones y riesgos. Cuando el jornalero, que se creía propietario, había levantado el fruto, el propietario verdadero o, más hábilmente, la Sociedad formada por todos los propietarios y hacendados, se quedaba con el grano, ya limpio y seguro, por el precio conveniente.

De la venta de este fruto tenían que vivir todo el año el jornalero y su familia, pagar la renta del terreno y realizar los gastos de la

---

5. En 1933 tenían implantación en 178 pueblos de la provincia, con más de 10.000 asociados (Cándido Marín, S. J., *Cincuenta años de acción social católica. 1883-1933*, Burgos, s. f.). Su influencia fue decisiva al canalizar el apoyo del pequeño campesinado hacia figuras políticas como Martínez de Velasco o Francisco Estévanez, líderes del grupo agrario en el Parlamento. Ruiz Vilaplana describe certeramente las redes de dependencia que creaban estos sindicatos, que disponían además de la Caja de Ahorros del Círculo Católico, el periódico «El Castellano» y la mayoría de los púlpitos rurales como portavoces.

nueva siembra; si no alcanzaba aquello para todo, la Sociedad, Federación o Sindicato, que con todos estos nombres había constituidas entidades, acudía generosa y solícita en su apoyo y le facilitaba préstamos con garantía de la cosecha, préstamos que, al ser deducidos de la misma más sus intereses, le iban hundiendo en la trampa y consumiendo sus energías vitales.

¡A este estado de cosas –campesinos arruinados en progresión creciente, sin otro horizonte que la miseria, con sus mujeres destrozadas por el rudo trabajo y los hijos sin instrucción ni aspiración alguna, habitando en miserables e inmundas casuchas–!, ¡a esto llamaban en Burgos carencia de problema en el campo y reparto de la propiedad!...

El obrero de la ciudad, menor en número al del campo, llevaba y arrastraba, allí también, una existencia mísera. La escasez de industrias y la afluencia de obreros portugueses[6] abarataron el jornal abusivamente y el obrero, falto de organización potente y de resistencia, tuvo que resignarse.

Los obreros ferroviarios, los de las fábricas nuevas, como la de sedas, los de las minas en explotación y de las construcciones del Santander-Mediterráneo y del directo Madrid-Burgos, fueron introduciendo lentamente, con los jornales de mejora, el espíritu sindical y las organizaciones de resistencia, la vida social en la comarca; se crearon núcleos y sociedades obreras en Miranda, Castrojeriz, Aranda y en la capital, llegando a funcionar en ésta un Ateneo obrero popular, que fue hogar y escuela del proletariado.

---

6. Se añade en la versión original: «y gallegos». (La documentación proporcionada por Carmen Negrín contiene varias redacciones del texto de Ruiz Vilaplana con pequeñas variaciones. Nos ha parecido de interés rescatar algunas palabras o párrafos cuando enriquecen la obra).

La sociedad burgalesa, intransigente y reaccionaria, desató su ofensiva contra estos intentos; el clero, enormemente influyente sobre los grandes capitalistas y dueños de industrias, persiguió a sus afiliados; se fundaron círculos y centros de carácter católico y pseudo benéfico y, donde no llegaba la atracción, funcionó el resorte coactivo.

Pero la organización popular estaba en marcha y no se logró detener su avance. En el Ateneo popular[7] se celebraron conferencias a cargo de intelectuales prestigiosos no captados por el ambiente; se extendió por la provincia el espíritu nuevo; fundáronse centros políticos izquierdistas; surgieron escuelas, bibliotecas y hasta en el Ateneo, Antonio José, el músico de alma infantil, adorado por el pueblo burgalés, organizó un orfeón popular que en sus excursiones por la provincia llevaba a los pueblos olvidados la alegría de unas canciones y el despertar a una nueva existencia más grata y generosa.

El resultado de aquel remover de las entrañas del pueblo no se hizo esperar: en las elecciones del año 1936 Burgos, la provincia clerical y reaccionaria, dio sus votos, por primera vez, a las izquierdas, y también por primera vez, algún tiempo después, el pueblo, el campesino y el obrero, raíces de la sociedad, tuvieron en las Cortes un auténtico representante[8].

---

7. Sostenido por elementos progresistas y de izquierdas, hacía actividades de promoción cultural y artística. Al principio fue acogido en la Casa del Pueblo de la calle Fernán González para luego tener local propio en la misma calle. Ambos centros fueron asaltados por los sublevados la noche del 18 al 19 de julio, detenidos sus dirigentes y expoliada su biblioteca.

8. Luis Labín Besuita, líder socialista. Había sido concejal durante la dictadura de Primo de Rivera y tras las elecciones de 1931. Los sucesos de octubre de 1934 –que en Burgos tuvieron muy escasa repercusión– provocaron su destitución y encarcelamiento. El 19 de julio le sorprendió en Madrid, circunstancia que sin duda le salvó la vida; sin embargo, hubo de pagar un alto precio a la barbarie fas-

Se había saltado sobre los obstáculos; habían conseguido la victoria en buena lid, en los campos de la Ley y del Derecho, los dos principios tan repetidos enfáticamente por aquella sociedad burgalesa, siempre preponderante; pero fuera, frente a ellos, en actitud hostil, quedaba toda la fuerza reaccionaria que no perdonaba aquello. Y no perdonó…

---

cista: sus dos hijos, Próspero y Luciano, fueron víctimas mortales en una de las muchas sacas de la Prisión de Burgos en el verano del 36, lo mismo que los hermanos Luis y Pedro Díez Pérez, éste yerno de Labín y compañero de concejalía. Sus dos hijas fueron encarceladas. Después de la guerra fue sometido a consejo de guerra y a expediente de Responsabilidades políticas.

II

LA NOCHE DEL 17 DE JULIO DE 1936[9]

La muerte de Calvo Sotelo me sorprendió en Madrid, alejado accidentalmente de mi cargo.

De regreso en Burgos pude apreciar el hondo efecto que este suceso había causado en aquella gente. Con cara afectada y compungida, muchas personas que posiblemente desconocían hasta la orientación política del «leader monárquico», comentaban:

—¿Ha visto usted? ¡Esto es horrible! ¿Hasta cuándo vamos a sufrir esto?

---

9. El autor sitúa en esa fecha las noticias de la sublevación en Marruecos, ocurrida el día anterior. Data así el comienzo del golpe con una fecha de anticipación. Posiblemente el error tiene que ver con que la España franquista estableció el 18 de julio como efeméride festiva a partir de 1937, recordando el día en que Franco se pronunció en Canarias. Desde entonces se ha asimilado esa fecha con el inicio general del «Movimiento». En la mayor parte de la Península, sin embargo, incluido Burgos, la sublevación comenzó en la madrugada del día 19, domingo. El bando del estado de guerra se empezó a difundir hacia las 2 de la mañana, cuatro horas antes a lo previsto por Mola.

Otros, más excitados, preguntaban sobre la actitud del Ejército ante todo aquello. Los militares, cuando eran consultados, se encogían de hombros y reían enigmáticamente.

—Ya llegará; todo ha de llegar... –decían algunos, bien enterados.

El ambiente iba enrareciéndose de día en día. Varios sucesos anteriores habían soliviantado los ánimos. Un oficial del Ejército, en la barriada militar, al paso de una manifestación, como creyera oír frases despectivas para su clase, maltrató con su fusta a dos obreros. Instruimos en el Juzgado el oportuno sumario por aquellas lesiones y, mientras tanto, el oficial, por orden superior, fue arrestado en su domicilio; toda la oficialidad se solidarizó con él y en unos cuantos días la barriada militar se convirtió en un centro de resistencia e insubordinación tolerado por los superiores.

A tanto llegó la excitación, que el Gobierno de Madrid, enterado, envió a Burgos al general Caminero, inspector del Ejército, republicano adicto, que se entrevistó con los generales monárquicos de aquella guarnición y llevó a Madrid una impresión penosa. Ejercía el mando efectivo sobre aquella región el general González Lara, prestigioso, pero monárquico destacado, y el Gobierno, acudiendo tardíamente a corregir el daño, envió al general Batet[10] para hacerse cargo del mando supremo en la zona.

---

10. Batet llegó el 23 de junio a Burgos e hizo activas gestiones para neutralizar la sedición militar en curso, sin éxito. Era demasiado tarde: casi toda la guarnición la apoyaba y Mola le engañó. Los militares sublevados le reprochaban que fuera catalán; que hubiera actuado como juez instructor en el expediente Picasso (con juicios muy displicentes hacia militares como Franco o Millán Astray, al que moteja de payaso y cobarde); que no hubiera tenido mano más dura en la coyuntura de octubre de 1934 en Cataluña (al estilo de lo que había hecho Yagüe en Asturias; pero otros sectores le veían mal justo por lo contrario); que se mantuviera fiel al Gobierno de la República... Sus subordinados le detuvieron y encarcelaron

Posteriores actividades, directamente incitantes a la rebelión, motivaron detenciones y destituciones diversas, pero la realidad era que el Ejército, sobre todo la oficialidad de aquella guarnición, estaba abiertamente frente al Gobierno del Frente Popular.

De improviso, el día 17 de julio por la mañana, llegó la sorprendente noticia: el ejército de África se había sublevado, iniciando el movimiento el Tercio al mando de Yagüe y siguiéndole todo el contingente de Marruecos[11].

Los burgaleses comentaban la nueva con gran alborozo y sin recato alguno. Un magistrado, simpaticón y campechano, que después ha desempeñado cargo de importancia en aquel Gobierno, fue el primero en darme la noticia:

—¡Por fin! –decía–. Por fin se ha levantado el Ejército. «Juanito» se ha puesto al frente y si «Juanito» quiere está en Burgos antes de dos días.

---

la noche del 18 de julio, junto a su ayudante, el teniente coronel Herrero Company, que también sería ejecutado (Raguer, H., *El general Batet. Franco contra Batet: crónica de una venganza*, Barcelona, 1996). Tras consejo de guerra, fue fusilado el 18 de febrero de 1937, sin que Franco se aviniera a conmutar la pena como le solicitaron varios compañeros de armas. La ejecución fue escenificada con cuatro piquetes de distintos cuerpos, cuatro oficiales y un comandante al mando. Posteriormente, el Tribunal de Responsabilidades Políticas le inició expediente en Mallorca, con multa de 10.000.000 de pesetas, cantidad exorbitante para la época; la tramitación fue ultimada por el TRP de Burgos, que rebajó la cantidad a cinco millones. Hacia 1950 la familia de Batet había desembolsado unas 60.000 pesetas, tras haberles incautado todas sus pertenencias, excepto la pensión por la laureada de San Fernando, que el gobierno le concedió a raíz de su actuación en los sucesos de octubre de 1934 (Archivos de la Prisión central de Burgos –APB en lo sucesivo– y del Palacio de Justicia, expedientes de Responsabilidades políticas).

11. La sublevación se inició en el Marruecos español ese día 17, de modo que las noticias al respecto solo pudieron difundirse en la Península a partir del día siguiente (ver nota 9).

—¿Quién es «Juanito»? –me aventuré a preguntarle.
—¿Cómo que quién es? Juanito Yagüe, ¡hombre! Amigo íntimo mío y de Burgos además... Y creo que viene para acá con veinte mil hombres de canela[12].
—¿Cómo de canela? –Yo empezaba una táctica de idiotez afectada que había de ser después mi regla de conducta.
—¡Parece usted bobo, amigo!... ¡de canela en rama!, para barrer todo esto en un risrás y no dejar un canalla del Frente Popular.

Aquella venida de «Juanito», con los veinte mil de «canela», me intranquilizó sobremanera y quise comunicar con mi familia que se hallaba en Madrid. Intento vano, porque las comunicaciones estaban cortadas y esto aumentó mi intranquilidad.

La cosa revestía, al parecer, más importancia de lo que yo creía; visité al gobernador, un pobre hombre, caballeroso, pero ingenuo y confiado en exceso, el tipo clásico del gobernador republicano[13]. Sus palabras calmaron algo mi inquietud:

---

12. La popularidad del entonces teniente coronel Juan Yagüe era muy grande en medios derechistas burgaleses. Aquí había hecho el bachillerato y, tras pasar por la academia de Toledo (donde fue compañero de promoción de Franco, Muñoz Grandes y otros destacados golpistas), permaneció varios años en su guarnición. Pero lo que aupó su imagen al cenit de las derechas locales fue su dura actuación represiva en Asturias (octubre de 1934), motivo por el que se le organizaron homenajes en varias ciudades, Burgos entre ellas. Después de la guerra ocupó la capitanía general de esta ciudad en un largo y decisivo periodo. Durante muchos años una gran avenida, el hospital general, la Ciudad deportiva militar, un colegio público y una barriada de casas baratas llevaron su nombre.

13. Julián Fagoaga Reus. Llevaba poco tiempo en el cargo y apenas pudo hacer nada para prevenir la sublevación. El 18 de julio, miembros de la Casa del Pueblo le pidieron armas para defender la República, pero se encontró con que la Guardia Civil, a quien las pidió, solo les dieron piezas inservibles. Fue víctima de una saca ese mismo verano, lo mismo que su secretario particular, Enrique

—No tiene importancia –me dijo–. Es una locura de Yagüe, pero sin contacto alguno con la Península, sin ramificaciones aquí[14].

—Pero aquí –le aventuré– hay una gran inquietud. La guarnición...

—Nada, no hay nada. Acaban, precisamente, de venir a ratificarme su adhesión el Ayuntamiento en pleno y la Diputación. Los jefes de la Guardia Civil y varios del Ejército me han visitado, cordialmente también.

Me despidió cariñosamente, acompañándome hasta la puerta. Ya no había de verle más; el desventurado pagó más tarde con la vida su confianza en determinados elementos.

Llegó la noche y el ambiente no podía ser más inquietante; en vano la Radio de Madrid lanzaba a las ondas sus prometedoras palabras, pues la realidad, más fuerte, dejaba en el aire aquella tranquilidad fingida.

Me retiré temprano al hotel y en el camino se cruzaron conmigo varios grupos de obreros que, en actitud pacífica, se dirigían a los locales de sus organizaciones.

No pude conciliar el sueño; en prolongado desvelo pasaban por mi memoria, y eran agudizados por la imaginación excitada, los sucesos vividos aquellos días en Madrid: el entierro de Calvo Sotelo, con su exhibición fascistizante; la noche aquella en que, desde un

---

González Avellaneda (Rilova Pérez, I., *Guerra civil y violencia política en Burgos (1936-1943)*, Burgos, 2001, págs. 169-70). Este autor cree presumible también el fusilamiento del secretario general del Gobierno civil, Sánchez Roldán, pero se puede comprobar su permanencia en tal puesto durante la guerra, lo que de paso indica su probable connivencia con los golpistas. (El expediente carcelario de Fagoaga falta en APB).

14. «Acaba de decírmelo el gobierno», se añade en la versión original.

automóvil se había disparado sobre la terraza donde varias familias nos hallábamos, los continuos registros nocturnos de los automóviles que en número escaso circulaban... y, sobre todo, aquella atmósfera de intranquilidad y de miedo que se respiraba en Madrid, antes tan alegre y confiado.

Recordé también las palabras de un jefe del Ejército sobre próximos y decisivos acontecimientos y, por último, todo el cortejo imaginativo se cerraba con aquella marcha del Tercio, sobre la que solamente circulaban fantasías, pero que oficialmente estaba ya confirmada.

Rendido por la tensión nerviosa iba a quedar postrado cuando fui llamado con urgencia. Había reunión de autoridades en el Gobierno civil y alguien exigió también mi presencia.

Rápidamente me trasladé allí. Espectador –aunque no actor–, se desarrollaron ante mí todas aquellas históricas escenas.

En el despacho del Gobierno civil hallábanse reunidos todos los jefes de la guarnición, con escasas ausencias, y las autoridades requeridas. El general Dávila, el teniente coronel Gavilán y el comandante Pastrana parecían llevar la dirección de todo aquello[15].

---

15. Según la *Historia de la Cruzada* (vol. III, tomo XII, pág. 401), la Junta civil de la sublevación burgalesa estaba presidida por Fidel Dávila (que se hallaba en la reserva acogiéndose a la ley Azaña) e integrada por Florentino Martínez Mata (concejal y jefe local de Falange; el jefe provincial, José Andino, estaba en la cárcel), J. Ramón Echevarrieta (concejal carlista) y Francisco Carroquino, militar retirado. Formaban la junta militar, presidida por el general González de Lara, el teniente coronel Gavilán y los comandantes Porto, José Mª Dávila y Pastrana. Estas juntas, por estar en la jefatura de la División Orgánica (la VI), coordinaban las juntas de las provincias dependientes de ella (País Vasco, Navarra, Santander, Logroño y Palencia). Honorato Martín Cobos, abogado falangista, servía de enlace de todos estos con el general Mola, director de la conspiración.

En síntesis, y por las palabras allí vertidas, comprendí que había estallado una rebelión o alzamiento de carácter militar, acaudillada por Mola, González Lara[16] y otros generales monárquicos.

El Comité militar que allí actuaba había declarado el estado de guerra mediante un bando de Mola, quien asumía toda la autoridad en el territorio.

Mientras la tropa salía a la calle y publicaba el estado de guerra, varios jefes y oficiales habían arrestado al general Batet, que se negó resueltamente a obrar contra el Gobierno republicano, al coronel jefe de la Guardia Civil[17], único en el Cuerpo que no se adhirió al movimiento, y a las restantes autoridades cuya confianza no les constaba a los promotores.

El teniente coronel Gavilán, que se había incautado del Gobierno civil, habló a los reunidos.

---

16. El general González de Lara, sin embargo, había sido detenido el día 17, junto con el comandante Porto y los capitanes Murga y Moral. Con esa misión se había desplazado desde Madrid a Burgos el Director general de seguridad, Alfonso Mallol, intentando in extremis descabezar el golpe. Estos militares fueron trasladados a Guadalajara esa misma noche por fuerzas de la Guardia Civil.

17. El jefe del Tercio de la Guardia Civil en Burgos, apellidado Villena, fue detenido en despacho de Fagoaga, junto con otras autoridades, la noche del golpe y fue fusilado junto con el comandante de la Benemérita en Burgos, teniente coronel Eduardo Dasca, el 1 de septiembre (Cardero Azofra, F. y Cardero Delso, F., *La Guerra civil en Burgos: fusilados, detenidos y represaliados en 1936*, Burgos, 2009, pág. 54). También fue ejecutado el capitán Enrique Marín Valenzuela (éste fue el encargado de trasladar a Guadalajara a González de Lara y los otros detenidos el día 18. Ver nota anterior). Sin embargo, contra lo que apunta Ruiz Vilaplana, el grueso del cuerpo sí se adhirió a la rebelión, colaborando activamente en labores policíacas y represivas. Lo mismo se puede decir de los Guardias de asalto, aunque debió de haber alguna resistencia.

—Señores –dijo–: los momentos son graves y exigen actitudes claras. Espero contar con todos ustedes en este movimiento militar.

Asintieron los reunidos; el alcalde[18], miembro significado del partido republicano conservador, hizo una objeción:

—Yo, señores, tengo que hacer constar que he sido, soy y seré siempre republicano.

—Aquí no se trata de eso –le atajó rápido Gavilán–; no es cuestión de monarquía ni de república. Nosotros nos hemos levantado para echar al gobierno del Frente Popular que ha triunfado en las elecciones. Luego será tiempo de acordar sobre eso otro.

—Entonces –dijo el alcalde– cuenten incondicionalmente conmigo.

Acto seguido, y mientras el ejército continuaba por las calles proclamando el bando marcial, rompiendo el silencio con sus sones guerreros, quedó constituido allí el Comité militar directivo. Las autoridades adheridas continuaron ratificadas en sus puestos y las restantes detenidas y conducidas al Penal o a la prisión provincial. Tanto en uno como en otro establecimiento penitenciario se habían presentado jefes rebeldes, incautándose de ellos y dando suelta inmediata a todos los presos de derechas, aun a muchos que cumplían condena por delito común.

---

18. Luis García y García Lozano. Republicano conservador, luego lerrouxista. Diputado en las constituyentes. Como alcalde estaba al tanto de la sublevación y la apoyaba, como testimonió posteriormente el teniente coronel Gavilán, quien asegura que le hubiera destituido en otro caso. Así debió de ser, pues permaneció al frente del ayuntamiento hasta comienzos de diciembre de 1936, momento en que fue sometido a consejo de guerra junto con el director del Instituto de bachillerato Tomás Alonso de Armiño. Permanecieron un mes aproximadamente en la cárcel y fueron multados con 500.000 pesetas por «adhesión a la rebelión» a consecuencia de una discusión en el colegio de abogados que no viene al caso detallar (APB).

Batet, el gobernador civil, el coronel Mena[19], el presidente de la Diputación[20] y tantos otros que no quisieron secundar el movimiento rebelde, quedaron detenidos e incomunicados; al frente de cada presidio se puso un jefe del ejército adicto y de la Comisaría de Policía se hizo cargo el comandante Moliner.

Se ordenaron y practicaron infinidad de detenciones, cuyo alcance y gravedad estaba lejos de sospechar nadie, y al comenzar el día 18 de julio[21], día inolvidable, todos los directivos comprometidos se trasladaron a la iglesia cercana, para oír misa y recibir más tarde la bendición episcopal.

Pensé retirarme a descansar, pero algo superior a mi fatiga me retenía deambulando por la calle.

La ciudad, en las primeras horas de la mañana, se despertaba extrañada con estruendo de músicas y sones militares. Los vecinos se preguntaban la causa de aquello y de boca en boca corría análoga interrogación.

---

19. El general Julio Mena Zueco fue enviado por el gobierno para sustituir a González de Lara y detenido en el mismo cuartel de infantería cuando fue a tomar posesión el 18 de julio. Según Isaac Rilova, no consta que fuera fusilado, aunque sí permaneció un tiempo encarcelado –al principio en el cuartel de Infantería– y probablemente sometido a consejo de guerra. El coronel Gistau, que hubiera debido ponerse a su mando, ordenó su encarcelamiento y a continuación movilizó el grueso de la columna que debía tomar Madrid en pocos días. Su retraso en el avance fue una de las causas del fracaso del golpe.

20. Felipe Vitores Puras. Farmacéutico. Había sido alcalde de Belorado. Varios años encarcelado. Al parecer, salvó la vida (ya que casi todos los alcaldes de cabeza de partido, como lo era Belorado, fueron asesinados) gracias a influencias dentro del régimen naciente (APB).

21. Como se ha señalado (ver notas 9 y 11) se trata del día 19.

Pronto se difundió la noticia: había estallado un movimiento militar, triunfante en toda España y en Madrid se estaba constituyendo un Gobierno nacional, presidido por el general Sanjurjo[22].

Así me lo comunicó un concejal derechista, con el rostro radiante de felicidad, y que se despidió alocado de mí gritando:

—¡Viva el Ejército!

La ciudad se engalanó rápidamente con banderas y colgaduras, muchas, aunque no todas todavía, monárquicas; por las calles, escuadrones de caballería, fusil en prevención, en carrusel monorrítmico e interminable, recibían los tibios aplausos de los vecinos asombrados.

Llegué cerca de la catedral y el espectáculo que ante su puerta principal presencié es algo que no podrá borrarse de mi memoria. Salía de ella un cortejo extraño, formado por mujeres enlutadas, viejas en su mayoría, y todas portadoras de grandes escapularios y medallas; atropelladamente avanzaban hacia el Arco de Santa María, llevando al frente una enorme bandera monárquica.

Las campanas de la nave central ponían su nota estruendosa y a duras penas, empujándose, pisoteándose y guiadas o, mejor dicho, empujadas por varios sacerdotes y caballeros enlutados, aquella masa en movimiento era una nota aquelarresca por su negrura y

---

22. Se esperaba al general Sanjurjo en el aeródromo de Gamonal-Villafría en la mañana del día 20, proveniente de Lisboa, donde se hallaba desterrado. Las autoridades militares y civiles sublevadas, así como unidades militares y milicias fascistas, banda de música incluida, le iban a dar una recepción apoteósica como Jefe del Movimiento en ciernes. Como es sabido, Sanjurjo falleció en accidente de aviación a poco de despegar de Lisboa. Ansaldo, el piloto, le advirtió del exceso de peso de su equipaje, pero el general no accedió a aligerarlo, sin duda considerando las ceremonias en ciernes.

tono sombrío, que contrastaba con el hiriente y deslumbrador colorido de la bandera bicolor desplegada[23].

Dejé paso al cortejo chillón y entusiasta y habiendo observado junto al Arco de Santa María un grupo de conocidos personajillos regionales, me aproximé a ellos. Todos escuchaban, embobados, las palabras de Sainz Rodríguez, el obeso ex diputado monárquico[24]:

—¡Qué lástima! –decía compungido–. En el día de hoy, aquí, para disfrutar de todo esto debía hallarse conmigo el pobre Calvo Sotelo. Él tenía designada conmigo esta región para el día del levantamiento. Desgraciadamente, el crimen de esos canallas le ha impedido obtener hoy, aquí, el triunfo que merecía...

¡Y en su ceguera y fanatismo no comprendía, el inconsciente, que al descubrir sus propósitos y su intervención en el complot fraguado, venía a colocar la venda y velo más eficaz sobre la muerte de quien dirigía e intervenía tan activamente en la vasta rebelión cuyo primer acto se desarrollaba ante mi vista!...

---

23. La bandera bicolor se fijó de nuevo como oficial por decreto de la Junta de Defensa del 29 de agosto siguiente, pero, como se ve, apareció de inmediato en muchas ciudades donde triunfó el golpe. Los albiñanistas asaltaron el ayuntamiento en la madrugada del 19 y arrojaron al suelo la bandera republicana de su fachada, pisoteándola y escupiéndola (Zugazaga, José Mª., *Cruz de requetés. Apuntes del Alzamiento en Burgos,* Madrid, 1942).

24. De haber estado en Burgos el 19 de julio, sin duda José Calvo Sotelo hubiera sido uno de los hombres fuertes del Nuevo Estado en ciernes. Bajo la jefatura de Sanjurjo se hubiera articulado un nuevo poder, al estilo del Directorio civil de Primo de Rivera, siendo algunos de sus integrantes los mismos de entonces, servidores de dos dictaduras. (Así fue el caso de Aunós, de Martínez Anido, de Pemartín, del general Jordana, etc.). En la versión original de Ruiz Vilaplana se añade la siguiente frase, luego eliminada: «... el obeso ex diputado monárquico que en 1930 organizó y dirigió la expedición de intelectuales castellanos a Barcelona y pronunció discursos de tono fuerte separatista». Sainz fue el primer ministro de Educación de Franco.

III

LAS PRIMERAS CAMISAS AZULES

En el relato sumario de los hechos acaecidos en Burgos al iniciarse el movimiento militar, habrá advertido el lector algo que puede causarle extrañeza: que no menciono para nada a la Falange ni a los fascistas.

Esta ausencia, en la narración, de los «camisas azules», se explica si se tiene en cuenta que en Burgos, como en la gran mayoría de las ciudades sublevadas, no existían fascistas. Ciertamente, había en todas ellas, un grupo pequeño de falangistas, y no de acción sino de partido, que sin saber concretamente su ideal ni su misión, habíanse inscrito, más bien por «snobismo o por el forzado aburrimiento provinciano».

Así se dio el caso en Burgos, cuando el gobernador del Frente Popular, siguiendo instrucciones recibidas, pretendió cerrar los locales de Falange y detener a sus directivos, de hallarse con que no existía local ni Directiva alguna, ya que los escasos miembros afiliados se reunían privadamente en el domicilio de uno de ellos.

Pero al estallar el movimiento militar y ser acogido con fruición por los reaccionarios, encontraron éstos en el tópico de Falange, que algunos periódicos derechistas habían rodeado de cierta leyenda de persecución y de martirio, un elemento a explotar, de gran efecto en el pueblo. Las clases acomodadas no sintieron nunca gran entusiasmo por la Falange[25], pero en aquella ocasión vieron en ella un filón sentimental y lo explotaron.

Tan sólo en Sevilla, Valladolid y Zaragoza, donde las anteriores luchas sociales habían hecho enfrentarse a la Falange con las organizaciones sindicales obreras, alcanzó el fascismo, fuerza de choque y resistencia, desarrollo sensible, y así se explica que en estas poblaciones, al mismo tiempo que el ejército se lanzaba a la calle, fuera ayudado en su intentona por los fascistas, que dominaron tales poblaciones; pero en Burgos, Pamplona y otros lugares destacados del alzamiento, la Falange ni era conocida apenas ni tuvo intervención en la militarada[26].

---

25. La versión original añadía: «de raíz netamente popular».

26. La Falange burgalesa tuvo una participación significativa en la gestación y desarrollo del golpe militar, encuadrando milicias de voluntarios por toda la provincia, ejecutando labores de «limpieza social», dando personal político al Nuevo Estado, etc. Que la mayor parte de sus líderes, incluido el Jefe provincial, José Andino, estuvieran encarcelados desde primeros de abril no fue obstáculo para esa colaboración. Según Payne –que se basa en el testimonio de José Andino– antes del 18 de julio debían de ser unos 500 sus afiliados en la provincia, pero Andino prometió a Mola movilizar inmediatamente a 5.000 hombres (Payne, S., *Falange. Historia del fascismo español,* Madrid, 1985, págs. 100 y 129). Ese mismo dato se repite en la *Historia de la Cruzada,* siendo sin duda exagerado. Pero basándonos en documentación del Archivo Municipal de Burgos sobre el «Aguinaldo del soldado» calculamos que había en el frente unos 4.500 milicianos falangistas burgaleses en diciembre del 36. Sumados a los carlistas y albiñanistas, en contingentes menores, eran un conjunto equiparable numéricamente a la propia guarnición burgalesa. Además estaba la «segunda línea», a la que se hace referencia más adelante.

En Burgos las primeras camisas azules que se vieron, junto a los uniformes del Ejército, no fueron de los fascistas sino de los «Legionarios de Albiñana».

Estos «Legionarios» constituían un grupo de acción que Albiñana, hombre audaz, político trashumante de diversos partidos, había fundado[27]. Eran, en su mayoría, obreros campesinos, reclutados entre los enemigos de las organizaciones sindicales afectas a la casa del pueblo de cada localidad; Albiñana, conocedor del espíritu guerrero y agrio de estos labriegos, les dotó de un vistoso uniforme (camisa azul celeste y gorro militar) y recorría con ellos la provincia. La gente les llamaba los «pistoleros de Albiñana» sin motivo alguno[28], pero verdaderamente llegaron a rodearse de una atmósfera de terror y de osadía que los elementos clericales explotaban para la lucha con aquellas fuerzas proletarias.

Ellos fueron los primeros que con sus uniformes y armamento relucientes pasearon en los camiones por Burgos; venían de los pueblos con gestos feroces, afectados, y dando gritos entusiásticos.

Los burgaleses, sobre todo los elementos «de orden», les animaban ardientemente:

---

27. El doctor José Mª Albiñana, que no tenía relación alguna con la provincia de Burgos, salió elegido diputado por ella en las elecciones de 1933 y 1936, en esta última ocasión con unos 65.000 votos (Palacios Bañuelos, L., *La Segunda República en Burgos,* en *Historia de Burgos,* tomo IV, Burgos, 2002). Su partido, el Nacionalista Español, tuvo aquí uno de sus escasos centros de implantación. Al parecer, un grupo de jóvenes derechistas burgaleses le visitaron en Las Hurdes, donde andaba confinado, y le pidieron que se presentara por su provincia.

28. Llama la atención este comentario, a la vista de su primer asesinato, que se relata a continuación. El propio José Antonio planteó en un artículo de *F. E.* «... si el doctor Albiñana es un pistolero» (Primo de Rivera, J. A., *Textos de doctrina política.,* Madrid, 1971, pág. 119).

—¡Ánimo, legionarios! –les decían–. ¡Ha llegado vuestra hora! ¡Duro con los canallas!

Y los «legionarios», rústicos, halagados por aquellos excitantes gritos, buscaron por todas partes a aquellos «canallas» que a punto fijo no sabían quiénes eran, pero que iban a justificar su fama de «hombres terribles».

Sembraron el pánico; al principio verificaban sus represalias tímidamente, temiendo la contención, pero cuando vieron que nadie se oponía a sus caprichos vengativos (pues el pueblo, acobardado, no ofrecía resistencia alguna, y las autoridades aprobaban y veían con complacencia los desmanes), se desbordaron e iniciaron la etapa represiva sangrienta.

La primera víctima cayó a las tres de la tarde de aquel mismo día.

Estaba yo terminando de comer en el hotel cuando el alguacil se presentó a buscarme con carácter urgente.

—Han matado a un obrero me dijo nerviosamente.

Nos pusimos en camino hacia el sitio donde se hallaba el cadáver. El alguacil iba confuso, sin comprender aquello, pues en los nueve años que llevaba en la población no había ocurrido nada parecido.

Ni aún con la salida de los amnistiados del Penal, con el triunfo de las izquierdas, había ocurrido en Burgos el menor incidente. Ni un atentado social, ni el menor disturbio político había habido en aquella ciudad. Allí habían seguido, con el Frente Popular en el poder, las exhibiciones callejeras religiosas y jamás fue perturbado el orden ni tuvo el Juzgado que actuar por motivo social alguno[29].

---

29. Según datos oficiales del Ministerio del Trabajo, la provincia de Burgos fue de las que menos conflictos sociales tuvo durante la II República. A mediados de julio del 36 se mantenían las huelgas de la construcción y de la SESA (fábrica de sedas artificiales) por mejoras laborales. Más tensión social y políti-

Y de improviso aquel suceso inesperado: un obrero, un pobre ayudante de albañil que salía de su casa, se cruzó con una camioneta donde iban «Legionarios de Albiñana» dando voces[30].
—¡Tú, socialista c...! –le gritaron desde el camión–, ¡Grita Viva España! ¡Viva el Ejército!

---

ca había en algunas zonas de la provincia, como La Ribera, Miranda de Ebro o Arija, alimentada por la crisis económica, el desempleo y la miseria rampantes. En ese contexto hubo algunas huelgas de jornaleros (la mayoría, creemos, no registradas en las estadísticas oficiales), ocupaciones de fincas y de comunales, peleas y altercados entre grupos de distinto signo, produciéndose heridos y algunos muertos (al menos siete en los años 1931-36). Hubo también intentos de asesinato de los alcaldes de La Aguilera y de Miranda en 1936. En Arija, la fábrica de vidrio daba trabajo a unos 600 obreros, la mayoría afiliados a UGT. En Miranda, más de 200 ferroviarios se encuadraban en UGT y CNT. La SESA tenía en plantilla varios cientos de mujeres, que debían de estar muy mal pagadas. La antigua fábrica de SESA, en Valdenoceda, fue utilizada como centro de reclusión para presos republicanos (Rubio Marcos, E., *Burgos en el recuerdo*, Burgos, 2001, tomo II, págs. 17-18).

30. José Mª Gárate Córdoba aporta una versión ligeramente distinta de este suceso y sin duda merece más crédito, pues fue testigo presencial. Él, con 18 años, se había alistado en los legionarios de Albiñana e iba en la camioneta de donde salió el agresor. Precisa que venían del aeródromo de Gamonal, tras haber esperado infructuosamente la llegada de Sanjurjo. De este modo, el suceso debió de tener lugar el día 20, no el 18 como Ruiz Vilaplana sugiere. Al pasar por el centro de la ciudad vieron a un «hombrecillo» (sic) que levantaba el puño en medio de una multitud que ya usaba generalmente el saludo romano. El «diálogo», según Gárate, fue el siguiente, mientras el jefe albiñanista le apuntaba con la pistola: «—Di: ¡Viva España! / —¡Viva Rusia! / —¡Arriba España! / —¡Viva Rusia!». El cadáver fue recogido por unas monjas teresianas que tenían (aún lo tienen) el convento cerca de Correos (Gárate Córdoba, José Mª., *Mil días de fuego*, Madrid, 1967, pág. 47). Gárate fue luego uno de los primeros alféreces provisionales, como el también burgalés Rodríguez de Valcárcel –éste falangista– o Trillo Figueroa. Más adelante Gárate fue director del Servicio Histórico Militar durante muchos años y puntal de la historiografía franquista, como los hermanos Salas Larrazábal, también burgaleses y voluntarios del ejército nacional.

—¡Viva la República! –contestó el obrero. Sonaron unos tiros y el cadáver del desgraciado quedó en medio de la calle, frente a la casa de Correos.

Cuando llegó el Juzgado para levantar el cadáver se retiraron todos los curiosos. Terminamos rápidamente y se ordenó su traslado al depósito. No le encontramos documentación alguna y nadie quiso tampoco reconocerlo. El juez, con arreglo a la ley, dispuso que se hicieran varias fotografías del cadáver y quedaron expuestas en el Foto Club por si alguien podía reconocerlo. Se ofició a la Guardia Civil y a la policía para que averiguaran las causas (?) de la muerte y los autores.

Al día siguiente el gobernador militar ordenó la retirada inmediata de las fotografías expuestas y de un modo político hizo saber al juez la conveniencia de que aquellos hechos no «alcanzaran gran publicidad» en beneficio del movimiento glorioso.

A partir de aquel día, ya ni la Guardia Civil ni la Policía realizó gestión alguna en esta clase de hechos.

El nuevo Estado y la nueva Justicia habían empezado a actuar.

IV

LA «LIMPIEZA SOCIAL»

Por toda la zona nacionalista el movimiento militar adquirió un tinte de ferocidad indescriptible.

Mientras muchos falangistas y los fanáticos navarros acudían de buena fe a la guerra en los frentes, las fuerzas reaccionarias, dueñas por el golpe de estado de las ciudades y de los pueblos, iniciaron la trágica etapa represiva[31].

---

31. Los dos primeros párrafos tenían en la versión original una redacción distinta, más amplia: «El movimiento militar, germinado en la zona centro y norte de España, se descompuso prontamente en dos direcciones opuestas: la acción guerrera, de espíritu aventurero y romántico, y la acción de la represión en la retaguardia. // Gran parte de la juventud falangista y los fanáticos navarros acudían de buena fe a la guerra en los frentes, mientras las fuerzas reaccionarias, dueñas por el golpe de estado de las ciudades y de los pueblos, iniciaron la etapa represiva. Aquello produjo las gestas aisladas y heroicas de Somosierra y Pancorbo, exponentes de una raza, pero junto a todo ello, y como verdadera raíz oculta, se inició otra trayectoria despiadada y represiva, estimulada por las propias clases imperantes en la rebelión». (Lo de Pancorbo alude a un breve conato de resistencia de algunos republicanos de ese pueblecito, que se atrincheraron en la

En Burgos, al día siguiente de la proclamación del estado de guerra, fueron detenidos y fusilados después, todos los directivos de las Organizaciones y Casas del Pueblo, tanto de la capital como de los pueblos, aun de los más modestos. Esta persecución alcanzaba, no solamente a los ejercientes en los cargos, sino a todos aquellos que habían desempeñado los puestos en épocas anteriores; se hizo una rebusca de archivos y ficheros y todos los afiliados y aun meros cotizantes eran detenidos y juzgada su actuación entre la pasión y fiebre política dominantes.

Algunos, escasos, pudieron escapar de sus domicilios, escondiéndose en lugares extraños y a veces inverosímiles por su ingenuidad.

Recuerdo, por ejemplo, el caso de Quintana, ex sargento y ex presidente de la Casa del pueblo de la capital, cargo representativo que aceptó por compromiso, pues no fue nunca hombre de acción[32].

Casa consistorial con escopetas de caza, entre ellos el alcalde, Arquelao Villasante. Allí fueron rodeados y rendidos por fuerzas falangistas, entre las cuales estaba un joven Alejandro Rodríguez de Valcárcel, luego presidente de las Cortes franquistas y del Consejo de regencia que invistió a Juan Carlos I como rey. Los falangistas tuvieron una baja y luego hubo al menos 19 víctimas mortales de la represión en el pueblo. En algún sitio se habla de «la batalla de Pancorbo» con notoria exageración).

32. Juan Quintana Alarcia. Auxiliar de artillería retirado. En el registro civil de Burgos (RCB en lo sucesivo) figura su muerte por hemoptisis en la Prisión de Burgos el 9 de septiembre de 1936. Como señala I. Rilova, resulta extraño que ese mismo día salieran hacia el cementerio, también muertos en la prisión por distintas enfermedades, otros cuatro hombres, todos vinculados a la Casa del Pueblo burgalesa:
- Plácido Pérez, agente comercial, muerto de congestión cerebral. Era secretario de Izquierda Republicana. (A él se refiere Vilaplana a continuación).
- Nicolás Neira, mecánico, muerto por angina de pecho. Era secretario de CNT.
- Mauricio Gómez, camarero, sindicalista. Muerto de embolia.

Este individuo, alocado al ver caer frente a su casa, acribillado a balazos, un mendigo que no contestó con rapidez al saludo de «viva España», huyó de su casa y cometió la inocencia de esconderse en la vivienda de su madre, contigua, y que por ser Suficientemente conocida, fue prontamente registrada; de allí fue sacado a empellones, unos días después, por la Guardia Civil, entre los gritos y lamentos de la vieja.

—¡Es Quintana! –gritaban los aprehensores, llevándole, conducido, por la población–. Estaba escondido debajo de la cama.

Y la gente reía el miedo de aquel pobre hombre que buscó el refugio materno, más por ansia infantil de cobijo que por seguridad de evasión.

Quintana, una vez obtenidas de él las declaraciones convenientes, fue fusilado. Y pocos días después, en actos de mi cargo, tenía yo que visitar la mísera casa de la anciana madre, de la que oí el relato anterior.

• Rafael Laserna, empleado municipal, muerto por miocarditis.
(APB, RCB y Rilova, I., *op. cit.*, pág. 240). Excepto Morquecho, cuya inscripción se hace aplazada en julio de 1940, ninguno de los demás figura en el Registro Civil de Burgos. Testimonios familiares de Neira y de Gómez aseguran que estos disfrutaban de una salud normal. Cabría pensar en un fusilamiento u otra forma de ejecución dentro de la propia cárcel, cosa que Rilova descarta basándose en testimonios orales no precisados. Mauricio no quiso huir por tener cinco hijos menores. Con posterioridad, el alcalde de Burgos se interesó por la suerte de Laserna y de otros seis empleados municipales encarcelados en el proceso de depuración laboral entonces en curso para funcionarios y empleados públicos. Se da el caso de que al menos tres de esos empleados, además de Laserna, habían sido víctimas mortales del Movimiento (Demetrio Arce, Servando Portal y Andrés Morquecho). Este último formaba parte de la logia masónica recientemente formada en Burgos, cuyos miembros fueron todos asesinados. Por si fuera poco, alguno de los mencionados fue condenado además por Consejo de guerra.

El secretario de grupo político de Izquierda Republicana, un tal Plácido, muchacho fuerte y optimista, que tenía su casa contigua a la habitación del hotel que yo ocupaba, y que unos días antes discutía conmigo sucesos sin importancia de la provincia, huyó también, alocado, al conocer algunos casos como el referido.

Escondido en el depósito de paja de los sementales del Ejército, frente a un cuartel de caballería camino de Miraflores, pasó varios días sin comer. Era tal el terror dominante, que aun conociendo su familia el escondite, no se aventuraba a hacerle llegar alimento alguno.

Al cabo de una semana, desfallecido, con angustias de muerte en el rostro, sucio y cadavérico por el hambre y el terror, se entregó al centinela de guardia:

—Matadme –dijo–, pero no puedo resistir más.

Conducido seguidamente al Penal, aquel muchacho que no había cometido otro delito que su ideal izquierdista, fue también fusilado.

Sus pobres hijos, cuatro criaturas vivarachas, me recordaban constantemente, con sus juegos y voces junto al balcón de mi cuarto, la tragedia aquella.

Villadiego, Aranda de Duero, Castrojeriz, y sobre todo Miranda de Ebro, ciudad de fuerte contingente ferroviario, se distinguieron sobremanera en la acción de limpieza social y represiva.

Bastaba una denuncia, una sospecha de los comités o jefes actuantes, para que el interesado, sin información de causa alguna fuera pasado por las armas; a veces eran fusilados cuatro o cinco juntos, pero la mayoría de las ejecuciones eran individuales. Su forma no ofrecía diferenciación alguna, como pudimos comprobar comparando las de diversos lugares de la provincia; a cualquier hora, pero con más frecuencia de noche, se presentaban en el domicilio del designado unos cuantos individuos armados y entre las lágrimas y protestas familiares, que a veces el propio terror ahogaba, era arrancado y llevado al campo; a la mañana siguiente, nosotros, o el juzgado correspondiente por jurisdicción, recogía el cadáver en actuación rutinaria y forzosa. Solían aparecer siempre con las mismas heridas: seis o siete balazos de máuser y dos o tres tiros en el ojo y sien[33].

* * *

Uno de los primeros que nos hizo actuar, y que se halló junto al cementerio de Burgos, era el cadáver de un pobre campesino de Sasamón; apareció junto a una morena de trigo, montón formado por los recolectores para facilitar el transporte del grano. Era un hombre relativamente joven, fuerte, moreno, vestido pobremente, y cuya cara estaba horriblemente desfigurada por los balazos.

Como ocurría siempre, nadie se atrevía a identificarle; solamente en uno de los bolsillos hallamos un papel rugoso y sucio, en el que escrito a lápiz, torpemente, y con faltas ortográficas, se leía:

---

33. Descripción genérica de lo que eran los «paseos». Más adelante, en este mismo capítulo, se describe una «saca»: la «liberación» de un grupo de presos, que el director de la cárcel entrega a una «fuerza armada», la cual actúa después de modo semejante al del «paseo». Estas fuerzas armadas suelen ser piquetes de falangistas o de Guardias civiles que actúan por orden superior, tácita o expresa –la orden de excarcelación de las sacas suele ir firmada por el Gobernador civil, que casi siempre era un jefe militar; en el caso de Burgos, el general Dávila, el general Francisco Fermoso o el teniente coronel Antonio Almagro–. A este respecto no es muy conocido uno de los primeros bandos de Mola, de 20 de julio de 1936, que establece la consideración de «Fuerza armada a las personas que presten servicio de cooperación al Ejército y Autoridades de mi mando, siempre que estén para ello autorizadas por la Superioridad... y ostentando correaje, armamento o en su defecto distintivo legalmente autorizado».

Abisa a todos los compañeros y marchar pronto.
nos dan de palos brutalmente y nos matan como lo ben perdío no
quieren sino la barbaridá[34].

Unido al sumario correspondiente al hallazgo quedó este aviso emocionante, cuya certeza pronto había de comprobar el desgraciado, pues el forense apreció, además de las heridas mortales, un apaleamiento grande, «que había quebrantado el cuerpo».

* * *

El alcalde de un pueblo cercano, que visitaba el Juzgado con frecuencia, apareció así como sus dos hijos, de doce y quince años, a seis kilómetros de Burgos, en la carretera de Santander, pero no en la propia cuneta como era corriente, sino algo internados, y en la senda que conduce a un antiguo y abandonado convento[35].

La policía, avisada de los hallazgos por el párroco de otro pueblo cercano, nos envió el atestado y, como de costumbre, nos trasladamos al lugar «de autos».

---

34. Creemos que esta nota, así como el tenedor y la cuchara carcelarias halladas en otro cadáver del que se habla más adelante, y las demás circunstancias trágicas que rodean a las víctimas aquí reseñadas, fueron asimiladas en la imaginación poética de César Vallejo –que sin duda conocía esta obra–, para dar lugar a uno de los poemas más desgarradores de su *España, aparta de mi este cáliz*: «Solía escribir con su dedo grande en el aire: "¡Viban los compañeros! Pedro Rojas", / de Miranda de Ebro, padre y hombre, / marido y hombre, ferroviario y hombre, / padre y más hombre. Pedro y sus dos muertes (...)».

35. Se trata del monasterio jerónimo de Fresdelval, notable monumento gótico. Muy destrozado por el ejército francés en la Guerra de la Independencia, quedó sin comunidad a raíz de la desamortización eclesiástica. Actualmente en ruinas.

Apenas llegamos al sitio, un olor intensísimo y repelente nos obligó a detenernos; avanzamos al fin y hallamos los tres cuerpos yacentes; indudablemente, no habían sido muertos aquel día sino el anterior pues la descomposición era avanzada y una pequeña loma cercana los había tenido ocultos desde la carretera.

En grupo trágico, dos muchachos, casi dos niños, yacían aparentemente abrazados; el forense apreció en ellos también señales de apaleamiento. Un poco separado de ellos, el cadáver del padre, horriblemente mutilado y deshecho a golpes y machetazos impresionaba fuertemente, pues por la colocación de los cuerpos se apreciaba que el desventurado debió presenciar, antes de su tortura y muerte, la de sus dos hijos.

El alguacil, impresionado, pero ya acostumbrado a aquello, me dijo:

—Estos eran sus dos hijos pequeños que ya le ayudaban en la alcaldía. El mayor, que lo tenía de secretario, es el que levantamos anteayer en el camino de Frandosvinez[36]. ¿No recuerda usted?...

* * *

El día 17 de septiembre, cerca de la fábrica de sedas, fuimos a levantar el cadáver de uno de sus capataces[37]. Era hermano de uno

---

36. Es Frandovínez.

37. Pero en RCB no aparece ninguna persona que responda a esas circunstancias en la semana del 17 al 24 de septiembre. (El 18 sí aparecen registrados, por ejemplo, los 42 ejecutados por Consejo de guerra provenientes de Miranda de Ebro, a los que se aludirá más adelante). Muchos, quizá la mayoría de estas personas «desconocidas» asesinadas, nunca fueron anotadas en el registro civil como difuntos y, de las que sí lo fueron, buena parte aparece sin identificación, aunque la persona fuera «muy conocida», como se dice de ésta. El terror reinante

de los escribientes de la Audiencia y persona muy conocida en la ciudad.

Apareció con las manos esposadas, maltratado también fuertemente, y en sus bolsillos todavía conservaba el tenedor y cuchara de aluminio del Penal donde estaba detenido, y del que fue arrancado para el fusilamiento.

Era tal el terror que existía en la zona, que el propio hermano no se atrevió a reconocerlo oficialmente en el sumario, aun impidiéndose con ello el que la viuda recogiera los fondos sobrantes, pero temían los familiares que al reconocerlo o realizar alguna gestión sobre aquello, se ejercieran también sobre ellos represalias.

Los sumarios por «Hallazgo de cadáveres desconocidos» aumentaban sin cesar, no solamente en nuestro juzgado sino en todos los de la región, siendo ello una de las preocupaciones que todos los profesionales teníamos, y que en conversaciones con compañeros, comentábamos, hipócrita y miedosa, pero amargamente[38].

Recuerdo que un día, hallándome trabajando en el Juzgado, se presentó el juez de un partido cercano.

–como señala el autor más adelante– impedía a los familiares presentarse en las dependencias municipales o judiciales, ya controladas por los adictos al Nuevo Estado, para ese trámite. Ya hemos mencionado el caso de Quintana y de sus compañeros de la Casa del Pueblo y veremos algunos más adelante. La fábrica de sedas artificiales (SESA) se hallaba cerca de la Prisión.

38. A veces hay anotaciones en el Registro Civil por iniciativa de algún juez o secretario judicial. El tenor de las mismas es el siguiente: «27 de julio de 1936. Un varón como de 20 a 24 años, fallecido en despoblado el día 25 por "múltiples disparos de arma de fuego". // 8 de agosto de 1936. Un varón desconocido, como de 40 años, fallecido ayer por "herida de arma de fuego en el cuello" en las proximidades de Villalbilla». (En Castro, L., *Héroes y caídos. Políticas de la memoria en la España contemporánea*, Madrid, 2008, págs. 106 ss., donde aportamos otros ejemplos y casos).

Este juez, hombre impulsivo, pero de buen fondo, venía acompañado de un oficial de la Guardia Civil.

—Compañero —me dijo—: quiero pedirle un favor, y es que me despache pronto este exhorto.

—¿Y lo trae usted mismo? —le dije extrañado, ya que solían enviarlos por correo.

—Es que nos corre mucha prisa —dijo el acompañante.

La intervención de este personaje me puso en guardia y examiné detenidamente el despacho. No tenía defecto alguno; en él el juez ordenaba la libertad inmediata de diez y ocho detenidos en el Penal y nosotros no teníamos que hacer sino comunicar a los interesados tal libertad, ya que el sumario no era seguido por nuestro Juzgado.

Yo sabía que aquellos individuos habían sido detenidos por sus ideas extremistas antes del movimiento, y aquella prisa en decretar y obtener su libertad no pudo menos de extrañarme en aquellos momentos.

No obstante nosotros nos limitamos a cumplir lo ordenado y acompañé al Penal a los portadores del exhorto, para notificar a los detenidos su libertad.

La conversación del oficial con el director del Penal me aclaró el enigma.

—Estos pájaros —le decía— nos los llevamos ahora mismo; tengo fuera ya la camioneta.

—¿Buena redada, eh? —concluyó el director.

Comprendí perfectamente el fin que esperaba a aquellos desventurados y el interés en obtener su libertad, pero yo había de cumplir lo ordenado.

Aquellos pobres hombres que iban pasando por mi despacho para firmar la notificación de su libertad eran, a la salida, esposados y conducidos al camión. No pude resistir toda la escena y rogué a mi habilitado que terminara aquello.

En unión del juez portador del exhorto me encaminé hacia la población.

—¡Es horrible! —se atrevió a decir, rompiendo el silencio prolongado—. En un partido como el mío, donde jamás ha habido nada ni ha ocurrido nada en absoluto, ¡y van ya más de seiscientos!...[39]

Callé, no sabiendo qué contestarle.

—Y ya no se conforman con los que había allí sino que buscan, sacan de los penales a los que estaban detenidos, como estos pobres, y se los llevan también. Yo tenía a estos sin ponerles en libertad porque sabía el fin que les esperaba en cuanto salieran, pero ha ido a verme este oficial y no he podido resistirme más. Cualquiera se opone; ¡se juega uno la vida!

Yo sentía una impresión de tristeza y desconsuelo que me impedían contestarle.

—No he tenido más remedio que hacerlo —se disculpó el pobre muchacho—. Pero esto no lo resisto; mañana pido una licencia y cuando venga me traslado o me voy al frente. Todo menos esto... ¡Qué lástima de movimiento! ¡Quién iba a pensar que iba a ser

---

39. Es difícil decir a qué partido judicial se refiere. Podría ser el de Miranda de Ebro o el de Aranda de Duero, sin descartar otros. Según nuestras estimaciones, el número de víctimas mortales de la represión franquista en Burgos rebasará ampliamente las 2.000 personas, pero no es fácil avanzar una cifra definitiva, pendientes aún de investigación más detallada en partidos judiciales como los de Castrojeriz, Villadiego, Miranda de Ebro o Villarcayo. También hemos documentado el asesinato de 59 personas en la zona norte de la provincia, bajo control republicano, durante el primer año de la contienda (Castro, L., *Capital de la Cruzada. Burgos durante la Guerra civil*, Barcelona, 2006. Capítulo 6, sobre la represión).

esto!... Ahora, estos pobres desgraciados, que no han hecho nada, ¡nada! –repetía excitado–. ¡Si yo no encontraba motivo ni siquiera para procesarles! ¡Si los tenía aquí para salvarles la vida!... y ahora, dentro de poco, estarán todos en la zanja.

Y ante mi insensibilidad ya estudiada, me explicó que en el pueblo aquel habían abierto una zanja inmensa en los alrededores, donde eran ejecutados y recibían sepultura los detenidos...

—¡Menos mal! –añadió amargamente–. Con ello nos evitamos los hallazgos de cadáveres. ¡En los primeros días era algo espantoso!...[40]

* * *

Un día se presentó en el Juzgado una pobre mujer, harapienta y desgreñada. Daba unas voces angustiosas y entre el alguacil y otro pudieron lograr que se retirara, llevándola casi a viva fuerza.

---

40. En efecto, durante las primeras semanas los cadáveres de las víctimas ni siquiera eran enterrados en muchas ocasiones, hasta que, como se indica al final de este capítulo, las autoridades ordenaron que siempre hubiera enterramiento, aunque fuera en fosas comunes no señalizadas. Nos consta que algunas de las grandes fosas de la provincia (Estépar, La Pedraja, La Brújula, La Andaya, El Crucero, etc.) fueron usadas para sucesivos grupos de víctimas, ya fuera alargándolas o haciendo otras contiguas. Todavía recordamos el testimonio de una persona en San Juan de Ortega, refiriéndose a la fosa de La Pedraja: «Una tanda y una capa de cal; otra tanda y otra capa de cal...». Por lo general, los piquetes ejecutores daban la orden de hacer las zanjas y el enterramiento a los vecinos de algún pueblo cercano, sin que falten casos en que tal tarea fueran empleadas las propias víctimas. Recientemente se han exhumado 59 cuerpos en una fosa común sita en el paraje de La Legua (Gumiel de Izán). La fosa, longitudinal, recuerda la de Villamayor de los Montes y tiene cuarenta metros, de los cuales diez quedaron «libres» (Natalia Junquera, «59 fusilados sin nombre enterrados por los barrenderos del pueblo». *El País,* 11 de julio de 2011).

—¿Quién era? –pregunté.

—¡Nada! –me dijeron–. La mujer del «Zapaterín», aquel que encontramos junto al Crematorio. ¿No se acuerda usted?

Ya lo creo que me acordaba. El «Zapatería», famoso en Burgos, era un pobre vejete que ejercía mal y estrechamente su oficio antiguo de remendón y que tenía ya, según pude informarme al llegar yo a Burgos, sesenta y siete años.

Alguien, con esa burla agresiva de los pueblos, me lo presentó en el juzgado, irónicamente, como el «representante» de Largo Caballero en Burgos.

Cambié con él algunas palabras y me produjo tan penosa impresión, pues la senectud había debilitado indudablemente su cerebro, que gestioné, en unión de un amigo y persona de influencia allí, su ingreso en un asilo.

Encontramos dificultades, pues tenía mala fama. Indudablemente en la juventud, y acaso durante mucho tiempo en su vida, había sido anarquista y quizá elemento de acción, pero la vejez y la enfermedad habían apagado aquellos fuegos y no quedaba en él más que un desvarío senil gesticulante y unas aprendidas frases que intentaban ser subversivas, pero que, en su boca, resultaban grotescas.

Sus recursos eran cada vez más escasos; la gente, sobre todo las mujeres –aun algunas de posición y, al parecer, de criterio– le tenían declarado el boicot al pobre viejo.

Casi teníamos conseguido su ingreso en un asilo cuando ocurrió el movimiento militar.

Yo no me acordaba apenas de aquel pobre anciano, pero mi amigo, con un interés y solicitud verdaderamente loables, me acuciaba para activar dicho trámite de ingreso, pues temía que fuera detenido.

—¡Pero hombre! –le decía yo siempre–. ¡Quién se va a meter con ese sexagenario inofensivo!...

—Usted no conoce esto –me repetía.

Tanto insistió que acordamos visitar un día a un personaje falangista, influyente de la situación, para activar el trámite de ingreso, y al mismo tiempo interceder por la seguridad de aquel pobre hombre.

El requerido nos atendió cordialmente y ciertamente se interesó para que el «Zapaterín» no sufriera persecución alguna.

Creíamos cumplida nuestra misión y tranquilizada nuestra conciencia, cuando a los quince días escasamente y en fecha que no se me olvidará jamás –el nueve de octubre de 1936–, entre unos cadáveres que aparecieron enterrados y cuya exhumación se realizó, reconocimos todos al pobre «Zapatería».

Me consta que aquello ocasionó varias destituciones y medidas al conocer el jefe a quien habíamos visitado el suceso, pero el pobre «Zapaterín», el peligroso y sexagenario anarquista, murió como jamás hubiera sospechado: mártir de su ideal.

* * *

El veinticuatro de noviembre, a las diez de la mañana, se recibía un aviso en el Juzgado: dos cadáveres en el Campo de Instrucción.

Tal campo era una vasta explanada situada a tres kilómetros de la ciudad y donde se practicaban los ejercicios de tiro y también los fusilamientos «oficiales»[41].

---

41. Se refiere a las ejecuciones de las sentencias de muerte posteriores a consejos de guerra, no a los «sacados» o «paseados», que, como se ha visto, podían aparecer en cualquier sitio, enterrados o sin enterrar. Los fusilados por consejo de guerra, a diferencia de estos, eran inscritos en el registro civil e inhumados

Cuando nos disponíamos a trasladarnos al sitio prevenido se presentó en el Juzgado el teniente coronel, juez instructor de la Quinta División, con un encargo reservado.

Venía a hablar de aquello; habían aparecido en el Campo el cadáver de un guarda-freno de la Compañía Santander-Mediterráneo, afiliado al partido socialista y el de su hija, una muchacha cuya belleza tenía fama en la vecindad. La muchacha había sido violada por los ejecutores y era conveniente no dar publicidad a aquello, pues siendo muy conocida la familia, sería de mal efecto.

Aquel hombre tuvo frases de condenación para los bárbaros autores del hecho, pero exigía en bien del «glorioso movimiento nacional» que aquel asunto pasara a la jurisdicción de Guerra y que no trascendiera al público.

No por tal petición, sino porque legalmente correspondía a la autoridad militar tal sumario, nos inhibimos en su favor, y posteriormente pudimos saber que la única diligencia realizada había sido el entierro secreto de las víctimas y que no se realizó pesquisa ni actuación alguna[42].

---

en el cementerio municipal. El campo de instrucción militar de Vista Alegre se hallaba a la salida de la carretera de Santander, a la derecha (aproximadamente donde ahora está el Hospital Provincial y la barriada de Illera). Allí eran ejecutados los militares, mientras que los condenados civiles lo eran en las inmediaciones de la propia cárcel, de tal modo que –como explica el autor más adelante– los internos, estremeciéndose, podían oír las descargas.

42. En RCB Burgos no aparece ninguna inscripción que responda a esas características para esas fechas y en ese lugar. Sin embargo, el 19 de agosto anterior sí que aparecen inscritos seis cadáveres de «desconocidos» en el Campo de tiro, siendo uno de ellos el de una hembra como de 25 años, a la que días después se identifica como Felisa Moreno Cerezo, de 21 años, vecina de Quintanapalla. Otro es el de un varón como de 35 años, que viste «chaquetón ferroviario Compañía del Norte». Como vamos viendo, parece que Ruiz Vilaplana se fía de su

* * *

Aquella actuación nuestra era ya insoportable. Los sumarios por «hallazgo de cadáveres desconocidos» aumentaban sin cesar y nuestra intervención formularia y coaccionada, sin actuación ni investigación alguna, resultaba ridícula y humillante.

Fuimos en queja, respetuosamente, a una conocida persona influyente en el movimiento.

—Es que estamos limpiando la retaguardia –nos dijo–. Claro que no puede evitarse algún exceso. De todos modos eso que me cuentan ustedes, ¡caramba!, es muy fuerte y no podemos seguir así. Esto tiene que terminar. Desde mañana procuraré que se hagan las cosas de otro modo y, sobre todo, ¡caramba!, que los entierren siempre y bien. Es preciso acabar con esto de los hallazgos.

Al despedirnos de aquel personaje tuvimos que sonreír y estrechar «respetuosamente» la mano que nos tendía…

---

memoria a la hora de datar los sucesos, de modo que podría equivocarse también en este caso en cuanto a las fechas.

V

LLEGADA DE MOLA Y FORMACIÓN DEL PRIMER GOBIERNO EN BURGOS[43]

Mientras los elementos revolucionados se entretenían en las labores de «limpieza», la gente se preguntaba, extrañada, por los directores y jefes de aquel movimiento.

Ya se sabía el fracaso de la sublevación en Madrid, Cataluña y otros lugares y todo ello aumentaba la inquietud y la impaciencia.

Muerto Sanjurjo —cuando se dirigía a ponerse al frente de la rebelión—, los únicos poderes que allí dejaban sentir su influencia eran los personales de Mola en el norte, y de Queipo de Llano en el sur.

---

43. La redacción previa titulaba este capítulo: «Llegada de Mola y formación de la Junta Nacional», lo cual resulta sin duda más exacto. El primer gobierno de Burgos propiamente dicho se constituyó en enero de 1938. Aquí más bien se habla de la Junta de Defensa Nacional, organismo administrativo-militar, más bien provisional, presidido por el general Cabanellas y vigente hasta la formación de la Junta Técnica del Estado en octubre de 1936. El 24 de julio salió el primer decreto de esta Junta, el relativo a su propia constitución, publicado al día siguiente en el Boletín Oficial del Estado (del que pronto se llamará «Nuevo Estado»), impreso en los talleres tipográficos de la Diputación Provincial de Burgos.

Franco, cuya existencia era todavía un mito, no figuraba en modo alguno ni se sabía a punto fijo su proceder. Se hablaba insistentemente de él, se le elogiaba mucho, circulaban sus hazañas y se encomiaba su juventud triunfante, pero él no aparecía ni daba fe de su existencia.

—A las diez de esta noche –se decía– hablará Franco desde Cádiz.

Y los radioescuchas burgueses esperaban en vano horas y horas, pues la voz de Franco no llegaba por las ondas.

—Mañana –se oía otro día– llega Franco a Sevilla con cincuenta mil moros.

Pero pasaban días y días y no se confirmaba la llegada del general esperado con sus refuerzos africanos.

Transcurridos unos cuantos días desde el alzamiento, los directores juzgaron necesario dotar al país, en su parte rebelde, de un gobierno. Esto, en opinión de algunos, daría sensación a la opinión mundial de estabilidad y fuerza. Los elementos militares, y dentro de ellos los típicamente monárquicos y los requetés, acordaron reunirse en Burgos a tal fin; en estas reuniones y aún en el gobierno que se constituyó no figuraron para nada, ni personalmente ni como fuerza política, los fascistas[44].

Con objeto de reunir esta Junta Nacional, que a modo de gobierno había de dar a la sublevación un tinte legal, conveniente a los ojos de la opinión, hizo su entrada triunfal en Burgos, en apoteosis heroica, escoltado por requetés y militares, el general Mola.

---

44. Como se señala más adelante, los componentes de la Junta de Defensa eran todos militares. Pero entre el personal asesor fueron escogidos principalmente monárquicos de segunda fila, como Andrés Amado (colaborador de Calvo Sotelo), Vicente Tutor, juez de la audiencia de Burgos, o Juan Antonio Bravo. Ello dio lugar a los primeros descontentos de los falangistas: «Se ve mucho político viejo en torno a Mola y los militares, como moscas verdes en la sangre...» dirá García Serrano en su libro autobiográfico *La gran esperanza*, Barcelona, 1983, pág. 27).

Tiene el general Mola una historia suficientemente conocida para que intente yo descubrirla. Me limitaré, por tanto, a relatar su intervención en el acto solemne de aquel día, como organizador y director del organismo llamado Junta Nacional de Defensa.

Mola llegó al aeródromo de Gamonal a las diez de la mañana, siendo allí recibido por las autoridades locales[45]. Instalado en automóvil descubierto y precedido y seguido de una fila de coches y de grupos de entusiastas admiradores, hizo su entrada en Burgos seguidamente, deteniéndose en el edificio de la División militar.

Durante su paso por las calles de la población desbordose el entusiasmo de los derechistas y él, sonriente, de pie en el automóvil –un lujoso descapotable Renault, que por servir de marco a los prohombres nacionalistas ha valido a su propietario un puesto preeminente–, en la posición del saludo militar, acusaba en su semblante la satisfacción que todo aquello le causaba.

—¡Viva Mola! –gritaba la gente, rodeando el vehículo.

—¡Viva el general Mola! –repetían por doquier. Yo, que presencié en el 14 de abril republicano de Madrid, el desbordamiento de la muchedumbre y recordaba el *leit-motiv,* o al menos uno de ellos, en su jubileo triunfal, no podía olvidarlo, al contemplar ahora este desagravio al antiguo director general de Seguridad de la monarquía.

Bien es verdad que de las voces provincianas admirativas a las imprecaciones de toda una inmensa masa madrileña, el general Mola debió notar alguna diferencia de matiz y tono, pero el hombre es fácilmente sugestionable y olvidadizo y, por otra parte, aquello

---

45. Mola se trasladó de Pamplona a Burgos el 21 de julio. Ya instalado en el Palacio de la división (Capitanía) recibió la primera visita oficial: la del arzobispo. Por orden de éste tocaban todas las campanas de la ciudad, como se cuenta a continuación.

era el principio; tal vez más adelante sería el propio Madrid quien reivindicara la fama del triunfador rebelde.

En el Palacio de la División, y para calmar las ansias de los adictos, se vio obligado Mola a asomarse al balcón central y dirigir la palabra a la gente.

Mola apareció en el balcón rodeado de militares y con un gesto de triunfo y de alegría.

Qué contrastes ofrece la vida. Yo que fui testigo en la hora del triunfo de aquel hombre, que había asistido algunos años antes a su execración por un pueblo gozoso de libertad, había también de asistir, algunos meses después, en aquel mismo lugar y ante aquel balcón, entonces centro de su gloria, al traslado de su cadáver.

Con el intervalo de unos meses, minúsculos períodos en el devenir del mundo, un ser humano pasaba ante mis ojos del fracaso al triunfo y del triunfo a la muerte.

Las campanas de la ciudad atronaban el espacio en imponente zarabanda. No creo que exista ciudad en el mundo donde haya tantas campanas y sea su sonido tan potente como en Burgos.

Es una sinfonía gigante, un bramar continuo de hierro y bronce, que absorbe por completo toda la vida en la ciudad; cuando suenan las campanas en Burgos, toda la población es un inmenso diapasón, una caja amplia de resonancia donde el aire es ruido y la catedral es eco y todo queda supeditado a aquel vibrar litúrgico.

En una pausa de aquel sonante bordoneo, Mola, gesto altivo, sonrisa irónica, pronunció su discurso o, por decir verdad, su arenga.

Oyéndole la gente enloquecía de entusiasmo y yo mismo, educado en la fuente amarga del escepticismo, reconozco que llegué a impresionarme y, algunas veces, hasta a creerle.

—*¡Españoles! ¡Burgaleses!* —decía enronquecido—. *El Gobierno miserable del contubernio socialista-liberal ha muerto, vencido por el gesto gallardo del Ejército...*

España, la verdadera España, la católica y grande España, ha aplastado al dragón y éste muerde y se revuelve en el polvo... (Aquel símil bíblico causó un gran efecto en el auditorio; Mola tenía inteligencia).

En breves días, los escasos focos rebeldes (!!) *de Madrid y Barcelona, serán sofocados, y dentro de pocos días, quizá de horas, yo os lo prometo solemnemente, gritaré: ¡Viva España! desde el ministerio de Gobernación, en Madrid... Yo iré a ponerme al frente de las tropas y no ha de pasar mucho tiempo sin que el signo santo de la Cruz y nuestra bandera gloriosa ondeen entrelazadas en Madrid, ¡en el centro de nuestra querida España!*

Como puede comprenderse, al llegar aquí el orador prorrumpió el público en una ovación delirante.

Yo también entusiasmado, en el fondo, por la idea de reunirme pronto en Madrid con mis familiares y contagiado de aquel entusiasmo, aplaudí ingenuamente[46].

---

46. La versión inicial añadía el siguiente párrafo a continuación: «¡Ah, Mola, Mola! ¡Cómo te equivocaste y me engañabas aquella tarde de tu aparición triunfal en Burgos!... Porque desde el 28 de julio en que pronunciaste aquellas palabras hasta el día de hoy van transcurridos más de 14 meses, y ni tus tropas –tú siempre estás presente en ellas– han entrado en Madrid, ni yo he podido ver aún a mi familia, cuya separación ha destrozado mi alma...». (De nuevo observamos un error de datación: estas palabras fueron pronunciadas el día en que Mola llegó a Burgos desde Pamplona, el 21 de julio, como queda dicho. Mola pensaba estar en Madrid para el día de Santiago –el 25 siguiente–, habiendo triunfado el golpe. *El Diario de Burgos* del 28 de julio señalaba que «dentro de días, quizá de horas, la toma de Madrid será un hecho»).

Esta idea de la entrada en Madrid era para Mola algo obsesionante y fatídico; no le abandonaba ni un instante y llegó a contagiar de tal sugestión a todos los que le rodeaban.

Un amigo mío, al que el movimiento sorprendió en Logroño, veraneando (veraneo que ha tenido ya forzada repetición y que amenaza con «reprise»), ha tenido el acierto y la humorada de ir reuniendo, en labor paciente y audaz, todos los discursos, notas, artículos, proclamas y bandos en los que desde el día 18 de julio se habla por las autoridades nacionalistas o sus generales de la «próxima caída de Madrid».

Se titula este trabajo, que algún día verá la luz, «Pasión y muerte de un madrileño en Logroño», y en él, una de las primeras soflamas recogidas es ésta, pronunciada por Mola en la fecha de su apoteósica entrada en Burgos.

* * *

Terminado el festejo popular, Su Excelencia el general jefe del Ejército del Norte hizo saber a las autoridades, por medio de sus ayudantes, que serian recibidas oficialmente por él a las doce.

Gravísimo conflicto el que se presentaba a las autoridades burgalesas con ello; a las autoridades afectas o dudosas, porque las otras ya habían dejado de serlo, y muchas de existir en aquellos momentos.

La duda era la siguiente: ¿acudían a presentarse al general sublevado o continuaban adictos al gobierno republicano de Madrid, que todavía daba fe de su existencia y reclamaba la fidelidad jurada?

Se manifestaron diversos pareceres, pero alguien, conocedor de la realidad y del ambiente creado, hizo observar a los dudosos que un acto como el de no acudir a la presentación oficial, sería considerado de hostilidad y juzgado con arreglo al «bando de la muerte» dictado por Mola y llamado así porque empezaba:

«Será condenado a la pena de muerte...» y así seguía y terminaba en sus diez y seis apartados.

Sin embargo, se impuso en muchas autoridades de espíritu legal el eclecticismo –influencia póstuma, quizá, del genio de Gil Robles–, y acudieron a la recepción personalmente, pero sin bastón, atributos ni insignias de mando. Una forma hábil de «conllevar», que dicho político hubiera hallado oportunísima.

En el salón grande de la Capitanía general, Mola, el promotor y alma del movimiento militar, recibió a las «fuerzas vivas», y nunca mejor empleada esta frase, que en aquella época de persecuciones y represalias llegó a adquirir prestigio trágico de retruécano.

Allí, en aquel amplio y hermosísimo salón, donde meses después había de ser expuesto su cadáver, se presentó ante todos nosotros el Caudillo. (El primero, porque luego fue desposeído del título).

Observé su rostro y ya no era el mismo que horas antes sonreía en el balcón frente al público; nervioso y preocupado, el gesto de aquel hombre, al contemplarlo ahora, parecía otro distinto a aquel de exhibición ante la muchedumbre.

Con los ojos algo desvariados, sin mirada fija, Mola, que poseía sin duda gran inteligencia y tacto político, pareció darse cuenta entonces, en aquel instante, de toda la grave responsabilidad que contraía, de la importancia de su papel.

Mientras todo se reducía a redactar bandos militares, pronunciar arengas, lanzar tropas a la calle y otros actos de milicia, no se impresionaba mucho su espíritu de militar ambicioso, pero ver fracasado el golpe de Estado y continuarlo en zonas aisladas, reunir bajo su mando personal a las autoridades legales y de abolengo, llegar a organizar la ficción de un gobierno, y todo ello sintiendo internamente la sinrazón y el vacío de la injusticia y viendo exteriormente desarrollarse el odio y el crimen, es algo terrible para la conciencia de un hombre.

* * *

¿Cómo se constituyó la Junta Nacional de Defensa o Gobierno de Burgos? Yo, por razones de mi cargo, hube de presenciarlo, y en verdad que es interesante.

Terminada la protocolaria presentación de las autoridades, Mola quedó reunido con el general Dávila, los coroneles Montaner y Calderón y... sus ayudantes. También se había citado a la reunión a algunas autoridades locales.

—Señores –dijo Mola–: el ejército ha cumplido su deber y el primer paso está dado. Quedan algunos pequeños focos sin dominar en Madrid y Asturias, así como en Barcelona, pero podemos decir que España entera está ya con nosotros. Ahora, en beneficio del nuevo Estado, es conveniente, y así me lo han aconsejado, que se forme un gobierno nacional, una junta de defensa, como teníamos previsto en el alzamiento, pues de no hacerlo pronto corremos el riesgo de que lo formen otros... Y no quiero ahondar más en esto, que no es momento ahora...

Nadie osaba interrumpir al Caudillo, que prosiguió su alegato:

—Este Gobierno, que residirá aquí o en Pamplona, creo que debe ser formado no sólo por militares sino también por algunos elementos civiles.

—Eso nunca –terció un coronel–; tiene que ser de militares solamente, y así quedó acordado en el plan del alzamiento. En su punto sexto, que todos conocemos bien, se establece que una vez triunfante el movimiento, cada región formará su comité militar y se constituirá una junta nacional, también compuesta exclusivamente por militares.

—No nos engañemos tontamente –interrumpió Mola vivamente–; de ese alzamiento que hablas, ya no queda nada. Era una cosa monárquica y ahora, en el plan en que se ha puesto esto, no puede hablarse de monarquía. Eso está fracasado; mientras en Galicia y Andalucía, y hasta en Marruecos, se han alzado al grito de «¡Viva la República!», nosotros nos levantamos con los requetés, con un ideario monárquico; Franco, por su parte, avanza empujado por la Falange y por alguien más, mucho más importante… Y Queipo actúa solo porque le da la gana, sin saber seguro para qué. Esto es un caos, ¡y no puede ser!; aquí no veo yo las cosas claras y nosotros, que hemos dado la cara, no debemos dejar que se nos quite el mando ahora. ¿Estamos?

Todos asintieron sin reservas.

—Hagamos, pues –prosiguió Mola–, un gobierno con militares y algún elemento civil de prestigio. ¡Vengan nombres!

Sonaron varios nombres de elementos civiles, pero hubo que desistir de ello pues no se halló ninguno de prestigio que fuera de garantía para todos y, los no conocidos, se temió que descontentaran a las masas.

En vista de ello se prescindió de los civiles y se constituyó la Junta con cuatro generales, los dos presentes y otros dos: Saliquet y Cabanellas, que ni estaban en la región ni sabían nada de aquello, y como no había más generales disponibles, se completó el cuadro con los dos coroneles allí presentes.

A la salida de aquella reunión se facilitó una nota a la prensa y al país dando cuenta de la constitución de la Junta de Defensa Nacional en Burgos que asumía todos los poderes.

Nombrado este gobierno, lo primero que hubo que solucionar fue la cuestión de su instalación, por lo menos provisional. El teniente coronel Aizpuru, jefe del Estado Mayor, a regañadientes, puso a su disposición dos despachos de la Capitanía y una máquina de escribir.

Arreglado el problema material, y como no había nada que hacer, de momento, los miembros del gobierno y algunos amigos se trasladaron al paseo del Espolón, tomando asiento en la terraza del Casino.

No había trascendido aún la constitución del gobierno aquel y no fueron recibidos con los honores correspondientes a sus altos cargos.

Sentados modestamente en una de las mesas más retiradas del salón terraza, el «Gobierno de Burgos», que un día había de ser reconocido oficialmente por Alemania e Italia y discutido seriamente en el seno de la Sociedad de Naciones, celebró su primera reunión.

Un comandante, que luego había de hacerse famoso en el frente, saludó al coronel Montaner, dándole una palmada fuerte y cariñosa:

—¡Qué! ¿Habéis estado trabajando, eh? –le preguntó.

Y el coronel Montaner –fuerte, tranquilo, gigante con cara de niño– le contestó sin darle importancia:

—Sí. Aquí, con estos, que hemos estado formando un gobierno...[47]

---

[47]. También se barajaron, según José Mª Iribarren, secretario personal de Mola, los nombres de Gobierno Provisional y de Directorio Militar (como el de Primo de Rivera), pero se impuso el de Junta a propuesta del conde de Vallellano, en recuerdo de las que se formaron tras la invasión francesa. Este autor señala que recibió el encargo de buscar a esos asesores civiles y que se dirigió para ello a la sede de Renovación Española (Iribarren, José Mª., *El general Mola*, Madrid, 1938, capítulo XVI).

VI

CONTINÚA LA «LIMPIEZA DE LA RETAGUARDIA»[48]

Después de una noche de intranquilidad —esas noches de Burgos de entonces, en tinieblas, pobladas de himnos chillones y cláxones roncos—, la voz del alguacil, que nervioso golpeaba mi puerta, me despertó sobresaltado.

—Don Antonio... Levántese, que tenemos otros siete «fiambres».

Me incorporé adormilado y respondí maquinalmente:

—Espéreme en casa del juez, que me arreglo en seguida.

El alguacil marchó lentamente y aún se oían sus recias pisadas cuando empecé a vestirme nerviosamente.

¡Siete «fiambres» más! Las crudas palabras resonaban aún en mis oídos; llevábamos así veinte, cuarenta... (no sabía ya cuántos) días, pues había perdido ya la cuenta de aquel período de pesadilla.

---

48. La versión anterior dice: «Continúa la limpieza social».

Aquel constante espectáculo, de emotividad insuperable, excitaba fuertemente mi sensibilidad; aquellos repetidos hallazgos, que nosotros apuntábamos forzadamente en el registro de «Hechos de autor ignorado» pesaban como losa sobre mi conciencia, cual si en aquellos crímenes tuviera alguna participación o complicidad.

Salí a la calle dirigiéndome al domicilio del juez; la madrugada, fría como todas las de Burgos, envolvía mi espíritu deprimido en un tinte pardo de miseria y desaliento.

Pasé junto al edificio de los jesuitas, inmenso caserón convertido en cuartel, y su vista trajo a mi memoria aquel pleito célebre de que había sido objeto tal edificio unos meses antes de mi llegada. El Estado republicano, en cumplimiento de leyes votadas en sus Cortes, pretendió incautarse de él, pero la Compañía de Jesús, más fuerte o más hábil, se opuso y logró evitar la entrega del edificio, alegando en curialesca estratagema una venta ficticia de fecha anterior. Y el Estado republicano, popular y laico, tuvo que pasar –envuelto en las mallas de una justicia reaccionaria– por aquella burda maniobra...[49]

Con cuánta facilidad –pensaba yo–, ante el alzamiento militar habían sabido los padres jesuitas allanar todos los obstáculos para que el hermoso edificio sirviera de mansión a las fuerzas; y eso que ya no les pertenecía, según dijeron en el pleito, pero el fin de la rebelión patriótica y religiosa justificaba no parar mientes en una simple escritura, como hizo aquel ingenuo Estado republicano atacado de legalismo...

---

49. La iglesia y el convento de la Merced venían siendo ocupados por la Compañía de Jesús desde finales del siglo XIX. Durante la guerra el convento fue cuartel de Falange y en la posguerra sede provisional de la Academia de Ingenieros. Luego volvió a manos de la Compañía y actualmente es un hotel de cuatro estrellas.

El mando de las fuerzas alojadas, agradecido al gesto de la Compañía, había concedido a ésta el privilegio de asistir, en «exclusividad», a los reos en sus últimos momentos. La Compañía, agradecida, había organizado, al mando del bizarro padre Leturio, famoso en la región, un equipo de confesores que se turnaban en el macabro servicio...

Atravesando el Puente Viejo me ocurrió un incidente vulgar pero significativo: dos pobres zagales, con la ropa deshecha y sucia, pero el gorro militar y el correaje relucientes, se precipitaron sobre mí con un azoramiento innegable.

—¡Manos arriba! –dijo uno de ellos colocándome el fusil al pecho.

—¡Bárbaro! –le respondí desviando el cañón–. ¿No ves que puede disparársete involuntariamente, llevándolo cargado?

Inmóvil, acentuando su mirada bovina, no me contestó nada.

—Soy autoridad –le dije, viendo que insistía en su actitud.

—¡Ah!, entonces, usted perdone –se disculpó el pobre muchacho; y saludando militarmente y con el mismo azoramiento se separó para dirigirse a otra persona que en aquel instante cruzaba el puente.

—¡Manos arriba! –le oí gritar con el mismo gesto y entonación; no quise ocuparme más de aquel rústico, cumplidor torpe de imprudentes órdenes, y me alejé rápidamente.

Cuando llegué a casa del juez me esperaban en el portal, junto al coche del Juzgado, el alguacil y dos personas más. Una de ellas era un oficial de la Guardia Civil, jefe de un puesto cercano y famoso en toda la línea por su «tacto e inteligencia de mando».

Comprendí, al oírle, que había habido actuación aquella noche y que venía a servir de guía y orientación en la expedición obligada.

Por algo imponderable e indefinido, aquel individuo, con quien crucé apenas la palabra en ocasiones aisladas, me tenía poca simpatía, y por esta razón no quise hacer pregunta alguna sobre el hecho que nos reunía.

La otra persona que esperaba mi llegada era un tipo notable y digno de estudio. Aprovechándose de la amistad relativa que le unía con el juez, y con gran descontento de éste, valíase de ella para asistir a todos los hallazgos de cadáveres y demás actos análogos. Era un hombre de avanzada edad, seco, cetrino y vestido siempre de luto riguroso que entonaba perfectamente con los cuadros a que asistía.

Me saludó deferentemente y explicó que habiéndose levantado como de costumbre para asistir a misa había visto el coche del Juzgado y al alguacil, y como tenía algún tiempo todavía, nos acompañaría, si no nos causaba mucha molestia.

En términos de gran regocijo comentó que, por lo visto, «hoy se trataba de peces gordos», que era precisamente lo que hacía falta, «que cayeran muchos de los de cuello y corbata» y no solamente los «desgraciados». Inquirió con un fulgor sádico en los ojos si alguno de «aquellos fiambres» que nos esperaban era el del general Batet, ya condenado a muerte y cuya ejecución esperaba de un momento a otro temiendo que se le escapara, quedando muy decepcionado cuando el oficial le aseguró que no se trataba de él, pues «ése moriría con todas las de la ley y con formación de cuadro», decepción, sin embargo, que no le llevó a abandonar el espectáculo preparado.

Nos acondicionamos todos con estrechez en el coche oficial y tomando la carretera de Valladolid pasamos el fielato, deteniéndonos al final de una subida algo pronunciada; allí nos internamos en una vereda y llegamos a un pequeño altozano en el que la presencia de varios números de la Guardia Civil y de las brigadas del depósito funerario indicaban que era el lugar de autos.

El oficial, perfecto conocedor del sitio, nos dirigió a un sembradillo y en una zanja cercana, que aparecía recientemente removida, ordenó excavar a los empleados del depósito.

Lejana, la silueta del Penal se destacaba en el horizonte; entre el silencio sepulcral de los reunidos, las paletadas de los obreros chirriaban al tropezar con las piedras del terreno.

Uno tras otro, terriblemente desfigurados por las heridas y la inhumación, alguno con destrozos causados por los paletazos, se extrajeron siete cadáveres, que se colocaron en fila, ante nosotros. Se reconoció en seguida a todos ellos: el coronel Mena, primer jefe de la Guardia Civil; el teniente coronel de caballería Rubio Saracíbar; dos industriales de Burgos, «El Riojano» y Abad, agente comercial y concesionario de conservas; el capitán Marín, de la Guardia Civil, y dos obreros del directo Madrid-Burgos[50].

---

50. Como hemos indicado (nota 17 del cap. II), el coronel Villena (no Mena), jefe del Tercio de la Guardia Civil de Burgos, fue ejecutado, al parecer, el 1 de septiembre, de modo que ignoramos la identidad del coronel aquí mencionado. Los «sacados» el 18 de agosto fueron: Luis Abad Miguel, de la ejecutiva de Izquierda Republicana; Ricardo Mata Olarte, que había ido en la candidatura del Frente Popular; Félix Ramiro Mendoza, trabajador del ferrocarril Madrid-Burgos (entonces en construcción); el teniente coronel Rubio Saracíbar y el capitán Enrique Marín Valenzuela. (Según I. Rilova, que menciona a estas seis personas formando una saca del 18 de agosto. *Op. cit.*, págs. 183-4). En RCB están los seis anotados el 20 de agosto, pero solo quedan identificados Luis Abad y Ricardo Mata, figurando los otros cuatro como desconocidos. (Hay otra anotación diferida para ese día, la de Eduardo Sancha, pero su cadáver apareció en Ibeas de Juarros). En el libro del cementerio municipal, en cambio, están anotados Marín y Mendoza el día 19 y Abad y Mata el 20. Ignoramos, pues, quién podría ser esa séptima víctima y la identidad de ese coronel, sin descartar que pudieran ser

De las explicaciones dedujimos que el coronel había sido ejecutado por haber obedecido las órdenes del gobierno de Madrid y enviado allí ciertos presos, entre ellos el general González Lara; el teniente coronel y el capitán Marín, cuya aparición nos emocionó sobremanera, por haber trabajado frecuentemente en el Juzgado, fueron fusilados por haber acompañado a los mencionados presos; los dos industriales, por pertenecer al Socorro Rojo Internacional, «del que cobraban mil duros mensuales», y los obreros, por... no ser «trigo limpio», frase cuyo alcance no comprendí, pero que debía ser definitiva, por los asentimientos que mereció, singularmente por parte del acompañante enlutado.

Los siete desventurados cuyos cadáveres teníamos delante, habían sido sacados del Penal aquella noche, simulando un traslado de prisión y llevados allí, donde se les hizo saber que no iban trasladados sino que iban a ser pasados por las armas.

Todos se mantuvieron serenos a excepción de uno de los industriales que lloraba y gemía, jurando que él era inocente y que no había hecho nada.

—¡Claro! ¿Qué iba a decir, el muy canalla?... –comentó el enlutado.

El coronel Mena, republicano, antes de morir, se quitó una sortija y encargó a uno de los ejecutores que se la entregara a su hija, rogándole que la consolase en lo posible, pues la pobre no sabía nada.

—Como se perdió mucho tiempo en estas y otras «ternezas» – dijo alguien–, se hizo de día y hubo que apresurar la cosa, enterrándoles malamente.

---

víctimas de alguna saca anterior. (Debemos algunas de estas informaciones a la amabilidad de Mauro Torres, investigador de Burgos).

—Las prisas nunca son buenas –dijo otro–. Así, se quedaron casi a flor de tierra, y esta mañana se conoce que algún perro ha escarbado y unos pastores han visto, al pasar, la mano de uno, avisando al puesto y al Juzgado.

—Esto no puede ser –continuó–; hay que hacer las cosas bien; porque, además, se molesta a estos señores sin necesidad.

A pesar de que todos sabían perfectamente quiénes eran los aparecidos, nadie osó reconocerles oficialmente, y tanto en el cementerio –al que fueron trasladados los cadáveres– como en los folios sumariales, rezó la repetida y fatídica inscripción:

Siete cadáveres desconocidos.

Hallados en el altozano junto al km. 102 de la carretera de Valladolid.

* * *

Cuando, cumplido nuestro deber (!)[51] regresábamos a la ciudad, uno del grupo se volvió para decir:

—Señor juez, no hemos terminado. Nos queda aún una «sardina» que ha aparecido esta mañana en el río, junto al Puente de Frandosvínez[52].

Y celebraba la ocurrencia con risotada nerviosa.

Nos trasladamos todos al sitio expresado, sito también en nuestra jurisdicción, descendiendo junto al río por la orilla izquierda, bajo uno de los arcos del Puente de Frandosvínez.

---

51. Cabe preguntarse si un secretario de juzgado cumple con su deber al registrar como desconocidas a personas que, como acaba de señalar, conocía relativamente bien.

52. Es Frandovínez.

Allí, en el ribazo encharcado, se hallaba «la sardina», un hombre tendido boca abajo, vestido correctamente de americana y pantalón marrón.

El alguacil movió el cuerpo exánime y quedó tendido hacia arriba; el rostro, manchado de sangre y barro, con las cuencas vacías y un globo ocular colgante, nos impresionó duramente.

El desgraciado tenía las manos atadas con fuerte ligadura y debió ser tanta la angustia de su agonía y el esfuerzo tan vivo en sus últimas convulsiones, que las muñecas se hallaban con graves heridas producidas por la cuerda hiriente.

Registrado, se le encontró en los bolsillos el tenedor y cuchara[53], reveladores de su procedencia del Penal, unos papeles impresos y una carta con un retrato.

El retrato, manchado de sangre y barro, era de una mujer joven que sostenía en sus brazos una niña delgadita y de mirada triste.

La carta estaba firmada por «Goyita» y, en ella, aquella pobre mujer consolaba y daba esperanzas al desgraciado, hablándole de su pronta liberación «ya que nunca has hecho nada».

Al final, algo más emocionante crispó mis nervios: después de la firma aquella, una mano infantil había trazado torpemente:

«Papito mucos vesos y abrazos de tu Nenita».

* * *

Nada se ha hecho por reconocer e identificar estas siniestras apariciones; difícil será tal labor ya que los documentos y señales correspondientes desaparecían antes de nuestra llegada en la mayoría

---

53. Ver nota 34 del capítulo 4.

de los casos, pero en el anteriormente relatado, la carta y el retrato ocupan uno de los folios sumariales, y algún día una mujer y una niña desventuradas podrán llorar junto a los restos del ser querido, asesinado fríamente una noche bajo el Puente de Frandovínez; del hombre ante cuya muerte no se detuvo la maldad y el odio y que un día provocara la ruin chanza, oída por mí con rabia impotente:

«Ha aparecido una "sardina" junto al río».

VII

LOS «ENTERRAMIENTOS» DE LA CARTUJA

En un altozano, a tres kilómetros de Burgos, dominando la ciudad y su vega extensa, se eleva la Cartuja de Miraflores, monumento bellísimo de estilo irreprochable.

Ciertamente el ambiente es acogedor; retirada de la ciudad, en aislamiento completo, su figura esbelta destaca en la aridez de la tierra castellana. Traspuesta su entrada, aparece, a la derecha, un jardín tranquilo, cuidadosamente atendido; en su centro, una fuente rústica salmodia el rito del agua. Por sus senderos, que hablan de pisadas silenciosas y monacales, transita algún cartujo.

Separado por un muro, al otro lado del jardín, un pequeño e impresionante cementerio, salpicado de cruces sencillas, tiene como fondo la huerta grande, espléndida, y en horizonte ya más lejano, un tupido bosque cuya linde o término no llega a divisarse.

En su parte de poniente, el caserón vetusto, de largos y blancos corredores, y en el centro de ellos, donde convergen, el cuadro de distribución de horas y trabajo para los hermanos. Con ello se evita toda palabra innecesaria. A la izquierda la capilla íntima, y adjunta, la oficial, con su valiosísimo retablo, la estatua de San Bruno, fundador de la Orden, y el inigualable sepulcro de los padres de la reina católica Isabel.

Impresionado del ascetismo, de la verdadera religiosidad que emanaba de aquel ambiente, visité varias veces la Cartuja. El padre prior, un sabio prestigioso, se hallaba enfermo de cuidado, y como yo mostrara interés en visitarle, me acogió cariñosamente, hablándome con tranquilidad de su muerte cercana y de su deseo de que el «tránsito» le ocurriera en la ciudad de Zaragoza, donde nació. Hablaba del tránsito fatal como si se tratara de un traslado en un destino o empleo. No volví a verle más y posteriormente he sabido que los padres, cumpliendo su deseo, trasladaron su cadáver a Zaragoza.

Desde que tomé posesión de mi cargo en Burgos acudía frecuentemente a oír misa en la Cartuja. En la capilla, pequeña e íntima, sin joyas ni vestiduras valiosas, el Sacrificio, distinto en rito a los de la Iglesia romana por privilegio de la Orden, tenía para mí un encanto especial. Al despuntar la mañana, oficiaba el padre a quien por turno le correspondía, sin personas extrañas, ante la Orden solamente, los jardineros, algún guarda de la finca y yo. ¡Cuán distinta esta misa sencilla de las falsas exhibiciones domingueras de la ciudad!

Después paseaba frecuentemente por el jardín con el padre procurador, que tiene a su cargo la administración de la comunidad. Era un hombre simpático, llano y de conversación interesante. Yo le expresaba mis ideas liberales y democráticas, aunque moderadas, en abierta contradicción con las costumbres hipócritas y el pensamiento oscuro de Burgos, y él me atendía afablemente.

—Yo prefiero –me decía– conversar con personas como usted. No tenga reparo alguno en decirme su pensamiento. Usted tiene una formación cristiana, deformada por el liberalismo intelectual moderno, pero es usted religioso en el fondo, aunque con abulia y prevención por los ritos externos. Pero no tiene razón; fíjese en su carrera, la Justicia, también necesita su etiqueta externa, sus fórmulas rituales.

Confiado, yo le expresaba mis dudas, mi malestar en aquella sociedad fanática dominada por los prejuicios y el «qué dirán».

—Le he tomado afecto –me contestaba–, y voy a darle un consejo. Márchese usted de Burgos; no podrá vivir en este clima con su formación espiritual. Podría estar aquí, entre nosotros, que le discutiríamos de buena fe y con ánimo leal de convencerle, pero abajo, en la ciudad, sólo hallará obstáculos y enemistades. Vuélvase a Madrid y no pierda este cultivo religioso fomentado en esta Cartuja; y cuando se halle en la capital y oiga usted hablar contra la religión en los ateneos y círculos, acuérdese de nosotros, que de verdad la sentimos y practicamos. Por eso se habla de revoluciones, de motines; nada nos preocupa. Varias veces la autoridad, temerosa, ha querido enviar fuerzas a custodiarnos, a protegernos, y siempre hemos contestado lo mismo: *nosotros no necesitamos protección porque no tenemos enemigos, y no tenemos enemigos porque no hemos odiado al pueblo, sino que lo hemos comprendido y acogido, y diariamente cientos de pobres encuentran aquí el alimento y el techo que la ciudad les niega. Nada temamos del pueblo*[54].

Así hablaba el padre procurador en mayo de 1936. En el mes de julio siguiente ocurrió el alzamiento militar y tardé muchos días

---

54. Los cartujos burgaleses se distinguían por el reparto de limosnas y comidas a los pobres, canalizando donativos de familias pudientes. Por lo demás, llama la atención que un laico pudiera entonces entrar y pasear dentro del recinto conventual, hablar con un monje, etc., dada la extrema severidad de esta orden.

en volver por la Cartuja. Las ocupaciones de mi cargo, aumentadas por la situación desencadenada en la guerra civil, me impidieron aquellos tranquilos paseos, y por otra parte se me hizo ver por alguna autoridad la conveniencia de que acudiera a la misa solemne los domingos, con todo el personal de mi dependencia. Así lo hice y en la misa de gran afluencia, de exhibición oficial y aparatosa, de ambiente guerrero, rodeado el altar mayor de uniformes y armas, evocaba tristemente aquella misa pequeña y callada de la Cartuja.

La voz del sacerdote, en el púlpito, hablaba de guerra y odios; en la Elevación, la marcha real, patriotera y chirriante, las bayonetas caladas en el sagrado recinto, todo ello me producía pena y repugnancia.

* * *

Un día, el 20 de agosto siguiente, volví a la Cartuja, pero volví con carácter oficial, con el Juzgado en pleno y para una actuación siniestra que jamás se borrará de mi memoria.

A primera hora de la mañana, y como ocurría casi todos los días, fue requerido el Juzgado de instrucción para levantar un cadáver. Uno más de los muchos caídos en aquellos días sangrientos, pero el sitio donde apareció nos causó gran extrañeza: en la Cartuja.

Con el corazón lleno de angustia pisé de nuevo el jardín del monasterio. En él el padre procurador nos esperaba cordialmente. Tuvo, en particular para mí, una afectuosa acogida, quizá excesiva, pero que yo agradecí y valoré sinceramente. Mis ideas liberales, en aquellos días de pasión clerical frenética, aun en su moderación, podían serme fatales, y aquella posibilidad era percibida por el buen cartujo.

—Nos han avisado, padre, de que aquí hay un cadáver –dijo el juez.

—Efectivamente –respondió aquél–, pero no aquí sino en el bosque.

Hacia él dirigimos todos nuestros pasos, y conducidos por el guarda llegamos a una parte en que el muro, completamente derruido, permitía el libre acceso al interior. Allí, en una pequeña explanada, nos señalaron el sitio donde apareció sepultado. La tierra, ligeramente removida, descubrió un cuerpo exánime.

No se me olvidará nunca aquel cuadro. He levantado en mi profesión cientos de cadáveres en accidentes de todas clases: destrozados por el tren, mutilados por una máquina, ahogados, acuchillados, pero en ninguna ocasión me he impresionado tan fuertemente como en esta exhumación realizada en el fondo sombrío del bosque cartujano.

Trabajosamente fue sacado de la fosa el cadáver. Enterrado desde hacía algunos días, un hedor insoportable, sospechoso para ser producido sólo por uno, hacía irrespirable la atmósfera.

Cubierto el descompuesto rostro por un pañuelo ensangrentado y con las ropas de un tinte terroso y sucio, aquel cuerpo desenterrado parecía, en mueca trágica, dirigirse a nosotros en demanda de justicia... Cubrían los pies unas negras botas de paño, que facilitaron después su identificación.

El médico forense, un viejecito bonachón y abnegado, lo examinó formulariamente. No ofrecía interés alguno; había sido, como todos, acribillado a balazos, y ostentaba también los vestigios de los consabidos tiros de gracia.

Consternados, presenciamos el traslado de aquellos despojos, cuando la voz indiscreta de un guarda resonó bruscamente:

—¡Hay más! ¡Hay más! Allí se ve otra mano... –y señalaba nerviosamente un lado de la fosa abierta.

—¡No! –exclamó alguien autoritariamente–. Aquí no se ven más.

—Hemos venido llamados solamente para un cadáver –ayudó otro.

Todos los presentes asintieron. El guarda, terco, torpe, insistía, pero pronto un compañero más listo, de un empellón le obligó a callar.

—Arreglad esto bien –dijo este segundo guarda– y cubridlo todo con piedras, apisonando, no sea que algún perro escarbe. Y guiñó maliciosamente el ojo a su compañero.

Presenciamos la operación de cubrir la fosa abierta y terminado el trabajo nos alejamos lentamente.

Acompañados del padre procurador, que caminaba consternado a nuestro lado, el juez y yo, separándonos del grupo, le interrogamos nerviosamente.

—Era el capitán Ojeda[55] –nos dijo aquél–, persona muy conocida en Burgos. Los demás, no sé.

---

55. Pedro Ojeda Martínez. En la redacción previa se omitía el nombre «por respeto a la familia», pero se añadía más adelante que era «de vida inquieta». En RCB aparece su inscripción aplazada (en agosto de 1940), datando su muerte el 5 de agosto del 36. La única anotación coincidente con las circunstancias aquí descritas es una del 15 de agosto, la de «un varón desconocido», como de 50 años, cuyo cadáver aparece «en una de las huertas sita en la Cartuja de Miraflores, datando su muerte como de unos veinte días». Aparte de las diferencias de fechas, de nuevo nos encontramos con que se da como no identificado por el «Juzgado en pleno» a alguien muy conocido. Tampoco se puede pasar por alto el hecho de que el poder judicial se niegue a exhumar el resto de los cadáveres que por allí aparecían, cubriéndolos aún más de piedras para que nadie pueda verlos. ¿Un lamentable e indignante indicio de lo que ha venido sucediendo posteriormente hasta hoy? Si tenemos en cuenta que muy pronto se darán órdenes expresas de

Y en un rincón del huerto, junto al pequeño cementerio, el cartujo, con acento de dolor y de indignación, nos refirió la historia:

—Hacía ya algunas noches llegaron varios hombres armados a la Cartuja; conducían unos cuantos presos; sin llamar en la puerta dieron la vuelta por el jardín, y por el muro derruido se internaron en el bosque. El jefe de la patrulla explicó al padre de turno lo ocurrido. Se trataba de una gente peligrosa, izquierdista y atea. El jefe creía con esta acusación captarse la simpatía del cartujo. Venía a que acudiera un padre para recibir confesión a los sentenciados a muerte. El padre no tuvo inconveniente, pero exigió que la petición de confesión partiera voluntariamente de los desgraciados y no asistir él a la ejecución.

El primero que cayó fue el capitán Ojeda. Era un oficial de reserva y que pertenecía a un partido de izquierda como simple afiliado. En presencia de todos ellos se cavó la fosa y se les hizo saber que podían confesar. Alguno accedió, pero el capitán se negó resueltamente.

—Si confiesas con este padre –le dijeron– te perdonamos la vida.

El capitán tuvo un instante de vacilación, pero entonces el cartujo exigió que se cumpliera la promesa en caso de acceder aquél. Como el jefe le dijera que no la cumplirían, sino que lo hacían para engañar al capitán, el cartujo se negó a aquella farsa.

Antes de morir, el capitán Ojeda se despidió de sus compañeros con entereza. Colocado ante la fosa y con la patrulla delante, tuvo un movimiento instintivo de horror y se tapó la cara con el pañuelo, no a modo de venda sino como sudario. Pensó, sin duda, que iba a

---

no efectuar autopsias a este tipo de muertos (en esta obra no se hace referencia a ninguna), aparece claro el propósito de lograr el encubrimiento y la impunidad de todos estos crímenes.

ser enterrado y en un detalle macabro marcó su gesto de repugnancia.

Así fueron ejecutados los restantes. Unos se desmayaban, otros, abatidos, pedían una inútil piedad a sus verdugos.

El padre procurador, al enterarse, advirtió que no toleraría más ejecuciones en aquel recinto. Se le hizo entonces saber que se respetaría el lugar acotado, pero que tendrían que soportarlas en los alrededores, pues era un lugar estratégico admirable y de gran efecto en los sentenciados.

El juez y yo regresamos apesadumbrados y en el sumario abierto aquel día hay un título anodino y vulgar, pero cuya verdad e importancia algún día habrá de descubrirse: «Hallazgo de un cadáver desconocido en la Quinta de Miraflores».

Dos semanas después[56], una muchacha de diez y siete años y una anciana, vestidas de luto, comparecían en el Juzgado a iniciar el expediente de «desaparición» de su padre y yerno, respectivamente (expediente que se tramitó, como otros muchos, con arreglo a un decreto y un procedimiento especial, implantados en vista de la cantidad de desapariciones habidas).

Aquella muchachita era la hija del capitán Ojeda...

A partir de aquel día la Cartuja adquirió, por los enterramientos efectuados en sus cercanías, un prestigio siniestro. La gente mira con horror aquel sitio y ha hecho extensivo su odio a los padres allí residentes. Yo, que conozco su inocencia y su pensamiento, no pue-

---

56. Este párrafo era omitido en una redacción anterior. En otra se precisaba que el expediente por «desaparición» fue el «número 1 de los numerosos que a tal fin se tramitaron en Burgos». Llama la atención que fuera el primer expediente, dado que se habían registrado varios casos de «varones desconocidos» en el Registro Civil de Burgos con anterioridad.

do menos de comprender que alguien designó aquel sitio como lugar de terror para que no se hiciera realidad aquella frase del cartujo: *Nosotros no necesitamos protección porque no tenemos enemigos*[57].

---

57. No muy lejos de la Cartuja, a unos seis kilómetros por una carretera local, se encuentra otro referente importante de la represión franquista: el monasterio cisterciense de San Pedro de Cardeña. Entonces se hallaba abandonado, pero se usó como campo de concentración para prisioneros de las Brigadas Internacionales y del Ejército vasco, una vez que estos rehabilitaran los edificios y construyeran la carretera de acceso con sus trabajos forzados. Esa experiencia ha dado lugar a varios libros memorialísticos, como el de Carl Geiser: *Prisoners of the good fight. Americans against Franco fascism,* Connecticut, 1986, donde documenta la presencia de voluntarios de unas cuarenta nacionalidades diferentes, incluso asiáticas. También recuerda la vida en el campo el disco de Max Parker: *Al tocar diana. At the break of dawn. Songs from a Franco prison.* En los años noventa se hizo un homenaje a los brigadistas y se puso una lápida de recuerdo en uno de los muros cercanos al edificio, pero fue retirada por las autoridades locales pocos días después.

VIII

LA MUERTE DE MOLA
Y EL MONTE DE LA BRÚJULA

Había conocido yo a Mola en el año 1935, a los pocos días de tomar posesión de mi cargo en Burgos.

Nombrado entonces él jefe militar de Navarra, venía frecuentemente a Burgos, al propio hotel donde yo me hospedaba para entrevistarse con el general González Lara. Este general, que accidentalmente ocupaba la capitanía general de Burgos, se trasladaba también frecuentemente a Pamplona a visitar a aquél.

Aquellos cabildeos de dos generales con mando, tan pocos adictos a la República, debieron preocupar al Gobierno, pero no en grado excesivo, por cuanto se limitó a designar dos policías para que acompañaran a Mola continuamente, más por cuidar de él que por saber sus andanzas.

Los generales Mola y González Lara, con otros militares que no conocía, se reunían a comer allí periódicamente.

No me extrañaba aquello grandemente, aun conociendo, pues no se recataban en absoluto, sus tendencias monárquicas; en aquella misma temporada había yo coincidido en el expreso de Barcelona con el general Goded, cuyo hijo, abogado en Madrid, era conocido mío y compañero, y en el curso de la conversación oí expresarse al general en términos abiertamente hostiles al Frente Popular y a la Generalidad de Cataluña.

Goded se dirigía a Baleares, no en plan turístico o de alejamiento, como hubieran podido dar a entender sus manifestaciones, sino para hacerse cargo del mando supremo militar en zona tan importante, internacionalmente, como son las islas Baleares.

Aquel hombre nos auguraba a los jóvenes –su hijo y yo–, gravísimos sucesos y disgustos por haber permitido el desarrollo en España de las ideas imperantes.

—Franco y yo –recuerdo que nos dijo–, hemos ido a quien debíamos, a su tiempo, para decirle: «Aquí estamos nosotros, y con nosotros todo el ejército para salvar España; dentro de la República queremos salvar el país». ¿Y sabéis cuál ha sido la contestación? Mandar a Franco a Canarias y a mí a Palma, a jugar al *bridge* con los ingleses.

Creía el general que el Gobierno obraba mal enviándole allí y, ciertamente, era y sigo siendo de su opinión.

Aquel militar que por no asistir a las fiestas de la proclamación de Companys hacía viaje a Baleares, sin descanso, iba a tener mando directo de fuerzas y poco tiempo después convertirse en uno de los dirigentes de la rebelión, precisamente en Barcelona.

Pero dejando aparte esta cuestión y volviendo a las entrevistas de Mola con los militares monárquicos de Burgos, creo no equivocarme si afirmo que en ellas se fraguó o, al menos, debió iniciarse el movimiento militar, hoy derivado por cauces distintos[58].

---

58. El origen inmediato de la sublevación se halla en una reunión de altos mandos militares celebrada en Madrid el 8 de marzo de 1936, donde se decidió el montaje del golpe, que tendría en Sanjurjo su jefatura política y en Mola la

* * *

—¿Cuándo entramos en Bilbao?
Esta pregunta se repetía incesantemente en los días de mayo por toda la zona nacionalista.

Mola, el caudillo del Norte, llevaba personalmente las operaciones y en aquellos días primaverales apretaba el cerco a la resistencia vasca.

Por décima vez había lanzado un ultimátum a la villa bilbaína, pero esta amenaza envolvía un apercibimiento más serio.

«Si no os rendís –decían las hojillas arrojadas por los aviones–, tengo medios y elementos sobrados para destrozar y asolar vuestra tierra».

En verdad que no les engañaba: Durango, Guernica y otros pueblos en llamas y ruinas pudieron atestiguarlo prontamente.

La caída de Bilbao era inminente; yo oía hablar de la seria resistencia de los «gudaris», del cinturón defensivo de la ciudad, pero comprendía la inutilidad de todo aquello.

Diariamente veíamos en Burgos llegar material y tropas regulares italianas y largos convoyes motorizados de aquel ejército; en el aeródromo de Gamonal y en el de Vitoria centenares de trimotores y «cazas» alemanes se elevaban o esperaban la orden de ata-

---

dirección de la conspiración. En la reunión estaban, entre otros, los generales Franco (que inmediatamente marcharía a Canarias), Mola (que iría a Pamplona), Varela, Fanjul y Orgaz, así como el teniente coronel Valentín Galarza. (Cf., por ejemplo, Preston, P., *Franco. Caudillo de España,* Barcelona, 1993, págs. 160-161) Aunque las redes de la sedición se extendieron por toda España, es cierto que lugares como Navarra, Burgos o Valladolid tuvieron una relevancia especial, por el soporte militar y político que se iba a dar en ellas y por su papel de vanguardia a la hora de converger sobre Madrid para tomar el poder.

que[59] y aquel aparato bélico, conjunto descaradamente intervencionista de dos potencias militares superiores, sabía que acabarían con la valiente, pero aislada, defensa vasca.

Los aviadores alemanes, reservados y serios, nada nos comunicaban de las operaciones, pero los pocos aviadores españoles, que de vez en cuando se inmiscuían en aquella guerra, eran más explícitos y nos exteriorizaban sus opiniones admirativas:

—¡Chico! ¡Es enorme! –nos decían a los profanos–. ¡Qué material! ¡Y qué grandes son estos tíos! En dos horas nada más salen todos juntitos, sueltan los pildorazos donde les conviene y a casa, sin perder la formación. ¡Y que no se pierde ni uno!

—¡Claro! –le contestaba un compañero–. ¡Ellos no tienen aviación! ¿Crees tú que a pedradas o garrotazos van a derribar un aparato?...

—Mañana –decía un teniente de aviación andaluz– debe prepararse algo gordo, porque estaban hoy revueltos en Gamonal[60] estos fulanos. Como haya jaleo en grande voy a ver si me dejan ir en algún aparato con ellos.

—¡Ah! Pues si hay algo, yo sí que iré –decía un alférez de complemento de aviación–. Porque el jefe alemán de la sección de Gamonal está conmigo en el hotel y me lleva. El otro día, en Durango,

---

59. De esos aeródromos salieron principalmente los aparatos que bombardearon la franja norte republicana durante la llamada «Campaña del Norte» (primavera y verano de 1937). Como es sabido, en esa zona la superioridad aérea estaba claramente del lado de los sublevados, gracias al apoyo nazi y fascista. Episodios destacados de esa actuación fueron los bombardeos a poblaciones civiles (algo inédito entonces entre las hazañas bélicas) como el de Guernica el 26 de abril de 1937.

60. En realidad, había dos aeródromos, el de Gamonal y el contiguo de Villafría –que aún subsiste–, pero con muy escaso uso antes de la guerra. Después del 18 de julio debieron de unirse y ser plenamente operativos para las operaciones mencionadas.

fue cosa seria. Tuvimos que elevarnos a tres mil porque no podíamos respirar de la humareda y el calor.

Con tales datos y antecedentes, todos esperábamos de un momento a otro la caída de Bilbao por el sistema aquel de la «torrefacción aérea».

Se hablaba ya de un gobierno Mola que se constituiría al ser conquistada la plaza, gobierno de gente de orden y políticos derechistas, que sería una garantía y contención del fascismo dominante.

Y de improviso, llegó la noticia fatal. ¡Había muerto Mola!

En un accidente de aviación, cuando se trasladaba de Vitoria a Burgos y a la altura del monte de la Brújula, el aparato se estrelló pereciendo el general, los ayudantes y el piloto.

A la media hora de serme comunicada la noticia, una ambulancia militar escoltada por coches oficiales, pasaba a toda velocidad junto a nosotros y se detenía en el hospital militar. Llevaba los restos de Mola.

El cadáver, destrozado, materialmente deshecho, fue recompuesto por los médicos trabajosamente.

Según me informó uno de ellos, era tan grande la desfiguración y se hallaba tan deshecho el cuerpo, que no podría ser visto por nadie; era un montón informe de miembros, una piltrafa sangrante...

A las doce de la noche, por el puente del Arco, desierto, vi pasar el furgón mortuorio; llevaban el cadáver a la capitanía general, donde permanecería hasta su traslado a Pamplona.

En el siguiente día todo Burgos desfiló por la sala grande de Capitanía donde, encerrado en ataúd hermético, custodiado por fuerzas del requeté, se expuso a la muchedumbre.

En el propio salón se celebró una misa y, a las doce de la mañana, se verificó su traslado por carretera a Pamplona.

En aquel salón grande de la Capitanía, donde unos meses antes recibió Mola a las autoridades locales burgalesas, éstas, que se plegaron dóciles a rendirle vasallaje, le tributaron ahora el último acatamiento.

De pie, ante el féretro, ausente mi espíritu de cuanto me rodeaba, una sola frase, como obsesión torturante, resonaba tercamente en mis oídos:

¡Ha muerto en el Monte de la Brújula! ¡En el monte de la Brújula[61]*!*

* * *

Cuando la represión alcanzaba su período más álgido y en cada familia proletaria y de la clase media las noches se deslizaban en trombas de angustia; cuando los campos y caminos se manchaban de cadáveres, alguien desde la altura de su mando dictó la orden:

—¡No más espectáculos macabros! Hágase justicia pero con habilidad y sin dañar con estas exhibiciones odiosas el glorioso movimiento nacional.

Cesaron los amaneceres lívidos y las descubiertas trágicas. Los caminos y campos recobraron su aspecto normal y los hallazgos de cadáveres dejaron de esmaltar los folios sumariales.

Pero el miedo seguía preñando los hogares; cada noche, cada madrugada, traía nuevos lutos y congojas a los corazones oprimidos.

---

61. En los montes de Oca, dentro del término municipal de Alcocero que, desde entonces, se llama «de Mola». Allí se construyó en los meses siguientes un gran monumento a la memoria del Director de la sublevación y de los miliares que le acompañaban. Se dieron órdenes para que el 9 de junio siguiente, en toda la «España nacional» se hicieran solemnes honras fúnebres «en memoria del que fue invicto e ilustre Jefe del Ejército del Norte».

Los campos y caminos, las carreteras y los ríos no se mancharon ya de cadáveres, pero en cada ciudad, en cada pueblo y en cada aldea, un sitio acotado, retirado, recibió la macabra herencia.

Y así surgieron en las pequeñas aldehuelas, montón de casuchas míseras, un hoyo grande como el del Hondón, en Rodillo[62], y en cada pueblo un terreno o campo, como el del Llano, en Estépar, y en cada ciudad un lugar vasto y lejano, como el monte de la Brújula, en Burgos...

¡La Brújula! El punto más alto de la carretera de Vitoria, altozano insignificante, loma que al páramo inmenso semeja monte, recibió en su seno la carga trágica que noche a noche la pasión y el odio depositaban.

Cuántas veces, al pasar por la carretera junto a él, he cerrado los ojos instintivamente; creía que los centenares de cuerpos allí enterrados, se levantaban a mi paso para expresar su queja... Mis ojos se abrían ansiosamente y oteaban algo desconocido sobre la tierra removida en hoyos y zanjas imperceptibles...

¡Monte de la Brújula! En sus linderos, en sus inmediaciones –pobladas de visiones sangrientas, resentidas de dolor de humanidad–, fue a estrellarse una mañana de mayo, brumosa y fría, un avión alemán, semejante a tantos otros que llenan de luto España, y en él encontró la muerte el general en jefe de los ejércitos del Norte, el caudillo primero de la rebelión.

---

62. Debe de ser: Monasterio de Rodilla, pueblo situado en la carretera de Burgos a Vitoria, cerca de la Brújula. En este pequeño puerto es fama que se halla una de las fosas comunes más grandes de Burgos, pero resulta difícil su ubicación debido a las transformaciones que hicieron en su entorno las obras de la autovía A-1.

IX

EL PENAL DE BURGOS

En la barriada de Santa Águeda, una de las más típicas y desde luego la más antigua de Burgos, junto al histórico templo de Santa Gadea, donde el Cid recibiera el juramento al monarca Alfonso VI, álzase el antiquísimo presidio conocido hoy con el nombre de Prisión Provincial.

Es un caserón de piedra, viejo y destartalado, al que presta acceso una vetusta escalinata desde el callejón estrecho[63].

Todo él es lóbrego y oscuro y en su interior, solamente los modernos despachos habilitados para la dirección y oficinal ofrecen aspecto habitable; la humedad, terrible sobre todo en su planta baja, da a la vieja mansión aire de torre novelesca o de sepulcro.

---

63. Se trata de un edificio del s. XVI construido como alhóndiga (pósito de cereales) y transformado como cárcel de partido –luego provincial– en el siglo XIX. Durante la guerra civil fue usado como cárcel mixta: las mujeres estaban en una planta y los hombres en otra, usando las dependencias comunes a distintas horas.

Había en Burgos, hasta hace poco tiempo, otra prisión aún más antigua, pero se derribó recientemente ante el inminente peligro que presentaba de un fatal derrumbamiento[64].

La República dotó a esta ciudad de un magnífico establecimiento penitenciario. Situado en las afueras de la ciudad, en una vasta planicie, el moderno penal yergue sobre el campo pardo su silueta airosa[65].

No existe edificación alguna en sus inmediaciones, ni en sus cercanías loma o altozano alguno que lo oculte a la vista en una considerable extensión de terreno. Azotado día y noche por los vientos descendentes de las lejanas sierras de Fredilla y Pancorbo, parece inmenso e inmóvil buque sobre la llanura, mar de Castilla.

Se llega a él por un solo camino, no siempre en buenas condiciones, pues la lluvia y los temporales lo hacen intransitable en ciertas épocas; cuando esto sucede, las brigadas de presidiarios salen en plena borrasca a reparar los daños causados y hacer factible, en trabajo agotador, la comunicación de ese islote con la ciudad.

El penal, desde el punto de vista arquitectónico, es un cuadrilátero amurallado en su exterior, formado por diversas piezas o alas independientes, unidas por pequeños patios y jardines y con un patio grande interior cuadrado y enlosado.

---

64. Parte del recinto del antiguo Monasterio de San Juan era utilizado con ese fin.

65. La cárcel nueva fue inaugurada por Victoria Kent, directora general de prisiones, en 1933. Un decreto de 3 de julio de 1936 la destina a presos políticos y sociales, ya que reúne las condiciones apropiadas: estar «distante de focos políticos-sociales», disponer de varios patios y de higiene y holgada habitabilidad. Esa especialidad carcelaria, la de albergar presos políticos, se mantuvo luego durante toda la dictadura franquista.

En el edificio primero externo se han instalado, además de las oficinas, las viviendas de los empleados; las alas laterales encierran la enfermería y los talleres y en las naves uniformes del fondo se hallan las celdas dormitorios, y los comedores en la planta baja.

El sistema punitivo en él seguido es el mixto del celular, y de los grandes patios y talleres en común.

Había oído hablar elogiosamente del penal nuevo de Burgos, y verdaderamente no había sido falaz el elogio, pues tanto por su construcción y capacidad como por los elementos modernos en él instalados, puede considerársele como uno de los mejores de España.

No tardé muchos días en conocerlo a la perfección pues uno de los primeros asuntos judiciales en que intervine fue el de un plante o revuelta que allí hubo en el mes de febrero del año 1935.

Hallábanse a la sazón cumpliendo condena, además de los presos por delitos comunes, en número elevado, unos ochocientos o novecientos detenidos gubernativos y presos sociales, condenados o procesados por su intervención en la revolución asturiana de octubre de 1934. Entre ellos se hallaba en el penal, cumpliendo su condena de treinta años, el líder socialista y «generalísimo» de aquel movimiento, González Peña.

El director, un hombre arisco e inteligente, Julián Peñalver[66], republicano antiguo, que gozaba de pocas simpatías en la población burgalesa, había llamado al Juzgado por teléfono y dado noticia del suceso. Inmediatamente nos constituimos para la práctica de diligencias.

---

66. El director vivía en la propia cárcel, en el edificio externo aludido, y fue uno de los detenidos en los primeros momentos de la sublevación, de modo que pasó de ser director a recluso. Víctima mortal de una saca del 3 de agosto de 1936, acusado de masón y de simpatías republicanas. Era viudo y dejó cuatro hijos. También fue detenido el director de la cárcel provincial, Marcelino Serrano.

El conflicto pudo revestir caracteres gravísimos, pero había sido solucionado; los presos de la galería de «comunes», hacinados por la aglomeración de preventivos y gubernativos, habíanse amotinado por las crueldades que cometían algunos guardianes y en especial uno de ellos apodado «el Maño», al que dieron muerte en la revuelta. «El Maño» era un antiguo preso, famoso por su matonismo y crueldad para con los detenidos, de la que se jactaba continuamente.

Después de haber dado muerte a «El Maño», los presos, en actitud levantisca, dirigiéronse hacia el despacho del director, obligando a los oficiales y guardianes a dejarles paso, pero sin hacerles daño alguno.

El director intentó calmarles y les ordenó que se retiraran a las celdas a lo que ellos se negaron. La excitación aumentaba y el director, viéndose desobedecido y en peligro, llamó a la guardia exterior e iba a requerir su entrada en el patio donde se hallaban los presos, cuando González Peña, que tenía gran prestigio entre los presos y se hizo cargo del peligro que corrían, les dirigió la palabra:

—Compañeros, cesad en esta actitud –dijo, enérgico–. ¿No comprendéis que si seguís así, la guardia exterior os ametrallará sin compasión? Dejad al director, ha sido bueno para todos nosotros y no debéis hacerle nada.

Su voz, recia, y dura, de minero, de hombre de masas, aquietó a los más excitados.

—No hagáis caso –decían algunos–, ahora nos maltratarán por la muerte del «Maño». Apoderémonos del director y de los oficiales y los tendremos como rehenes.

—¡Atrás! –dijo González Peña, imponiéndose autoritario, seguido de varios preventivos incondicionales–, no hemos de consentir hacer daño alguno a los oficiales, que se portan bien con vosotros.

«El Maño» ha muerto pero yo, lo mismo que el director aquí presente, os prometemos decir la verdad sobre sus actuaciones y sus crímenes, y no habrá represalias, seguramente; pero tenéis que abandonar esta actitud. ¡Me dais lástima, desgraciados! ¿No veis que la guardia exterior y los refuerzos os destrozarán sin compasión? ¿No veis que estáis sin armas y a merced de ellos?...

Aquellas palabras sensatas y la actitud decidida de aquel hombre que se había jugado noble y valientemente la vida en la revolución convencieron a todos; los presos, en silencio, se retiraron a sus galerías y el orden se restableció sin dificultad alguna.

Pocos momentos después llegaban a la prisión varias camionetas con fuerzas del ejército y guardias de asalto para sofocar la revuelta con órdenes severísimas. Restablecida la calma empezábamos a actuar nosotros; las declaraciones primeras de González Peña, del director y de los oficiales confirmaron todas, junto a la maldad y conducta cruel del guardián muerto, la nobleza, aún en plena indisciplina, de los presos, que pudieron disponer de sus vidas en aquellos momentos.

Recuerdo que González Peña, en un inciso de su declaración, nos dijo: «No deseo la muerte a nadie, pero ese «Maño» era un infame y un sádico y nada se pierde con su muerte»[67].

El triunfo electoral de las izquierdas y la amnistía consiguiente para los delitos políticos libertó a la mayoría de los presos sociales y gubernativos.

Todos, al serles notificada su liberación, se expresaban ante nosotros con gran corrección en su alegría y entusiasmo. No olvidaré

---

67. En febrero de 1936 González Peña hubo de hacer frente a un motín carcelario muy distinto: el de los presos comunes del Penal, descontentos porque no les alcanzara la amnistía del Frente Popular. Según cuenta Azaña en sus diarios, los amotinados intentaron matar a González Peña.

nunca las palabras que González Peña, a quien no volví a ver desde entonces, pronunció en la puerta de su celda en aquel momento de su libertad ante el fiscal don Luciano Suárez Valdés, el juez de instrucción y otros personajes.

Alguien expuso a González Peña que tendría ocasión de vengarse toda vez que había sido nombrado diputado y ocuparía sin duda algún otro cargo.

—Nosotros –repuso tranquilamente el aludido–, salimos de aquí sin ánimo ni deseo alguno de venganza. Ya saben ustedes lo que he sido calumniado y perseguido; he pasado por una condena a muerte; pues bien, no tengo afán alguno persecutorio o vengativo. Mi único propósito es olvidar lo personal y dedicarme con alma y vida a mejorar la situación social y laborar por nuestro país ¡que falta hace!

Aquellas palabras de González Peña, que aún vestía el pardo uniforme de presidiario pero que era ya diputado, libre, y futuro personaje de la situación, causaron en mí y en todos los que le oían una impresión enorme. No las olvidaré nunca, como tampoco olvidaré la forma en que la sociedad oficial y burguesa, allí representada, respondió, poco tiempo después, a aquellas palabras cordiales y propósitos nobles del minero asturiano.

* * *

El penal, construido para novecientos presos aproximadamente, ha albergado durante la rebelión a más de tres mil diariamente. La vieja prisión de Santa Águeda, habilitada para doscientos, ha tenido un promedio diario de mil, entre sus plantas y fosos.

El hacinamiento y mal acondicionamiento de ésta y la aglomeración de presos en el nuevo penal, revistieron caracteres gravísimos.

Pero lo verdaderamente trágico, tanto en uno como en otro visitados frecuentemente por mí, era la angustia mortal en que, faltos de toda garantía, a merced de odios personales o pasiones políticas, los desgraciados presos veían pasar sus días de detención en anhelante y temerosa espera, en ardiente incertidumbre de su destino.

Las ejecuciones sin formación de causa alguna, fueron numerosísimas. Cada noche, cada madrugada, eran sacados de sus celdas y entregados a los portadores de listas fatídicas varios desgraciados.

Los «designados» montaban esposados, de dos en dos, en los autobuses preparados, y en siniestra peregrinación eran conducidos al lugar de ejecución.

En una de las primeras expediciones fue conducido el propio ex director del penal Julián Peñalver, acusado por sus perseguidores de izquierdista y de masón.

Fue sacado de su propio domicilio anejo a la prisión entre los lamentos y lloros familiares, y yo he oído a uno de sus ejecutores comentar la cara de terror de la víctima al darse cuenta de su trágico fin. Tenía el pobre hombre cinco criaturas que la piedad de los compañeros sostenían después de su desaparición, y los cinco pequeños, ponían su nota dramática, jugando a los «soldados» en la puerta del penal, disfrazados con el uniforme que dio muerte a su padre. El perverso instinto de alguien exigió de la viuda, para mantenerse en aquella morada oficial, aquel atuendo para sus hijitos.

Anecdotario interminable el de este penal. Como caso destacado señalaremos la ejecución de sesenta y seis presos de Miranda[68].

---

68. Se refiere al sumarísimo 83/1936, contra Emiliano Bajo Iglesias (alcalde de Miranda de Ebro, de Izquierda Republicana) y 48 más, entre ellos varios concejales y miembros de la Casa del Pueblo, que intentaron resistir a la sublevación. La sentencia se saldó con 42 penas de muerte, no 66, y fue el único sumarísimo

El día anterior me hallaba en el penal casualmente y fui invitado por el director interino para presenciar el suceso.

Rechacé la amable invitación, pero no pude evitar, en mi siguiente visita, que me contara él mismo los detalles.

Dichos condenados a muerte llevaban varios días enterados de su suerte. Después de varios aplazamientos, que aumentaron sus torturas morales y concentrado un servicio extraordinario de vigilancia, pues los familiares vagaban por las cercanías del penal, los encartados, sesenta y seis socialistas e izquierdistas de Miranda de Ebro, colocados en habitaciones separadas, fueron presenciando los preparativos.

Uno de ellos, abogado muy conocido de Miranda, tuvo en sus últimos momentos una aguda crisis y solicitó confesión, mostrándose arrepentido de sus errores y de su vida. Tal vez creyera mitigar así su suerte.

A las cuatro de la mañana y en grupos de veinte, fueron sacados e internados en una zanja abierta, a la salida del penal, que era el lugar ya inveterado para las ejecuciones. Los fusileros, en número de cuarenta se colocaron a ambos lados de la zanja y desde allí, dominándoles, los acribillaron a balazos.

Recogidos los cadáveres de aquellos veinte, pasaron otros tantos que habían estado preparados y recogidos, cediendo el sitio a los restantes; pasó el último grupo que por ser algo más numeroso, ofreció

---

que sepamos que duró más de un día: duró dos. Los otros siete encausados no tuvieron penas de muerte por ser menores de edad o mujeres, entre ellas Natalia Quecedo, esposa de Bajo. Estas llegaron en muy malas condiciones a la cárcel, por haber sido golpeadas y rapadas, según testimonio de Julia Parra, de Aranda de Duero, entonces encarcelada allí con 16 años.

mayores dificultades. Los últimos ejecutados se colocaron pisando la sangre derramada por los anteriormente caídos.

El encargado del establecimiento, que me relataba la escena, me afirmaba que él mismo, apenado de aquellos desventurados, les facilitaba en una bota de gran tamaño, vino en abundancia, bota que ellos ansiosa y febrilmente pasaban de mano en mano y se arrancaban unos a otros buscando en la inconsciencia del alcohol un lenitivo para su tortura y desesperación.

* * *

Procuré, desde entonces, ir poco por el penal, temeroso de verme obligado a asistir a alguno de aquellos espectáculos, pero en el mes de marzo, un sumario nuevo e importante me obligó a visitarlo con frecuencia.

El inspector de Prisiones nos había remitido una denuncia sobre ciertas irregularidades cometidas, según él, por funcionarios del penal en relación con el dinero de los presos.

En síntesis, la denuncia decía que a los presos «puestos en libertad» (los que en las listas fatídicas salían para ser ejecutados), no se les habían liquidado sus ahorros o el dinero que les pertenecía, si bien se hacía figurar así en los libros correspondientes.

Hay que tener en cuenta que a todo preso o detenido, al entrar en el penal, se le retiraba el dinero y las alhajas, haciéndose cargo de ello la administración del establecimiento; dicho dinero se le computaba en tickets o vales y solamente al ser libertado o trasladado se le liquidaba y devolvía el metálico recogido.

Según la denuncia, los empleados del penal, al salir «libertados» aquellos desventurados presos, hacían figurar la entrega del dinero, pero se quedaban con él, lucrándose, como lo demostraba el no estar firmados los correspondientes recibos.

La acusación era gravísima; con un fondo inmoral repugnante, de ser cierta, y en todo caso rozaba cosas delicadísimas, que en modo alguno podían hacerse públicas, pues era dar estado oficial a las trágicas desapariciones.

Aquel sumario nos ocasionó disgustos y preocupaciones sin cesar; estábamos convencidos todos de la falsedad de aquellas acusaciones, pues conocíamos a las personas envueltas en ellas y su honradez, pero se trataba de una habilidad para buscar sanciones contra algunos empleados del penal que no mostraban el «tacto y energía» convenientes y había que tramitar la denuncia.

Entre las mallas del sumario aquel, prevaleció la honradez de los empleados del penal, pero también la cruda verdad de los horrores cometidos por otros elementos.

La realidad era que los empleados se veían imposibilitados de hacer los saldos a los «libertados» pues eran sacados precipitadamente y a horas extrañas. Llorosos unos, desesperados otros, los contables se veían imposibilitados de hacer con ellos liquidación alguna; por otra parte la fuerza que los conducía tampoco quería dilaciones ni retardos. Alguno de aquellos condenados a quienes intentaron entregar el dinero se lo arrojó con desprecio diciendo «que se lo dieran a sus asesinos».

Los encargados del penal, al día siguiente de las «libertades» llevaban el dinero, si no había una viuda o familiar a quien entregárselo, a la suscripción abierta para el «Glorioso Ejército» así como las alhajas no recogidas con el nombre de X X, o de un «entusiasta desconocido»; en comprobación de esto pude ver algunos casos concretos y confrontados.

Aquellos empleados eran adictos al movimiento militar, pero incapaces de apropiarse de aquel dinero y así quedó acreditado en el sumario, pero... investigaciones posteriores nos convencieron de que los autores de tales robos eran los mismos elementos armados o patrullas que se encargaban de las ejecuciones.

Quedó plenamente probado que tales elementos no se conformaban con quitar la vida a los reos, sino que después de muertos los registraban y se apoderaban de lo que llevaban encima. Por esto, en los cadáveres que levantábamos, jamás aparecía dinero, ni joya o alhaja alguna...

Aun en los que sacaban directamente del penal, y que por tanto no llevaban dinero encima, se apoderaban los ejecutores de sus tickets y vales, y se presentaban con ellos en la administración del penal al siguiente día, para su canjeo y efectividad por el metálico que representaban.

Por eso los cadáveres aparecían con el tenedor, la cuchara y el plato metálico del penal, pero pocos... muy pocos, conservaban en sus bolsillos aquellos vales o cartones de la Administración y lo cierto es que sus importes se cobraban...[69]

* * *

¡Siniestra visión e historia, la del penal de Burgos! Desde el 19 de julio todos los presos allí viven en continua zozobra e inquietud por su vida, y basta una llamada a uno de ellos para llenar de congoja su alma. Así me lo confesaban cuando en obligaciones de mi cargo, tenía que llamarles en la celda, para alguna notificación o firma sin

---

69. Párrafo añadido a la versión original

importancia. «¡Don Antonio! ¡Qué miedo he pasado! –me decían– creí que me llevaban...».

Y es que todos han visto como sus amigos y compañeros eran llamados un día para no volver.

El sufrimiento de aquellos presos es el más espantoso, el de la incertidumbre y tortura moral, cien veces más horrible que el maltrato material, el sufrimiento lento y continuo de no saber cuándo ni cómo pueden ser ejecutados por un enemigo personal o político.

¡Esas noches del penal! Esas interminables noches de tortura, oyendo a intervalos el ruido de las descargas cercanas, y con el espíritu entre la vida y la muerte...

Penal de Burgos. ¡Penal de Burgos!

X

LA EJECUCIÓN DE ANTONIO JOSÉ, EL MÚSICO POETA

Conocí a Antonio José[70] muy superficialmente; me fue presentado a los pocos días de llegar a Burgos, y comprendí que se trataba de un tipo aislado e interesante, en aquel ambiente gris.

Tenía verdadera pasión por la música, a la que se dedicaba enteramente, pero su temperamento inquieto buceaba también en el campo de la literatura. Leí diversas obras suyas y en todas campeaba un espíritu literario moderno; no llegué a conocer ninguna de sus composiciones musicales, pero supe que en Barcelona y Madrid se

---

70. Antonio José Martínez Palacios (1902-1936). Músico y folclorista, obtuvo el Premio Nacional de música en 1932 por su *Colección de cantos populares burgaleses*. Su muerte truncó una brillante carrera artística. Por eso y por algunos rasgos de su carácter (sensibilidad para la cultura popular, sentido de la justicia, afabilidad de trato, versatilidad creativa...) se puede ver cierto paralelismo con la personalidad y el destino de García Lorca. (Cf. Palacios Garod, M. A., *En tinta roja. Cartas y otros escritos de Antonio José*, Burgos, 2002. Se dice que Antonio José solía escribir con tinta roja y que incluso eso pudo influir negativamente en ciertos sectores reaccionarios burgaleses).

cotizaba su nombre, y particularmente en los estudios folklóricos había llegado a adquirir fama justificada.

Antonio José se lamentaba del abandono en que la sociedad burgalesa tenía todas las manifestaciones artísticas. Había intentado vanamente remover aquella masa muerta, y convencido de la inutilidad de sus esfuerzos, soñaba con poder trasladarse a Madrid o Barcelona, donde el ambiente le sería más favorable. Yo le animé en aquellos propósitos, augurándole un porvenir risueño, alejado de la tierra inhóspita e incomprensiva, donde su juventud animosa se perdía inútilmente.

Una tarde, camino del Castillo, me habló de sus proyectos, y de su plan. Tenía yo razón —me decía–, iba a dejar Burgos y se trasladaría a Barcelona, donde contaba residir una temporada; precisamente, había obtenido allí un gran éxito con sus composiciones folklóricas, y tenía proposiciones de ayuda y de orientación muy interesantes; luego quería ir a París, viajar, cultivar su espíritu y llevar por todas partes la música española, sobre todo la castellana, de raigambre popular.

Hablando de esto se entusiasmaba ardorosamente. ¡Cómo sentía él a España y sobre todo a Castilla!... Era un ferviente enamorado de sus riquezas artísticas, de su cancionero popular y antiguo, médula de todas sus composiciones y páginas sinfónicas...

Enamorado de su arte, fanático de sus estudios folklóricos, encerrado en su torre de marfil, vivía alejado por completo de la política y de las cuestiones sociales. Alguna vez en la conversación, se reía de su ignorancia en todas estas materias, pues confundía los partidos políticos, y hasta los nombres de los jefes y mentores de los mismos.

Sin embargo, aunque desconocedor y alejado en absoluto de la política, tenía un sentido generoso y bueno, que intuitivamente le acercaba al pueblo, haciéndole ver con simpatía todo lo popular y humilde.

Tal vez el influjo de sus estudios folklóricos, genuinamente de la tierra llana, reflejo de los lamentos y pasiones sencillas de los pueblos, los acentos bravos y dramáticos de las serranías, las hondas ternuras de los valles que él tanto conocía y amaba, impresionaron su corazón, y le acercaron al verdadero pueblo. Su mayor placer era hablar con los campesinos y pastores, a los que arrancaba viejas leyendas y sonatas, y de regreso a la ciudad, le oíamos lamentarse del abandono moral y material en que aquella pobre gente vivía. Yo le llamaba irónicamente el «Baudelaire» de Castilla.

Cuando se constituyó el Ateneo popular, Antonio José se encargó de la organización de cursos y conferencias musicales; él, que ignoraba por completo la significación política y sindical de aquel centro, solamente veía en él un refugio, un hogar para el pueblo, para el obrero y el campesino, y puso su gran talento y entusiasmo al servicio de su obra.

Además de dar conciertos llegó a organizar en el Ateneo un orfeón popular, cuya Masa Coral constituía su gran orgullo. Él reclutó entre los obreros de las minas y del ferrocarril, entre los gañanes, entre los zagales del campo, un conjunto que su arte depuró y consiguió hacer valioso; con él recorría, los domingos y las fiestas de la comarca, los pueblos y hasta las aldeas, llevando por todas partes la alegría y el espíritu de una nueva época, de un nuevo sentir...

Los pueblos agrios y tristes de Castilla se alegraron con aquellas voces y músicas populares, que sentían y comprendían intensamente, porque estaban arrancadas de sus entrañas, para serles ofrecidas en forma de consuelo y de esperanza; las tardes grises de los campos se alegraron al son de las viejas cántigas resucitadas:

Ya se murió el burro
Que acarreaba la vinagre.
Ya lo llevó Dios
De esta vida miserable.
Que tururú...
Que tururú...
Que tururú...
Que tururú...

Y las mujerucas rugosas y las muchachitas pálidas de la tierra árida derramaron sus primeras lágrimas, arrancadas a su sensibilidad embotada, con las notas de la canción serrana, todo nostalgia y ternura:

Ya se van los pastores
A la Extremadura...
¡Ya se queda la sierra
Triste y obscura!...

Antonio José, que había conocido el triunfo en Barcelona, ante públicos versados en arte e inteligentes, que proyectaba largas excursiones por Oriente, me confesaba con ingenuidad que nada le emocionaba tanto como aquellos domingos pueblerinos en los que, «buhonero» del arte, se derramaba por los senderos, recibiendo algunas veces como premio una gallina o una cesta de fruta de los campesinos y campesinas.

En Burgos, las clases acomodadas, los jerifaltes del Casino, no veían con simpatía a Antonio José; su alejamiento de la vida oficial y burguesa le acarreó la hostilidad de todo el elemento oficioso, y singularmente de la gran palanca clerical. Habían intentado captarle, pero ante su independencia y espíritu rebelde le hicieron blanco de todo su odio.

Aquel reciente triunfo de Barcelona, recogido en toda la prensa; el conocimiento de sus proyectos y, sobre todo, su cariño y ascendiente entre el elemento popular, atizaron el fuego de la aversión al músico joven y rebelde.

Algo vino a aumentar el encono. Varios muchachos de su idea y temperamento, unidos en la misma inquietud y con grandes esfuerzos y sacrificios llegaron a fundar una revista ilustrada, titulada *Burgos gráfico*[71], moderna y, aunque apolítica, alejada del influjo tradicional dominante.

Antonio José solamente se ocupaba en la revista de temas musicales o de asuntos literarios, sin relación con la vida local, pero a pesar de ello la gente le reprochaba su colaboración en aquella revista «libre».

Con motivo de un suceso de gran transcendencia, la revista tuvo que dar fin a su breve existencia. Había ocurrido en Estépar, pueblo cercano a Burgos, un hecho escandaloso; el párroco había abusado

---

71. Publicación dirigida por Antonio Pardo Casas, quien sería ejecutado junto a su amigo Antonio José, como veremos. Otro colaborador era Eduardo de Ontañón, periodista y escritor; el momento de la sublevación le sobrevino a éste en Madrid y después de la guerra anduvo exiliado en México. *Burgos gráfico* sacó seis números entre septiembre de 1935 y febrero de 1936. En el número 1, Antonio José escribía: «El caso es que el interés por la lectura, y en nuestro caso por la música, prenda en la gente de pocas posibilidades, hasta convencerles de que la cultura ya no es un privilegio de los adinerados (…) Las masas, el auténtico pueblo se encargará de reclamar su alimento espiritual y el arte y la ciencia surgirán con deslumbradora pujanza». (Debemos la consulta de estos números a la amabilidad de Juan Carlos Pérez Manrique).

de varias niñas y el pueblo, justamente indignado, se amotinó exigiendo su castigo.

El sumario se llevó en nuestro Juzgado y la Audiencia condenó al inculpado a la pena de doce años de prisión. Ciertamente el caso era monstruoso, pues el criminal degenerado no había respetado ni a las inocentes criaturas de cuatro y cinco años, con graves riesgos en sus vidas.

El hecho transcendió enormemente en Burgos y aun en toda España, pero en la ciudad levítica se hizo a su alrededor el silencio más forzado. Ni en la Prensa ni de un modo público se permitió hablar de ello, y ante aquel absurdo atenazamiento de la verdad circularon unas hojillas con coplas, que la gente, ansiosa de conocer el caso, arrancaba de las manos a los vendedores.

El autor y los repartidores de tales papeluchos fueron detenidos y encarcelados, con el aplauso de toda la prensa y opinión, excepto... de la revista *Burgos gráfico*, que en un artículo se mostró conforme con el castigo del autor de las coplillas, pero achacó la difusión y aun la existencia de ellas al forzoso y absurdo silencio que la prensa y opinión reaccionaria habían impuesto en torno a este asunto.

Recuerdo que en aquel artículo se censuraba a las autoridades eclesiásticas y civiles por no haber tenido una palabra de condenación sobre aquel hecho monstruoso que había mancillado el nombre de un pueblo.

El hecho de que entre los eclesiásticos exista un monstruo —venía a sostener el articulista— no humilla ni culpa a toda la clase, como la existencia de un militar cobarde o de un médico criminal no deshonra a sus compañeros, pero el amparo y encubrimiento con que la alta sociedad, el clero y la Prensa rodean este hecho, mientras dedica columnas enteras al robo cometido por un proletario, es escandaloso y reprochable. Si la gente hubiera sabido la verdad y con las oportunas advertencias se hubiera hecho saber el castigo del culpable y la repulsa que su acto había merecido a todos, seguramente no hubieran surgido esas obscenas coplas, de un torpe plumífero...

Aquel artículo produjo sensación en Burgos y provocó tan vivas protestas que la revista hubo de ser suspendida, pues los subscriptores, los lectores y hasta los propios anunciantes fueron advertidos «píamente» de lo pernicioso y dañino que era tal publicación y, sobre todo, de que ningún católico debía prestarla alientos... Naturalmente, la revista sucumbió.

* * *

Ocurrido el alzamiento, Antonio José fue detenido e ingresó en el penal[72].

---

72. Antonio José fue ingresado en la cárcel el 8 de agosto, junto con su hermano Julio, maestro, colaborador de *El Diario de Burgos* y secretario del Ateneo Popular (APB). El primero fue víctima de una saca el 8 de octubre siguiente; cuatro días después, su hermano seguiría el mismo destino. En la saca de Antonio José le acompañaron otros 23 hombres, todos de Burgos. Entre ellos estaban su amigo y editor de *Burgos gráfico*, Antonio Pardo Casas, y Francisco Ayala Arroyo. Éste era administrador de las Huelgas Reales como funcionario del Patrimonio Nacional. Padre del escritor Francisco Ayala García. Un hermano de éste, Rafael, fue fusilado en consejo de guerra como desertor y Enrique, el hermano menor, fue golpeado y rapado. Otro hermano, José Luis, pasó la guerra en la cárcel de Burgos, donde vio «muchas cosas espeluznantes... innumerables e inconcebibles atrocidades», que relató a su hermano Francisco ya en el exilio (Ayala, F., *Recuerdos y olvidos*, 2º tomo, Madrid, 1982, págs. 226 y 278). Ayala era letrado de las Cortes en 1936 y en el momento de la sublevación se encontraba en Sudamérica.

Cuando me enteré de ello temí por su suerte y hablé de su caso, con todo interés, a un alto jefe de Falange; me aseguró que ellos nada tenían que ver con tal detención.

Entonces comprendí de dónde partía la orden.

Pretendí, algunos días después, venciendo mis temores, verle en el Penal, pero... ya era tarde.

Un oficial de Prisiones, buen corazón, confuso, sintiendo en su alma la misma congoja que me oprimía, me contó todo lo sucedido.

También él, que hubo de presenciarlo todo, y con él otros empleados, habían intentado evitarlo, y ante su inutilidad, sintieron la misma rabia que yo sentía. Comprendían que él no merecía en modo alguno aquello y, además, habían llegado a tomarle afecto, por su carácter bueno y aniñado, pero...

¡Pobre Antonio José! Ingenuo y desconocedor de la situación, hablaba siempre de su pronta salida de allí y refería entusiasmado sus proyectos, hablaba de sus nuevas composiciones...

Dos noches antes, había sido sacado de su celda, adormilado aún, y unido al grupo que en el fondo del pasillo esperaba la orden siniestra de marcha.

Entonces se dio cuenta de la realidad; vio en las caras de angustia de sus compañeros, en los lloros de unos, en los vómitos de otros, la amarga verdad y tuvo un momento de infantil terror. Llorando, con gritos de angustia, buscaba un inútil resto de piedad en los ejecutores de órdenes criminales.

Bueno, humano, hasta en aquel momento su corazón de artista fue cordial en aquel instante dramático y solicitó ser esposado, para morir, con un pobre muchacho, casi un niño, aprendiz de la imprenta donde se hacía la revista.

Esposados ambos, salieron juntos del Penal para montar en el autobús y juntos, hermanados en el vivir noble y en la muerte afrentosa, fueron ejecutados en el Llano de Estépar.

¡Llanos de Estépar!... Muchos atardeceres he ido para llorar en silencio por mi amigo Antonio José, yacente en tus entrañas... Pensaba en él y le veía impotente, solo, acobardado entre las fieras que le dieron muerte...

Y he prometido obtener que en tu suelo trágico se eleve un día un sencillo monumento a la memoria de Antonio José y de todos los mártires que reposan en tu seno...[73]

No habrá en su inauguración desfiles militares ni discursos y charangas patrioteras... sólo habrá hombres y mujeres del pueblo y un orfeón popular, un orfeón de obreros y campesinos, como aquel que había creado en Burgos y que con lágrimas en los ojos y firmeza en el corazón repetirá la tonada que a él tanto emocionaba:

Ya se van los pastores,
Ya se van marchando...
¡Más de cuatro zagalas
Quedan llorando!...

---

73. La peña «Antonio José», de Burgos, puso una lápida conmemorativa en un paraje no muy lejano al de la fosa en los años ochenta y todos los años acostumbra a hacer allí un pequeño homenaje al músico y a las demás víctimas de la guerra civil y del franquismo. Sin embargo, hemos podido comprobar que el lugar donde se halla la fosa –o fosas–, en un desmonte que hay a la derecha de la carretera local que une Estépar con Villagutiérrez, se utiliza como vertedero de trastos y de animales muertos; una situación muy indecente. Para ver algunos de los allí enterrados: http://elblogdelosfusiladosenesteparburgos.blogspot.com/

* * *

La muerte de Antonio José llenó tanto de indignación mi espíritu que, aun a sabiendas de que me arriesgaba, protesté de ella ante la autoridad militar suprema de la zona.

Un general rudo, pero comprensivo, se interesó por el caso y ofreció justificar ante mis ojos aquella muerte.

No tardó mucho tiempo en llamarme. Antonio José había sido ejecutado por... ¡espía!, me dijo.

Allí tenía sobre la mesa la prueba que había sido base de su condena: y me enseñó diversos artículos de la revista *Burgos gráfico*, y entre ellos uno destacado con señales rojas. Era un artículo firmado por Antonio José, sobre la música sefardí y en él el articulista relacionaba tal música, por su raíz popular, con la música folklórica castellana

—¡Este artículo está escrito con clave! —expresó misteriosamente.

—No es cierto —le repuse, sin poder contener mi indignación.

—Está usted excitado y no quiere darse cuenta —decía el general, no muy convencido—. Vea usted el artículo detenidamente, como a mí me han hecho observar, y apreciará, efectivamente, que en él se incita al pueblo, bajo un lenguaje figurado, a la rebelión.

—¡Falso! —dije, indignado—. Conozco perfectamente el artículo y en él Antonio José no hacía sino comparar la música sefardí con la nuestra y decir que una y otra recogen todo lo que hay de hondo, de lamento, de sufrimiento en las clases bajas de la sociedad. Sólo la maldad puede haber visto en este artículo algo favorable a la rebelión. Pero, además —le dije, ya fuera de mí—, vea usted la fecha de su publicación: «marzo de 1936». ¿Se condena por incitar a la rebelión contra el Gobierno, para arrojar al cual se ha levantado todo este movimiento? Aun admitiendo la sutil y criminosa intención, ¿no ve usted su falsedad con solo ver la fecha de la publicación del artículo?

El general, confuso y anonadado, ante mis evidentes razonamientos y sobre todo ante mi actitud, optó por desentenderse del caso, alegando que él no tenía intervención en aquello, que correspondía a la alta autoridad de las Auditorías.

No quise escuchar más y me despedí de él secamente.

Durante toda aquella noche no pude dormir un solo instante.

La infame acusación, la sutil deducción ilógica y absurda de aquel artículo, completamente inocente, crispaba mis nervios y la infamia consumada e irreparada excitaba mi indignación en progresión creciente.

Ya no podía sufrir más aquel ambiente de terror y de crimen. El asesinato de aquel noble muchacho, a quien me unían sólo relaciones superficiales de amistad, pero que sentía como si se tratara de un hermano, colmó la medida de mis nervios, de mi pasividad y de mi paciencia.

No. A pesar de mi carrera, que se presentaba brillante; de mi posición económica desahogada, no quería vivir más en aquel ambiente. Y a la mañana siguiente tomé la determinación irrevocable de huir de aquella zona dominada por la crueldad y la injusticia. ¡De huir de la España nacionalista!...

SEGUNDA PARTE

LA ESPAÑA NACIONALISTA

XI

FRANCO

No entra en mis propósitos, ni fuera adecuado, esbozar una sintética biografía del general Franco.

Tampoco he de adentrarme en labor crítica; a su tiempo y en forma oportuna será acometida esta tarea por quien corresponda.

La figura de Franco solamente será examinada en un aspecto: el efecto que el nombre y la persona causan en la zona nacionalista y, más concretamente, en la región por mí vivida.

Desde un punto de vista objetivo e imparcial ha de reconocerse que, personalmente, Franco no es un tipo interesante. Hay hombres cuya sola presencia física acredita una personalidad; por el contrario, se puede ocupar un alto cargo y carecer de la consideración de hombre célebre y aun estar desprovisto de personalidad, pues ésta es algo impalpable que, como la seducción, gravita sobre ciertos seres realzándolos o anulándolos enteramente.

En un ámbito reducido y objetivo, ajeno a la especulación filosófica que el tema arrastra, puede afirmarse que la personalidad, como atributo físico, se concreta en su relación con las artes plásticas.

No es cuestión de belleza, ni de perfección o defecto en los rasgos; examinando figuras de grandes hombres puede observarse que sus imágenes, talladas o cinceladas, son exponentes de una gran personalidad o de un carácter: Dantón, Bonaparte, Cavour, Beethoven y tantos otros de elemental recuerdo, podrán presentar rasgos fisonómicos fuertes o imperfectos, pero ¡qué acusadamente se manifiesta en ellos el carácter!

Sin insistir en arquetipos humanos y descendiendo a planos de la humanidad inferiores, podemos frecuentemente observar la expresión de personalidad en diferentes individuos, expresión que los realza o destaca de la masa.

A Franco le ha faltado la personalidad y el carácter para el papel de Dictador. Pequeño, de rostro vulgar e inexpresivo, en cualquier reunión de personalidades su estampa de comandante de Caja de Reclutamiento o de burócrata «standard» no logra destacar más que por las insignias del uniforme o la colocación privilegiada.

Esta carencia de personalidad tiene más importancia de lo que puede imaginarse; cuando en la plaza de Roma, Mussolini, rostro tallado, mentón enérgico, gesto autoritario, se enfrenta con los Camisas Negras enardecidos, se explica uno, en cierto modo, el entusiasmo de aquellos fanáticos; pero debe ser desolador para los pseudo-fascistas españoles parodiar toda una organización, llegar incluso a imitar el grito: «Franco, Franco, Franco», y ver luego avanzar, entre sotanas y burgueses, la figura amorfa y gris de su menguado caudillo.

* * *

Franco, con un desconocimiento absoluto de sí mismo, abusa de la propaganda fotográfica; sus retratos se han prodigado en la zona con un abuso molesto ya hasta para sus propios partidarios.

De uno de éstos, furibundo reaccionario, oí el siguiente comentario: «Este hombre se hace más publicidad que Greta Garbo». Tal exceso fotogénico resulta ya intolerable allí; a los comerciantes se les obliga a colocar un retrato de gran tamaño en el escaparate así como en los despachos de los industriales; en los cines y teatros, la Delegación de Propaganda obliga a suspender en cierto momento la representación y en la pantalla o en la escena aparece la efigie de Franco a recibir el homenaje «espontáneo». Es una exhibición inoportuna y contraproducente, pues aun en los incondicionales llega a causar contrariedad la suspensión de una escena interesante para esta forzada propaganda.

Lamentable error, éste que padece Franco, pues su escasa personalidad se desdibuja por completo en los retratos hechos para su difusión, imperfectamente, en gran serie, llegando a causar hilaridad en algunas reproducciones. ¡Yo tenía en mi despacho uno que muchas personas creían que era un retrato de Alcalá Zamora!... ¡Y era uno de los mejores!...

Recuerdo perfectamente la lamentable impresión que produjo Franco en las dos ocasiones en que se presentó en Burgos aparatosamente.

La primera vez en el día cinco de octubre[74], cuando, según el decreto del 29 de septiembre, fue a hacerse cargo de los Poderes, en

---

74. Franco tomó posesión en Burgos como Generalísimo de los tres ejércitos y «Jefe del Gobierno del Estado español» en el Palacio de Capitanía de Burgos el 1º de octubre de 1936, no el 5. Así lo reflejaba una cartela situada hasta hace poco a la derecha de la entrada principal a ese palacio. (Ver también, p. e., Preston, P.,

sustitución de la Junta de Defensa Nacional, «por deseo entusiástico del país» y, en realidad, por imperativo de las potencias fascistas.

Burgos, para recibir al jefe de Estado, o al jefe del Gobierno del Estado, distinción que aún sigue confusa, lucía en todas sus ventanas y balcones colgaduras y banderas.

Algo contribuyó a esta exhibición entusiástica la orden dictada por el gobernador, un irónico poncio de barba apostólica, obligando al vecindario a lucir tales emblemas para recibir dignamente al Caudillo y hacerle patente la patriótica adhesión del pueblo.

Centenares de automóviles, todos requisados y con gasolina «oficial», se trasladaron al aeródromo de Gamonal a esperar la venida del avión de Franco; a su llegada se desbordó el entusiasmo.

El «Generalísimo», que vestía de campaña, con un pequeño cuellecito blanco sobre la guerrera, se trasladó al palacio de la Diputación y allí, con toda solemnidad, el presidente de la Junta Nacional, general Cabanellas, le hizo entrega de los Poderes. Probablemente ni aquel general, republicano de toda la vida, ni el «joven Caudillo», sabían a punto fijo qué clase de poderes eran aquellos que, sin darse cuenta, y en un segundo escaso, pasaban de uno a otro con tal facilidad.

No se me olvida sin embargo la frase con que el pueblo, estacionado ante el balcón central del Palacio, recibió la aparición de sus «Jefes». La gente que no conocía a Franco tenía gran interés en verle y se preguntaba de boca en boca cuál de aquellas figuras era la suya. La contestación y la indicación que circuló como una consigna no podían ser más deprimentes:

---

op. cit., pág. 236). Como se señala a continuación, la fórmula «Jefe del Gobierno del Estado» no dejaba de ser ambigua, sin duda a propósito, de tal modo que Franco acumuló, entre otros, los dos cargos –jefe de gobierno y jefe del Estado– hasta 1973, en que nombró al almirante Luis Carrero Blanco jefe de Gobierno.

—¡Qué pequeño! ¡Qué «bajito» es Franco! –se oía repetidamente.

—¡Es el del cuellecito! –decían algunas mujeres, aludiendo al de piqué que asomaba sobre la guerrera[75].

¡Señores Jefes de las Potencias fascistas!: ¡Así no hay forma de hacer propaganda seria...[76]!

En otra ocasión también se presentó Franco apoteósicamente y produjo la misma desilusión.

Fue con motivo del entierro de Mola, su rival en caudillaje; al salir el féretro conduciendo los restos de Mola, Franco, que le esperaba al pie de la escalinata de la División, erguido, con rictus muy forzado en el rostro, levantó con gran energía el brazo, saludando a la romana. Él lo había hecho bien de gesto y ademán, pero sucedió que la gente, en lugar de emocionarse contemplándole, perdió por completo la seriedad, pues un roto enorme, indiscretísimo, aparecía en su axila, en la juntura de la manga y el cuerpo de la guerrera... Aquel roto había traicionado, con su aparición, el gesto altivo, que resultó grotesco...

Son pequeños detalles, cosas intranscendentes en una organización democrática, pero ¡caramba!, cuando se quiere ejercer un imperio de origen divino y se presenta uno –así lo dice la Prensa constantemente– como representante de Dios y se arrastra a la guerra a millares de personas tras un poder personal, hay que cuidar estos detalles, porque en la España Grande, Una e Imperial, los símbolos y atributos externos adquieren categoría decisiva...

---

75. Esta frase y la anterior tenían una redacción ligeramente distinta en una versión anterior: «¡El pequeño!, ¡¡¡El bajito es Franco!!!, se oía repetidamente. ¡¡El del cuellecito!!, decían algunas mujeres, aludiendo al de piqué que asomaba sobre la guerrera».

76. En versión anterior se añadía: «El "pequeño", "el bajito" no son términos que puedan arrastrar a la ruta imperial soñada».

* * *

En la zona nacionalista Franco no ha conseguido personalmente interesar a la gente; ni aun a los partidarios del movimiento.

En Andalucía Queipo de Llano le ha anulado por completo; el humor andaluz, cuando alguien habla de ambos, lo expresa en una frase que, por su grafismo, se ha hecho allí famosa:

—¡*Vamos, hombre*[77]! ¡*Ni compará!... De dónde, se va a poner don Paquito, el enano de Salamanca, con don Gonzalo...*

En la región navarra Mola le superaba en prestigio y ascendiente; el requeté no puede sustituir a su llorado general, católico y apegado a su tierra, por el fascistizante Franco[78].

Entonces, si en la zona nacionalista no es él quien ejerce la preponderancia, ¿dónde ejerce su influencia Franco?

La respuesta es sencilla: en Alemania e Italia.

Estas naciones, que decidieron ejercer su dominio sobre España por medio de militares marroquíes, se pusieron en contacto con Franco. Se engañaron suponiendo en el «joven general» un prestigio y talento excesivos, lo que se explica por el renombre que tiene en la zona africana, que aquellos países, equivocadamente, creyeron que era análogo en España[79].

---

77. En versión anterior: «¿Ese con el nuestro?, ¡Vamos hombre! ¡Ni compará!...».

78. En versión anterior se añade: «que no le visitaba apenas».

79. Se añade en la versión anterior: «Pero Franco no puede sostener, por su mala preparación y escasa personalidad, el prestigio ante dichos países. Pronto, en los discursos y en las arengas, en toda la actuación, su espíritu vulgar y mediocre quedó a la superficie, desilusionando a sus protectores. En este aspecto, su discurso de Salamanca, en ___ de ____, al Decreto Unificador de Milicias, no puede ser más sintomático y decepcionante». Se ve que el autor no introdujo el

Hoy día los agregados de estos países se hallan percatados de la escasa popularidad y simpatías de que disfruta Franco, así como de su nula preparación para jefe político de un movimiento, y se inicia en ellas una corriente favorable a su sustitución, en el favor oficial, por otro general, más popular y dicharachero que, desde luego, ha sabido hacerse «el amo», como él dice, del alma flamenca andaluza.

La situación de Franco no puede ser más falsa. Su esposa, católica fervientísima, simpatiza con el requeté; en su misticismo, cree ver en el esposo al caudillo elegido por Dios para salvar España de los enemigos de la Iglesia y ejerce sobre él una presión eficacísima en tal sentido.

El secretariado político, prolongación del hogar, es extranjerizado en lo militar y reaccionario en lo interior. Pemán, Gil Robles y Sangróniz son su trilogía consultiva.

Franco, de formación católica, agudizada por la presión conyugal, se presentó, no obstante, en el movimiento, como director del sentir fascista, en oposición con la directriz católica de Mola.

Es de espíritu y sentir monárquico y, sin embargo, sus andanzas con la República y el ¡Viva la República! con que terminaba su proclama al ejército de África, en julio del año 1936, le han malquistado con los monárquicos.

La Falange, su primer apoyo y a la que aduló primeramente, ha sido destrozada por él, y deshecho su espíritu auténtico por la fusión absurda con el requeté tradicional.

---

párrafo por no tener a mano el decreto. Pero probablemente se refiere al decreto de unificación política de 19 de abril de 1937, no al de militarización de milicias (diciembre de 1936). La redacción del discurso de marras se suele atribuir a Giménez Caballero.

De conflicto en conflicto y de rectificación en rectificación, Franco, que ha ofrecido sus servicios y ha traicionado sucesivamente a la República, a los monárquicos, a la Falange, y a las potencias fascistas, vuelve hoy, viendo declinar su estrella, sus ojos hacia Inglaterra, a la que ofrece, como siempre, una sumisión total, a cambio de un gesto protector; vieja táctica de enamorado «apache» que es ya conocida en el mundo europeo.

El pueblo, los militares, los estados mayores extranjeros operantes en la zona, ven en Franco al causante de la derrota de Guadalajara y del prolongado asedio de Madrid, falta táctica evidente, mientras atisban en el general Queipo (desaparecido Mola, el victorioso en Vizcaya), al triunfador de Sevilla y Extremadura y al conquistador de Málaga.

Franco, que un día soñó napoleónicamente, comprende su fracaso y vive reservado y amargado. El hogar suyo, custodiado por moros (ya no tiene confianza en los españoles) le asfixia y deprime.

Aún en su actual mando no puede gozar del triunfo en la forma que su mente de cadete ascendido y de oficial afortunado concibe el triunfo, bullendo en los salones aristocráticos y siendo el ídolo de las mujeres; pues la constante vigilancia y dominio familiar se lo impiden.

Y cuando, en sus noches de vigilia, pretenda conciliar el sueño, se lo impedirá seguramente el recuerdo de los parientes y amigos (como su primo hermano el aviador Bahamonde)[80] sacrificados e inmolados por la bárbara corriente reaccionaria que él encarna.

---

80. Comandante de aviación Ricardo de la Puente Bahamonde, primo carnal de Franco. Trató de resistir a la sublevación en Tetuán, inutilizando los pocos aparatos que había en su base. Fue detenido y condenado a muerte en consejo de guerra, sin que Franco hiciera nada por salvarle.

Solamente el recuerdo de sus amigos y parientes, pues los otros, la legión de desaparecidos y mártires, no le producirán ya efecto alguno...[81]

---

81. Este párrafo final tenía una redacción anterior algo más amplia: «Solamente con el recuerdo de sus amigos y parientes, pues de los otros, de la legión de desaparecidos y mártires, masa inmensa de España, es de suponer que por no afectarle tan directamente, no le producirán efecto alguno...».

XII

EL GENERAL QUEIPO DE LLANO[82]

UNA tarde, en el Casino de Burgos, me fue presentado un extraño individuo. Yo lo conocía de haberlo visto mucho por Madrid, pero hasta aquella tarde de su presentación oficiosa no había hablado con él.

Pertenecía a ese tipo de vividores madrileños, que sin ocupación ni modo de vivir conocidos, eran los verdaderos «incontrolables» del Madrid de la «anteguerra».

Tan pronto se presentaba en los cafés irreprochablemente vestido, descendiendo de un lujoso automóvil, como deambulaba con gesto resignado de cansancio a la espera del amigo que le solucionara el problema diario.

En Burgos pretendió en seguida relacionarse con todo el elemento oficial del Gobierno nacionalista. Su sistema de intromisión consistía en fingirse amigo de todos los personajes y buscar acomodo en cualquier tertulia; todos y cada uno de sus componentes creía al

---

82. Añadido al título en versión anterior: «(Anécdotas que le representan)».

advenedizo amigo de otro y así, suavemente, y al amparo del estado excepcional que atravesaba la vida burgalesa, llegó a relacionarse con personas de influencia.

Cuando me fue presentado hizo una breve relación de su vida: había sido representante de coches en Madrid, y agente de informes en Niza, al servicio de Franco.

Su venida a Burgos era motivada por un gran negocio planeado: quería obtener la exclusiva de la importación del arroz en la España nacionalista y de la exportación de la oliva. Su tesis era sencillísima: aportar lo que faltaba y sacar lo que sobraba, para nivelar la balanza comercial.

Un día llegó al Casino con gran indignación y excitadísimo.

—Me marcho, amigo –me dijo–. ¡Aquí no hay nada que hacer! Unas oficinas de gente anticuada y perezosa y no se hace nada, en definitiva. Me voy a Sevilla, a ver al general, por mediación de un amigo, ayudante suyo.

Transcurrieron algunos meses y cuando ya no me acordaba yo de aquel extraño individuo lo encontré en uno de mis viajes oficiales[83].

Coincidimos en un hotel y me narró toda su aventura; había prosperado y se hallaba convertido casi en un personaje. En la sobremesa me abrumó con sus elogios al general Queipo de Llano y de sus procedimientos admirables de gobierno.

—Llegué a Sevilla –me contó– y nada de meses y meses, como en Burgos, para que no le reciban y le oigan a uno. Allí a los tres días estaba yo hablando mano a mano con el general.

—¿Le recibió a usted en seguida?

---

83. Añadido en versión anterior: «a Galicia». En el párrafo siguiente se indica que el hotel mencionado estaba en Vigo.

—¡Si no me recibió! Si fue que nos encontramos casualmente... y ¡zás, hecho el asunto! Yo tenía un amigo, propietario de unas bodegas en La Línea; le conté el caso y me dijo: «vente por aquí pasado mañana, que viene el general a inaugurar unas escuelas; yo te haré hablar con él». Y así fue: a los dos días hablaba yo con Queipo allí.

Le expliqué el negocio y solicité una hora para entrevistarme con él; entonces me soltó:

—A mí no me venga usted con latas y con mamotretos de papel; eso que me ha contado usted, de que en Burgos no le hicieron caso, es para mí la mejor recomendación, porque cuando ellos no lo hacen es que es bueno. Usted, ¿qué es lo que quiere? El monopolio del arroz para España, ¿no es eso?

—Sí, mi general, y el de la aceituna para exportar.

—Eso, amigo, ¡vamos a dejarlo! Lo del arroz, cuente usted con ello en mi zona. ¿Qué es lo que calcula usted ganar con eso?

—Siendo en la zona ésta solamente, mi general, pues yo calculo...

—Es igual... lo que sea, ya lo sabe usted, la mitad para el Ejército, ¿estamos? La mitad de lo que usted gane lo ingresa en la suscripción que tengo yo para el Ejército. No en la de Salamanca, ¿eh? En la de Sevilla.

—Así se hará, mi general –le dije–. Esté usted tranquilo, que yo soy, ante todo, patriota y...

—Lo supongo, lo supongo. Pero, por si acaso, sepa usted que, como me engañe, lo fusilo. Lo fusilo, ¿eh? –me repitió con una cara que no olvidaré ya. Y volviéndose a su ayudante le dijo displicentemente:

—¡Tú, Paco, toma nota de éste y del negocio que se lleva!...

* * *

Un conocido abogado de Madrid, famoso por sus intervenciones en los negocios de usureros y prestamistas tuvo que huir, al principio del movimiento militar, de dicha capital, donde sus numerosos «favorecidos» le hacían la vida imposible.

Escapado de la zona roja por mediación de una embajada, realizó la misma operación que han realizado todos los refugiados, es decir, que tan pronto como pudo hallarse fuera de la zona leal se internó en la nacionalista y se presentó a las autoridades para prestar el servicio que le encomendaran (en la retaguardia; se me olvidaba este pequeño detalle).

El conocido abogado madrileño arribó a Sevilla y por medio de un amigo, ayudante del general Queipo, fue presentado a éste. Relató al general una serie de atropellos, vejaciones, torturas (morales), que había padecido en la zona republicana, y cumplido este trámite obligatorio, en vista de sus aptitudes forenses, fue nombrado por el general, capitán del cuerpo jurídico, con destino en su propio Estado mayor. El nombramiento le fue extendido y entregado en el acto, al estilo Queipo, *esas bobadas y tontunas del Boletín que se traen los de Burgos... ¡Yo al que le nombre se lo digo a él y a la gente qué le importa!* Nuestro amigo, el letrado, se trasladó inmediatamente a una sastrería militar, se compró un flamante uniforme y, en seguida, con toda presteza y entusiasmo... ¡a pasear por la Sierpes!...[84]

Pero como se trataba de persona muy conocida, no tardó en saberse por toda la zona su estancia en Sevilla y su nombramiento.

---

84. Se refiere a la conocida calle sevillana.

El presidente de la Comisión de Justicia de Burgos, un andaluz simpaticón y amigo del general, le llamó un día a conferencia para ponerle «al tanto». La casualidad hizo que me enterara de ella.

—Oye, Gonzalo. Aquí, Pepe, ¿eh? Pepe Cortés[85], ¡hombre! Pepe, en Burgos, no hay más que uno, como Gonzalo, en España y en el mundo, no hay más que tú.

—¡...!

—El Gran Capitán, a tu lado, era una birria. Oye, te llamo porque me han dicho que tienes ahí, de capitán o de coronel, a un tal...

—¡...!

—¡Pero, hombre! Por tu vida, Gonzalo, si ese tío es un sinvergüenza más grande que la Giralda!

—¡Anda, hombre! ¡No seas lila! Qué recomendado ni nada. ¡Ese tío es un fresco en esta zona y en la otra!

—¡...!

—Seguro, Gonzalo, segurísimo, ¡por mi salud[86]!

—¡...! ¡...! ¡...!

—No digas tanta barbaridad... que nos va a cortar la censura. Bueno, aquí espero.

Y volviéndose a los que allí estaban, dijo Pepe Cortés:

—No sé qué va a hacer, que me ha dicho que espere.

Pasaron tres minutos y habló de nuevo el general:

—¡...!

—¡Qué grande eres, Gonzalo!

—¡Bien hecho! ¡Sí, señor; así se hace! ¡Adiós, Gonzalo! ¡Adiós!

---

85. José Cortés López, juez y miembro de la Junta Técnica del Estado. Había intervenido en el juicio por los sucesos de Casas Viejas.

86. «Por mi salú», en la versión original.

Ante la curiosidad de todos, Cortés explicó lo que el general le había manifestado en su conferencia.

Había entrado en su ayudantía y dirigiéndose a la mesa donde estaba el capitán jurídico nombrado por él, le había quitado el nombramiento y la guerrera del uniforme. El pobre hombre tuvo que marcharse a su casa en mangas de camisa.

A los pocos días aquel abogado desaparecía de Sevilla y de la zona.

* * *

Cuando el general estuvo en Burgos, en el mes de octubre de 1936, alguien le comparaba la vida de Sevilla, tan alegre y animada, aun en plena guerra, con la de estas ciudades castellanas.

—Aquello está hermoso –decía el general, refiriéndose a Sevilla–. ¡Yo reconozco que se han hecho algunas cosas…!, ¡se ha fusilado mucha gente, pero los que quedan…! ¡esos viven como Dios!…

* * *

Antes de su partida fue obsequiado en Burgos, el general, con una cena íntima, semioficial.

Asistieron varias autoridades civiles, militares y eclesiásticas; el general se sentó entre el secretario del obispo[87], un canónigo muy popular en la región, y un alto jefe de la Falange.

El jefe de Falange no cesaba de hablar de la España Una y Grande y de colocar discos patrióticos; durante el acto desfilaron por el salón donde se celebraba el ágape varias comisiones y bandas ento-

---

87. Como se ha dicho, arzobispo Manuel de Castro.

nando todos los himnos y vivas de rigor, sobre la España Grande, Libre y Única.

A los postres, el jefe de Falange pronunció un discurso de tonos elevadísimos y puestos en pie los comensales se pronunciaron los gritos reglamentarios:

¡España! Una. ¡España! Grande.

El general, que estaba un poco fatigado y molesto ya por tanto brindis y tanto viva, se acercó al canónigo que estaba a su lado y en voz baja, pero perceptible por los vecinos inmediatos, le dijo:

—¡Vaya! ¡Vaya, don Alonso! ¿Usted es también de estos de la España tan grande o le basta, como a mí, con el tamaño que siempre ha tenido?

(De las charlas del general al micrófono de Radio Sevilla)

(6 de febrero de 1937)

La esposa del coronel X, al servicio de la canalla roja, ha podido salir de esta zona y entrar en la zona roja, reuniéndose con su marido.

Me entero de que a su llegada ha hecho manifestaciones hostiles a nuestra causa y se queja de las vejaciones y sufrimientos que aquí ha pasado.

Comentando las cosas que han ocurrido aquí, dice la tal señora que son tan gordas que cuando se conozcan causarán sensación, y asegura que ella ha visto aquí cosas muy grandes.

Verdaderamente, muy grandes tienen que ser las que haya visto aquí esta señora, para que a ella le asusten…[88]

---

88. Esta charla lleva una anotación manuscrita en la versión original: *«Pour l'edition en espagnol seulement»*.

* * *

(29 de febrero de 1937)

Ese deán, o lo que sea, de Canterbury, que anda por la zona roja con una buena provisión de licores, podría haberse tomado la molestia de venir a visitar esta zona nacionalista y así podría dar sensación de imparcialidad orientando a la opinión inglesa sobre ambas partes de España.

(siete días después, sobre el mismo tema)

Voy a dar lectura a una carta del famoso deán de Canterbury, en la que expresa ese individuo que no vino a visitar esta zona porque solicitó permiso para ello y le fue negado por nuestras autoridades.
Naturalmente. ¿Cómo íbamos a dar autorización a ese señor para venir? Nosotros dejamos que venga a visitar nuestro territorio todo el que quiera, para que compruebe la vida normal de aquí, pero no a ese, que seguramente saldría de aquí contando lo que le diera la gana…

* * *

(16 de julio de 1937)

Por cierta persona recientemente evadida de Madrid he sabido que el general rojo Miaja ya no usa el pijama de rayas con el que parecía una cebra, y lo ha sustituido por otro de color beige, al cual, por cierto, como lo lava su asistente, le han salido unos manchones difusos que le dan una apariencia de piel de vaca... ¡Se ha convertido Miaja en una vaca suiza de leche!...

Este Miaja nos acusa a nosotros de haber faltado al juramento prestado a la República.

—Tú sí que has faltado a todas tus obligaciones de militar y te has ido con la canalla roja, en la que ocupas ahora un lugar tan distinguido, ¡por mulo!...

* * *

(11 de agosto de 1937)

Estamos formando una España nueva y su base fundamental es la Falange. Pero no se llegará a nada si no se compenetran todos los que la componen y no se convencen de que no puede haber pueblo feliz mientras la justicia esté sometida al capricho de unos cuantos o a su pasión.

(Hace una extensa relación de las persecuciones y vejaciones de que ha sido objeto en Salamanca una pariente suya, por Falange), y a su conclusión dice:

—Señores, ¿es que el que no sea falangista no va a poder vivir en España? ¿Es que para vivir en Salamanca va a haber que pedir permiso al jefe de Falange? Pues la verdad que no merecía la pena toda la lucha que estamos sosteniendo.

Y si eso hacen con una señora que es pariente mía, ¿qué cosas no harán con la persona que no disfrute de esa influencia?...

* * *

(Del mismo día)

A continuación comenta algunas otras noticias, entre las que destaca la de que en Nueva York ha sido detenido por un grupo de ciudadanos un célebre agitador comunista que ha sido siempre el que ha traído revueltos a los obreros de Nueva York y el principal autor de todas las agitaciones huelguísticas de los últimos tiempos.

El populacho lo ha desnudado, lo ha embadurnado con brea y después lo ha llenado todo el cuerpo de plumas.

—Este es un castigo precioso –dice el general–, que debemos copiar los españoles: coger a los comunistas, untarlos con brea, emplumarlos y después arrojarlos, si no por la roca Tarpeya, que está muy lejos, sí por el Tajo de Ronda, para «¡que volen, que volen!»[89].

* * *

(13 de septiembre de 1937)

Las aspiraciones nuestras son iguales que las de Alemania e Italia: tratar al pueblo como verdaderos ciudadanos que son. Es muy lamentable la ley del palo, pero al ser precisa hay que aplicarla en bien de todos.

(Homenaje al embajador alemán)

---

89. En la versión original iba mecanografiado a continuación lo siguiente: «(7 de diciembre de 1937) // ¡Ya sé que los rojos dicen que yo estoy siempre borracho! ¿Borracho yo siempre? ¡¡¡Ojalá!!!».

* * *

El general Queipo de Llano fue, desde el 18 de julio de 1936, general en jefe del Ejército del Sur, único dueño y señor de Andalucía y de toda la zona sur de España[90].
¡Y continúa siéndolo!

---

90. En vez de «único dueño y señor...», en versión anterior: «Dueño absoluto sin cortapisa alguna de la zona de Andalucía conquistada».

XIII

EL GOBIERNO DE BURGOS

El movimiento militar, cuyos primeros chispazos se hicieron simultáneamente sentir en Marruecos, Sevilla, Pamplona y Burgos, tuvo su concreción y sede oficiosa en esta última población.

La razón de la elección de Burgos como capital de la España nacionalista es de orden interno y de matiz político.

La división geográfica verificada en España, como consecuencia del alzamiento militar, originó en las diversas capitales de importancia, enclavadas en aquella zona, una emulación o rivalidad por la capitalidad oficial del nuevo Estado.

Las ciudades gallegas importantes, alejadas de la zona central, con vías de comunicación costosas e inseguras, pues la gran región leonesa intermedia se hallaba en plena lucha, no podían aspirar a dicho título.

León y Valladolid, dos ciudades fuertemente adheridas al movimiento militar y de acusado perfil tradicional, no ofrecían absoluta garantía, pues su proximidad al frente respectivo (La Robla y el frente de la sierra) además de la intensa vida sindical y obrera de la última de tales poblaciones, hacían peligrosa la instalación en ellas del centro oficial.

Zaragoza, la afamada ciudad, cuya rebelión fue indiscutiblemente la clave de su desarrollo, al interferirse al nervio vital Madrid-Barcelona, ofrecía asimismo grandes dificultades, pues el frente catalán se hallaba a pocos kilómetros de su casco[91].

Salamanca, Pamplona y Burgos quedaban, por exclusión, como aspirantes a la capitalidad del nuevo «Imperio», pues Sevilla era, de hecho, capital del feudo andaluz de Queipo, y ni hubiera éste consentido su absorción por un gobierno extraño ni convenía a los intereses de la reacción colocar al alcance del general sus resortes de mando.

Pamplona, con el frente norteño cercano y su sentido exclusivamente tradicionalista, no podía ser la base oficial de un movimiento que, por causas conocidas, derivaba en un sentido fascista.

Quedaban solamente Burgos y Salamanca; prevaleció la vetusta cuna del Cid, por razones estratégicas y políticas.

---

91. En versión anterior se añadía el siguiente párrafo: «No obstante, Valladolid, ciudad donde el fascismo agrario adquirió gran pujanza, quedó convertida —y continúa siéndolo— en el centro policiaco de la represión. Es la gran sede de la Policía fascista y de allí se irradian las órdenes policiacas represivas; por eso reside allí lo que llaman Gobernación General del Estado, que no es en el fondo sino la red central de información fascista». El Gobierno General formaba parte de la Junta Técnica, aunque ésta estuviera en Burgos y aquél en Valladolid. Y uno y otra estaban supeditados al Cuartel General de Franco, que se hallaba en Salamanca durante los primeros meses posteriores a la «exaltación» de éste a la jefatura del Estado. El Gobierno General fue dirigido por los generales Francisco Fermoso y Luis Valdés, que dieron a la depuración laboral y política y a la represión un sesgo burocrático y generalizado. En Valladolid se situó también, sin duda por criterio de continuidad, el primer ministerio de Orden Público franquista (enero de 1938), con el siniestro general Martínez Anido a su cargo.

Burgos, ciudad tranquila, virgen de luchas sociales, acusadamente clerical y monárquica, pero sin el sello tradicionalista íntegro de Navarra, era el centro ideal de la primera corriente rebelde[92].

Salamanca, convertida por la unión militar del Ejército del Norte, las columnas de Mola, y el ejército africano del sur, acaudillado por Franco en excelente base de maniobras, inició prontamente una pugna con Burgos, en orden a su influencia oficial. Esta pugna correspondía perfectamente a la que en el orden ideológico iba marcando la diferenciación entre la corriente tradicionalista monárquica del Norte (Mola) y la creciente invasión fascistizante extranjera (Franco).

La pugna de capitalidad, análoga a la diferenciación directriz e ideológica de la corriente rebelde, quedó solucionada o paliada, pero no resuelta; del mismo modo la diferenciación directriz rebelde coexistió dentro de la organización política nacionalista.

Por tal causa subsiste el Gobierno y la capitalidad de Burgos, pero el jefe del Estado reside en Salamanca y mientras en Burgos radican los centros clericales y reaccionarios controlando los ramos de Hacienda, Trabajo y Justicia, Salamanca alberga los grandes centros fascistas, las Directivas y Consejos superiores de Falange, y los ramos de Guerra y Estado, los más directamente influidos por las potencias fascistas, de cuyas embajadas y comisiones militares y políticas es también sede oficial[93].

---

92. Burgos, además del carácter conservador que aquí se subraya, era sede de la VI División Orgánica (Capitanía General), por lo cual disponía de mayor infraestructura castrense; y se hallaba convenientemente próxima al decisivo frente de Madrid.

93. Como se ha señalado, en Burgos estaba la Junta Técnica, presidida por el general Dávila, mientras que en Salamanca se hallaba el Cuartel General y la residencia oficial de Franco, motivo por el cual radicaban también allí las embajadas y la cúpula del aparato de la FET de las JONS. Pero a partir del inicio de la

Mientras tuvo el movimiento militar una trayectoria puramente monárquica y clerical, Pamplona y Burgos eran los centros vitales de influencia; al producirse el cambio y un ficticio ideal fascista apoderarse del país, Salamanca logró, con la hegemonía de Franco, su plenitud de poder, y es ahora, de hecho, la capital medular del llamado Estado nacionalista.

El general Mola, que veía cómo se escabullía de sus manos la influencia y dirección de un movimiento que él había generado, dirigió todos sus esfuerzos a reafirmar el eje Burgos-Pamplona, y la conquista de Bilbao le hubiera proporcionado la ocasión de iniciar, como general triunfante, una gran reacción en el espíritu nacional rebelde; estos proyectos hallaron fuerte hostilidad en el eje Berlín-Roma y la oposición violenta no estalló porque el accidente de aviación del Monte de las Brújula arrebató a la opinión reaccionaria y nacional el caudillo que la representaba y dirigía[94].

Libres de la figura prestigiosa que hubiera encauzado el movimiento militar en sentido opuesto a la invasión, Salamanca, o sea el eje Berlín-Roma completó su labor de absorción con el famoso

---

campaña del Norte (primavera de 1937) son frecuentes las estancias de Franco en Burgos, donde residía en el Palacio de la Isla. Es cierto que hubo cierta rivalidad entre ambas ciudades en torno a la titularidad de la capital del Estado, pero a partir de enero de 1938, con el primer gobierno de Franco, no hay duda: es Burgos la «Capital de la Cruzada».

94. Todo esto son especulaciones en torno a la cuestión de la posible discrepancia de Mola respecto del acaparamiento de poderes por parte de Franco o a que lo veía como algo provisional mientras durase la guerra. Al parecer, Franco y sus secuaces (su hermano Nicolás, Martínez Fusset) eliminaron del texto del decreto que le nombraba Generalísimo cualquier atisbo de provisionalidad, atribuyéndole expresamente «todos los poderes del Estado». Más adelante, el decreto de Unificación dirá que Franco, como Jefe nacional de FET y de las JONS, solo es responsable «ante Dios y ante la Historia».

decreto de unificación de milicias[95], en el que quedó sepultada para siempre la directriz tradicional y monárquica, así como la auténtica de la Falange, para robustecer, al menos exteriormente, la autoridad de Franco, mandatario genuino del eje fascista extranjero.

Véase, pues, cómo la vida interna y política de la España nacionalista puede parangonarse ideológicamente con la pugna de capitalidad entre Burgos y Salamanca, pugna que se extiende también a Sevilla. En cierto modo la trilogía Mola, Franco y Queipo es análoga a la de Burgos, Salamanca y Sevilla.

Mola, cuyas primeras andanzas de conspirador tuvieron lugar en Burgos, no olvidaba el origen de su caudillaje y su absoluta influencia en la guarnición que secundó su impulso; así le vemos hacer radicar en Burgos su primer Gobierno, aquella Junta Nacional, hecha a su capricho y dictado, como zancadilla habilidosa lanzada al creciente poderío franquista, y le vemos posteriormente, aún en plena jefatura absoluta de Franco, sostener la ficción del Gobierno de Burgos.

Dávila, hombre de su confianza, el general que en la noche del 17 de julio asumió su representación, le acompañó en la Junta Nacional primitiva, y es después el primer jefe del Gobierno de Burgos, que

---

95. Como hemos señalado, no se trata del decreto de unificación de milicias, que es anterior, sino de las fuerzas políticas que venían apoyando el Movimiento (falangistas, carlistas, monárquicos). Tal unificación venía impuesta por la lógica de la guerra y era apoyada ampliamente dentro del bando sublevado, así como por los gobiernos nazi y fascista, que la veían como medio para lograr una mayor eficacia militar. Pero no se hizo sin tensiones y conflictos, como reflejan, entre otros, los llamados «sucesos de Salamanca» de abril de 1937, en que distintas facciones falangistas (hedillistas, «legitimistas») se enfrentaron a tiros causando algunos muertos, circunstancia que aprovechó hábilmente el franquismo para imponer la unificación. (Cf. Payne, S., *op. cit.*, cap. XIII; Southworth, H. R., *Antifalange*, París, 1967).

Franco no se atreve a destituir[96]. Tan pronto desaparece Mola, Dávila es sustituido en la jefatura del Gobierno, por Gómez Jordana, impuesto por Franco.

La influencia de Burgos y su preponderancia sufre un rudo golpe con la desaparición de Mola y ya en el extranjero suena solamente el nombre de Salamanca.

De aquel Burgos, Salamanca, Sevilla, equivalente al Mola, Franco, Queipo, sólo subsiste el Salamanca, Sevilla. Pero esta dualidad, mal que pese al eje Berlín-Roma, será más duradera, pues Sevilla y Queipo tienen sustancialidad y vida propia en la raigambre flamenca del país y, por otra parte, Queipo, que es hombre previsor, viaja poco en aeroplano... sale poco de Andalucía...[97]

* * *

---

96. Dávila se hizo cargo del Gobierno civil de Burgos en los primeros momentos de la sublevación. Luego fue miembro de la Junta de Defensa y primer presidente de la Junta Técnica. Seguramente es exagerado decir que esta Junta se hizo «al capricho y dictado» de Mola, una vez que Franco es Jefe del Estado. Sin duda, Dávila es un peón de entera confianza para Franco: a la muerte de Mola, le sustituye como Jefe del Ejército del Norte, mientras que Jordana (que ya había estado en el Directorio de Primo) es nombrado presidente de la Junta Técnica. Más tarde, Dávila es ministro de Defensa en el primer gobierno de Franco.

97. Va ahí una insidiosa insinuación acerca de alguna intervención interesada en el accidente mortal de Mola. Es algo con lo que se ha especulado muchas veces sin que, al parecer, se haya probado nada concluyente. Por cierto que tampoco Franco fue muy propenso al transporte aéreo o a los viajes al exterior durante todos los años de su jefatura de Estado. Lo que sí es cierto es la relativa «autonomía» con que funcionó Queipo respecto de las Juntas de Burgos. Pero eso quedó eclipsado con el primer gobierno de Franco.

El Gobierno de Burgos no puede decirse que gobierna, sino que ejerce una mera función administrativa[98].

Residiendo en Salamanca las dos grandes palancas del Poder, Guerra y Política, tan solo resta a la Oficina de Burgos una labor administrativa en los servicios secundarios de Justicia, Trabajo, Hacienda, Industria y Comercio, pues los principales servicios de estos ramos también son llevados en Salamanca.

En cada uno de estos ramos, denominados Comisiones técnicas, hay un presidente y varios vocales como elemento directivo, y una serie de empleados burócratas, adscritos o delegados.

Tanto los elementos directivos como los burócratas no están designados, en esta «España nueva», entre los elementos jóvenes e innovadores, como la revolución nacional-sindicalista hubiera deseado, sino entre los mismos políticos viejos, elementos mediocres y antiguos oficinistas de los ministerios desaparecidos.

El proceso de estos elementos es sencillo y se repite continuamente. En cuanto llega a la zona nacionalista un individuo que era o ha sido en algún tiempo empleado del Estado, suele pasarse en «cuarentena», o sea en observación una temporada; tan pronto queda acreditada su condición «reaccionaria» y clerical y relata unos cuantos sufrimientos, vejaciones y malos tratos padecidos en la zona roja, es automáticamente colocado en el ramo, comisión o junta a que perteneciera. Estos dos requisitos son indispensables: si no es de un «derechismo» innegable y no ha sido «torturado», por lo menos moralmente (y si no él algún familiar o amigo) por los rojos, se que-

---

98. Como se ha dicho, no hay tal Gobierno de Burgos en 1937, sino la Junta Técnica, de la que en efecto, se puede decir que ejerce una función técnica, administrativa y legislativa.

da sin colocación y con una aptitud muy marcada para continuar la «cuarentena» en algún penal.

Por consecuencia, a mayor «reaccionarismo» y relato de padecimientos, mayor rapidez en la colocación y mejor puesto y sueldo en la Comisión respectiva. Esto origina un curioso pugilato imaginativo entre los aspirantes a empleo que por allí arriban; todos han sufrido a cual más, han pasado peligros y tormentos inauditos, si bien llegan todos tan sanos y cuidados y con un vestuario lujoso y abundante. La mayoría no ha tenido reparo alguno en abandonar su familia querida entre aquellas «fieras» de la zona roja, con la convicción interna, que se cuidan mucho de ocultar, de que no les ocurrirá la más mínima molestia, y a los doce o quince días (no falla casi nunca) reciben por conductos diversos, noticias de sus familiares, de que siguen todos bien, entre aquellos «salvajes rojos». Entonces, ya tranquilo y colocado, con su sueldo, aquel señor «derechista» y «perseguido», a quien la bondad de los «salvajes» permitió la salida de la zona republicana, es un perpetuo «testimonio» de cafés y terrazas, sobre crímenes y actos de barbarie de los «malos».

Abundan los ex empleados de Madrid y Barcelona (los catalanes en tal grado que al Palacio del Cordón, sede del Gobierno, le llamaban La Lliga»)[99], quienes añoran sus tertulias de ambas ciudades;

---

99. En efecto, había bastantes catalanes de derechas en el Burgos de la época y en la zona llamada «nacional», escapando de una Cataluña donde el proletariado organizado era visto como amenaza, y más tras el 18 de julio. Es sabido que Joan March y Francesc Cambó (dos de las personas más adineradas de entonces, si no las que más en España) financiaron el golpe militar. Los carlistas y falangistas catalanes integraron pronto las primeras columnas rebeldes, con unidades propias como el tercio de Montserrat. En torno al empresario Joaquín Bau, consejero de Industria de la Junta Técnica, personal de la Lliga gestionó buena parte de la política económica franquista (por ejemplo, el decisivo asunto del suminis-

obsesionados con esta idea, ni trabajan nada ni pueden hablar ni hacer cosa alguna que no se refiera al avance formidable de Franco y la caída «inminente» de toda la zona roja en su poder.

Una vez conquistadas tales ciudades, ellos se ven ya con su familia sana y alegre (los bombardeos son solamente para los «canallas izquierdistas», por lo visto), con su puesto recuperado en el escalafón y asistiendo como si nada hubiera ocurrido en España a sus tertulias de Santa Ana o del Café Nuevo.

Sus diálogos e impresiones son interesantísimos:

—¡Hombre! don Calixto, ¿usted por aquí? ¿Ha podido usted escapar de aquellos bárbaros?

—Calle, por Dios, don Sabas. No quiero ni acordarme. Aquello es el crimen suelto y la negación de todo.

—Con usted se meterían mucho, ¿no? Como usted fue...

—¡Claro que se han metido! ¡Un horror! Y con toda mi familia. Nos han registrado cuatro veces la casa; a mi pobre señora le hacían ir a la cola todos los días para obtener escasos alimentos...

—¡Ah! ¿Pero están así de mal de alimentos, esos canallas?

---

tro de petróleo americano, que se hizo con el aval de Juan March). Bertrán i Musitu creó el Servicio de Información y de Policía Militar. Había así mismo bastantes intelectuales y escritores activistas: Eugenio d'Ors, José Mª Fontana, Ignacio Agustí, Ramón Garriga, Xavier de Salas, Ramón Masoliver, Josep Pla, etc. Algunos de estos crearon la revista «Destino», inicialmente de matiz falangista, que después daría lugar a una editorial. También fue relativamente influyente el P. Juan Tusquets, que con sus «Ediciones antisectarias» propalaba mensajes ferozmente antisemitas (Cf. Riera, I., *Los catalanes de Franco*, Barcelona, 1999). Pero el abrazo al Movimiento de todos estos supuso dejar de lado cualquier veleidad catalanista. Luis Carandell, que conoció ese ambiente siendo niño, dice que en los medios burgueses catalanes estaba mal visto incluso hablar en catalán y se usaba «un castellano muy relamido, procurando que no se les notase el acento» (Carandell, L., *El día más feliz de mi vida*, Madrid, 2000, págs. 114 ss.).

—¡Claro! No ve usted que Franco lleva tan divinamente eso del bloqueo... Y luego, don Sabas, ¡qué gentuza! ¡Qué palabrotas, por todas partes! No tienen ni sombra de educación. Mis pobres hijas tuvieron que aguantar un día, al portero, unas blasfemias... ¡Oh!

—¡Qué! ¿Se metía con ellas?

—No. Que en el bombardeo le habían alcanzado a un hijo, cuando trabajaba en una obra... ¡Pero soltaba unas barbaridades, aquel tío!...

—Son unos cafres. No sé dónde nos llevará esa gente. Pero, ¿por qué no se entregan? Mire usted que nuestro Glorioso Ejército verse obligado a destruir Madrid. Nuestro querido Madrid...

—¿Y su familia? ¿La tiene usted aquí?

—No, sigue en Madrid. Están todos bien; he tenido carta anteayer. Únicamente que tienen que pasarse el día en el sótano.

—¡Pobrecillos!

—Y menos mal, que no sé qué sindicato les facilita lo que necesitan. Es indignante, don Sabas. Yo le digo a usted que no puede tenerse compasión de ellos. Hay que exterminarlos a todos y no dejar ni la cría... Porque hasta los niños salen como los papás. Habrá usted visto lo de los niños evacuados a Inglaterra. Qué angelitos, ¿eh?

—En fin. Todo se andará. Que usted siga bien y muchos recuerdos a sus hijos y esposa, cuando les escriba usted. Y a ver si los vemos pronto en nuestra entrada en Madrid[100].

---

100. Hay todo un género literario en torno a estas personas evadidas de la «zona roja» con obras del tenor siguiente: *Seis meses bajo el terror rojo de Madrid* (de M. Dorda), *986 días en el infierno* (de L. De Fonteriz), *Cautivas 32 meses en las prisiones rojas* (de Pilar Millán Astray), *Cómo fui ejecutado en Madrid* (de J. Miquelarena), *Cómo escapé a los rojos: odisea de un sacerdote evadido de Cataluña disfrazado de pastor y perdido en los Pirineos* (no consta el autor), etc. En Burgos y otras ciudades

Estas conversaciones eran de una monotonía y repetición desesperantes.

Otro aspecto pintoresco de la empleomanía en el Gobierno de Burgos era el de los funcionarios designados para Madrid.

Como desde el día nueve de noviembre están ante la «inminente» caída de Madrid, tienen desde tal fecha nombrados el alcalde, los concejales, el gobernador, jueces, secretarios, equipos de Correos y Telégrafos, etc., de Madrid, y todos estos individuos, desde noviembre, con sus nombramientos muy arrugados en el bolsillo, siguen cobrando y preparados para salir «urgentemente».

Algunos, como el «alcalde de Madrid», Alcocer[101], y su asesor Mena, así como los concejales, han salido ya de Burgos para Ávila, Talavera y Madrid, diez y ocho veces; y ¡naturalmente!, diez y ocho veces han tenido que regresar, sin desanimarse por ello.

Varias veces, aduladoras u optimistas órdenes han hecho salir de Burgos para Madrid a los equipos organizados, e incluso camiones de pan y viandas, para la «sufrida y mártir» población madrileña y han regresado los camiones vacíos, porque el contenido solía quedarse entre las filas legionarias.

Pero todo el mundo continúa esperando la inminente entrada en Madrid.

¡Curioso y grotesco Gobierno, el de Burgos!...

La Comisión de Trabajo la preside un magistrado llano y simpático. La de Hacienda un abogado del Estado, excedente, que se

---

se habilitaron refugios y residencias para este tipo de personas que, en efecto, eran muy escrutados en sus antecedentes (Castro, L., *Capital de la Cruzada*, pág. 151).

101. Alberto Alcocer, que había sido alcalde de Madrid con Primo de Rivera y lo volvería a ser con Franco. Abuelo del financiero del mismo nombre y de Alberto Cortina, más conocidos como «los Albertos».

pasa el día lamentándose de su exigua paga y de los gastos familiares[102].

La de Justicia es presidida por Pepe Cortés, un andaluz simpaticón y dicharachero, ex juez municipal de Madrid, popular en esta capital.

Se celebraba un juicio de faltas en el Juzgado de Pepe Cortés[103], contra un individuo que en un cabaret había promovido un fuerte escándalo, y terminada la prueba y las declaraciones, el juez (Pepe Cortés) le increpó iracundo:

—¿Pero no le da a usted vergüenza? Emborracharse de ese modo. Y con whisky. Se emborracha uno como yo, como todo español decente: ¡con manzanilla! Y si puede ser, de «La Guita», hombre, ¡de «La Guita»!

Pepe Cortés paseaba su opulenta humanidad por Burgos en un automóvil, proporcionado por la requisa militar. Era un viejo cacharro destartalado y con grandes desperfectos.

Cuando en el mes de junio, en ocasión de un viaje oficial que realicé al norte, le explicaba yo cómo había visto en la playa de Zarauz un avión del Gobierno vasco que hubo de aterrizar forzadamente, siendo apresados los viajeros, me decía Cortés, enfurecido:

—¡Pero cómo! Esos tíos de la Republiquita esa de guasa de Euskadi tienen hasta un avión y yo, ministro de la España Imperial, con esa tartana. ¡Mañana dimito!

---

102. La comisión de Trabajo era presidida por Alejandro Gallo, burgalés, y la de Hacienda por Andrés Amado, que ya había colaborado con la Junta de Defensa y sería ministro en el primer gobierno de Franco.

103. En la versión anterior se añade: «que hemos conocido ya en su intervención con Queipo de Llano».

Bau, catalán y millonario, preside con su elegancia y frialdad la Comisión de Industria y Comercio. Dicho en términos lisos y llanos es el encargado de la despensa y del metálico.

Bau, catalán y millonario, representa a Gambó, Ventosa y Compañía en aquella zona y es el enlace entre esta sociedad y su Gobierno. Justo es reconocer, sin embargo, que hasta ahora ha prestado más servicios tal sociedad a Franco, que Franco a ella. La sociedad Gambó, Ventosa, y algo de March, está allí operando a largo plazo y riesgo posible; es jugada arriesgada.

Bau, catalán y millonario, gestiona empréstitos y ha sido nombrado presidente de la comisión por su cuantiosa fortuna, según una curiosa frase de Franco, que muestra su psicología.

Alguien le reprochaba tal nombramiento de Bau, por su concomitancia conocida con aquellos banqueros y Franco le atajó diciéndole:

—Muy bien; pero comprenderás que al frente de todo esto del dinero y de las compras tiene que estar una persona de posición, porque si no...

Para Franco la moralidad de sus súbditos está en relación con la situación económica.

* * *

No puedo silenciar dos detalles, vividos por mí, que son reveladores de lo que en aquella zona, militarizada y dominada por el invasor fascismo extranjero, representa el pobre Gobierno de Burgos.

A raíz de la conquista de Bilbao por aquel ejército, quiso Pepe Cortés visitar esta población. No le facilitaron ningún automóvil y hubo de solicitar que le trasladara yo mismo con el que tenía requisado para nuestro Juzgado. Resuelto el problema del vehículo y cuando estábamos dispuestos a salir, tuvimos que suspenderlo porque... los militares aún no le habían dado el salvoconducto.

Solucionado lo del salvoconducto, algunos días después hubo de pensarse en el medio de llevar algunas viandas y vino en el coche, pues temía el ministro, señor Cortés, que en Bilbao, conquistado ya por el Ejército, ¡nos dejaran sin comida!

Otro detalle: el general Dávila, primer presidente del Gobierno de Burgos, tenía en su mesa un teléfono que conectaba con todos los presidentes de las distintas comisiones. En una visita oficial hecha al general Gómez Jordana, que sustituyó a Dávila, pude comprobar que había sustituido tal teléfono por unos timbres. Cuando quería hablar con alguno de aquellos presidentes, llamaba al timbre y dicho señor presidente se presentaba en su despacho, ¡a ver lo que deseaba el general!

Así son los ministros del Gobierno de Burgos y así funciona este Gobierno, que pretende ser el único y legítimo representante de la España Grande e Imperial...[104]

---

104. La Junta Técnica tuvo su sede en el Palacio del Cordón o de los Condestables, actualmente oficina central de una caja de ahorros. Sus organismos y dependencias tuvieron serios problemas de intendencia y de alojamiento en un Burgos que entonces era más bien diminuto (unos 40.000 habitantes, que pasaron a ser más de 100.000 en 1939, alojados en una ciudad que no alcanzaba los 2.000 edificios de viviendas, generalmente de escaso tamaño y mediocre habitabilidad. Cf. González, Nazario, *Burgos, la ciudad marginal de Castilla*, Burgos, 1958, págs. 209-210). Hubo que requisar algunos locales de otras instituciones (el ayuntamiento, la diputación, el seminario mayor, el palacio de justicia, etc.), así como de particulares, para ir dando cobijo a un Nuevo Estado en crecimiento (militares, funcionarios, policías, diplomáticos, evadidos...). Con el gobierno de Burgos este problema se agravó aún más, hasta el punto de que algunos ministerios hubieron de alojarse en otras ciudades (Valladolid, Vitoria, Bilbao, etc.) y el ministro de Gobernación (Serrano) llegó a prohibir la pernocta en la ciudad a toda persona venida de fuera.

XIV

LA JUSTICIA

I

¿PODER judicial? ¿Función judicial? Esta pugna doctrinal entre los que conciben la Justicia como un Poder estatal y los que la asignan un valor meramente funcional en el engranaje de la organización política, ha sido resuelta en la España nacionalista prontamente.

La justicia tiene en esta zona, como elemento interno y medular, la sumisión absoluta al militarismo dominante, y como elemento externo u órganos de su expresión, los que en cada momento y circunstancia convienen a aquél[105].

En el aspecto funcional, la justicia presenta tres características para su examen: a) la justicia antigua; b) la justicia nueva; c) la justicia oculta.

---

105. El decreto creador de la Junta de Defensa señala que ésta «asume todos los poderes del Estado» y el bando de guerra de 24 de julio de 1936, de aplicación en toda la zona sublevada, dispone «la preminencia... de la jurisdicción militar sobre la ordinaria, haciendo de la jurisdicción de guerra, del Código de Justicia Militar y del procedimiento sumarísimo núcleos centrales de la administración de justicia» (*Justicia en guerra,* Ministerio de Cultura, Madrid, 1990, pagos. 249-250).

a) *La justicia antigua o existente al ocurrir el movimiento*

El juez y magistrado, en España, siempre ha sido de sentimiento y formación reaccionarios; íntegro, honrado generalmente, pero dotado de una gran incomprensión y dureza para el delincuente social.

Formado en la burguesía, cerrada su carrera, costosa, al pueblo, que difícilmente conseguía llegar a la universidad; rodeada la función judicial de un falso prejuicio autoritario, nacido de los dogmas de la jerarquía social, el juez, desconectado del elemento popular, buscaba su influencia y apoyo en el halago a las clases sociales preponderantes.

Alguna vez surgía, como caso aislado, algún juez de ideas liberales; la República, al instaurarse, hizo virar en redondo muchas ideas en magistrados dúctiles que buscaron el amparo oficial, pero en su gran mayoría, y con honrosas y meritorias excepciones, la Judicatura era de un reaccionarismo indudable.

En la España nacionalista, bajo el mando militar, la Justicia sufrió un rudo golpe; los bandos de Guerra, continuos y absorbentes, hurtaron a su conocimiento y jurisdicción las causas importantes, dejando solamente para su conocimiento aquellas que carecían de importancia, como hurtos, lesiones casuales y otras análogas, abrogándose la llamada Autoridad y Jurisdicción Militar, las restantes.

La función del juez antiguo y de carrera, del verdadero juez, quedó, de hecho, preterida y anulada.

Continuaron funcionando los juzgados, las audiencias, pero eran unas entelequias, órganos sin función ni autoridad, a los que el Mando concedía el derecho de subsistencia, a cambio de su inhibición o sometimiento.

A pesar de esa carencia funcional, el juez, como todos los funcionarios de la Administración, hubo de pasar, al advenir el movimiento, por el tamiz de la depuración más cuidadosa y extremada, pues en casos concretos y particulares, por conveniencia del Mando, podía ser útil su intervención o la delegación del juez militar en él.

La justicia vieja debía ser cercenada, castrada en su función y alcance, pero no era conveniente ni hábil su supresión, pues esta supervivencia era una garantía para la opinión mundial, y por ello la reacción sometió a sus componentes a la selección y tamizado más rigurosos.

Tal selección se efectuó con un criterio de cerril intransigencia; no se hizo desde un punto de vista partidista, pues el juez no era obligado a ser ni de Falange, ni del Requeté, ni de partido alguno, sino que servía de norma o regla, para su eliminación o continuación, el grado de su derechismo y catolicismo y, sobre todo, su adaptación y ductilidad ante el poder militar.

Encuadrada en estas reglas la depuración de la Judicatura, puede deducirse fácilmente su resultado. Eliminados de sus cargos aquellos que no daban en el examen el coeficiente de catolicidad y reaccionarismo exigidos, los restantes, temerosos y vigilados, quedaron sometidos al poder militar, cuidando en cada ocasión y acto de no incurrir en su enojo.

Los magistrados, los jueces, fiscales y, en general, todo el personal de la Justicia saben, por experiencias de compañeros desgraciados, los traslados, destituciones y fusilamientos que una tibieza o desacuerdo con el mando acarrea, y convencidos de que conservan el cargo por gracia de la autoridad militar imperante, viven agradecidos y aterrados, en instinto de vida y de defensa, salvando ésta a costa de su claudicación humillante.

El terror no afecta solamente a los funcionarios de las clases superiores sino que se extiende a toda la administración judicial[106], pues a todos sus grados y categorías ha llegado la represión, habiendo sido fusilados, en aquella zona, desde presidentes de sala, como Fernández Moreda, que accidentalmente residía en Pamplona, donde halló la muerte, sin otro delito que el haber servido en la Magistratura catalana, Caminero, magistrado en Granada, y Bielsa, juez de Belchite; oficiales y auxiliares, como los de la audiencia de Coruña, de la secretaría de sala de don Alejandro Bustamante, ejecutados los dos sin haber cometido acto alguno de oposición, ni de rebeldía, y Quintín, el viejo oficial de la Relatoría de Burgos («paseados» solamente por pertenecer a la Asociación de empleados de Justicia, de Madrid, entidad sindical), sin que de la acción injusta y represiva se libraran ni aun los modestos alguaciles, como el de Castrojeriz, pueblo cercano a Burgos, acusado de propaganda socialista en el pueblo, y que con sus sesenta y seis años lo único que hacía era alardear de influencia con algunos dirigentes de tal organización.

---

106. La depuración de los funcionarios fue general, de acuerdo con un decreto de 5 de diciembre (BOE del día 9), en todos los niveles, cuerpos y ámbitos territoriales, si bien desde mucho antes los organismos públicos venían purgando sus plantillas y el BOE destinaba la mayor parte de sus páginas a ceses y nombramientos. La depuración daba lugar, en su caso, a sanciones de tipo laboral (expulsión del puesto, suspensión temporal de empleo y sueldo, traslado forzoso, etc.). Pero a ello se suma, paralelamente, la represión más claramente política para aquellos funcionarios con peores antecedentes políticos y sociales —según el criterio de las nuevas autoridades—; es aquí donde entran en juego los encarcelamientos y fusilamientos, sean judiciales o extrajudiciales. La «justicia» franquista, además de ir «al revés», según escribió Serrano Suñer (pues los rebeldes enjuiciaban como rebeldes a los leales al régimen y a la legalidad establecida) pisoteaba los más elementales principios jurídicos. En este caso, el de «non bis in idem», es decir: castigar dos o más veces por un mismo (supuesto) delito.

b) *La Justicia nueva o creada al advenimiento de la rebelión*

La adhesión forzosa y aun la humillación de los órganos antiguos de la Justicia no bastaban a los fines del movimiento.

Bien que los jueces y magistrados fueran sordos y ciegos ante los «sucesos» pero, además de esta Justicia «pasiva», ellos necesitaban otra Justicia «actuante»; una Justicia que refrendara las decisiones del alto mando y de sus órganos coligados, y por ello fue creada una nueva Justicia funcional.

¡Extraño complejo, el sentimiento político tiránico! En la cumbre del poder, sin control ni freno para sus actos y caprichos, el déspota que se encarama y alardea de su desprecio a la ley constituida, necesita siempre unos órganos, «testaferros» judiciales que den a sus actos una apariencia legal, de la que tanto huye.

Todos los regímenes de fuerza, todos los poderes oligárquicos, han sabido desembarazarse de las trabas y sujeciones morales y políticas, pero no han sabido prescindir de la formalidad y tramitación jurídica; y en todas estas situaciones dictatoriales, la cámara del dictador abre siempre su puerta de comunicación con el cuarto mal ventilado y oscuro, donde unos curiales improvisados se inclinan sobre el papel de oficio.

Los juzgados militares «eventuales» y los consejos de guerra «eventuales» llenaron esta necesidad en la España nacionalista.

Al llegar a este punto me considero obligado a hacer una confesión, que mi espíritu, imparcial y deseoso de ser justo, fuérzame a transcribir: yo he sido siempre un entusiasta, en el aspecto profesional, de los consejos de guerra.

De formación judicial innegable, pues desde mi infancia he pululado en íntima familiaridad en los Juzgados y Tribunales y mi primera escritura se perfeccionó en las desaparecidas escribanías madrileñas (viejo caserón de la calle del General Castaños, con sus oficiales castizamente simpáticos... ¡Antiguas cenas del Café de las Salesas, mientras se «razonaba» la situación del «detenido»!), mi vida y mi actividad puede decirse se desarrollaron por completo en el ámbito forense y judicial.

Pues bien, los tribunales que he visto actuar siempre con más honradez, con mayor moralidad y deseo de acierto han sido los consejos de guerra. He conocido cientos, millares de causas y de procedimientos; he asistido y actuado como abogado defensor en muchos casos, y siempre en sus fallos y en sus pronunciamientos, podrá haber existido algún error, pero no injusticia a sabiendas, ni desconocimientos.

Siempre lo decía en los círculos profesionales: «Si algún día he de ser juzgado opto por serlo ante un consejo de guerra».

El militar que tenía que formar parte de un consejo se preocupaba seriamente del caso a decidir; lo estudiaba a conciencia, consultaba libros y opiniones de técnicos, vivía unos días preocupado y pendiente de aquel caso, y al emitir su voto podría ir envuelto, como humano, en el error, pero había llegado a conocer perfectamente el caso y el acusado, fallando con mayor posibilidad de acierto que el profesional de la Justicia, rutinario y conocedor a vista rápida de los procedimientos, lo que le permite fallar con un ligero examen, peligroso para el encartado.

¡Ah! Pero esta idea y pensamiento se refería a los consejos de guerra verdaderos, a los tribunales militares serios y honrados, que en España, como en todos los países, entendían en delitos puramente militares, y constituidos con criterio de imparcialidad y siguiendo un turno eran, dentro de su anómala función teórica (al fin y al cabo una supervivencia de la justicia partidista de castas) una garantía de justicia.

Yo no había conocido estos juzgados militares «eventuales» y estos consejos de guerra «eventuales». Desconocía entonces estos terribles juicios sumarísimos «de urgencia», invento de la España nacionalista...

Estos juzgados, estos tribunales, constituidos, no para juzgar delitos militares sino para actuar de envoltorio «legal» en las persecuciones, represalias y «delitos» puramente políticos, sociales o ideológicos, no los conocía, ni mi imaginación pudo jamás presentir su existencia... Formados en ambiente de odio y pasión política desatada, en actuación constante y ciega obediencia al mando que los designaba y podía suprimirlos, estos pseudo tribunales han unido a los vicios de la justicia profesional la carencia de sus virtudes.

Para encubrir las decisiones omnímodas del Ejército, la directriz fascista extranjera, más inteligente que la nacional, aconsejó la formación y funcionamiento de estos «eventuales» juzgados y consejos militares.

Se constituyeron prontamente, con los jefes y oficiales retirados o expulsados del Ejército que no eran aptos o convenientes para el servicio activo y, en su mayoría, por militares dudosos, que en su ciega claudicación veían la seguridad de su permanencia.

Así improvisados, de un modo fijo y permanente, funcionan de un modo que recuerda a las compañías teatrales, pues unas veces actúan, en larga temporada, en poblaciones importantes, y otras efectúan recorridos por los frentes o lugares apartados, despachando de «pasada» todo el material acumulado de «sentencias».

Había, no obstante, una pequeña dificultad para su perfecto funcionamiento y era que en los consejos de guerra y juzgados militares de «verdad», además de los militares actúan, como personal especializado, letrados que constituyen el Cuerpo Jurídico Militar y que, con sus conocimientos jurídicos, son guía y orientación para los demás militares, carentes de todo criterio juzgador.

Hallar militares retirados o de reserva para llenar los cuadros de los consejos fue tarea relativamente fácil, pero el escaso personal jurídico - militar existente en la zona ocupada no bastaba para cubrir la gran cantidad de tribunales que hubo de crearse. Bien prontamente se resolvió la dificultad: de la noche a la mañana los jueces, secretarios judiciales, notarios, registradores y hasta los catedráticos de universidad, todo el que tuviera el título de letrado, fue militarizado y convertido, por asimilación decretada por el «generalísimo», en capitán o teniente del Cuerpo Jurídico Militar, para llenar las plazas de jueces, fiscales y secretarios militares.

Hubo verdaderas batallas para no formar parte de estos tribunales, que los profesionales llamábamos «las Checas blancas», pudiendo algunos librarnos de ello alegando el excesivo trabajo que pesaba en el Juzgado, pero casi todos hubieron de aceptar, pues los que no lo hacían entusiásticamente eran considerados como facciosos o, al menos, como «tibios» y separados de su carrera. En cambio se hallaron grandes facilidades para ocupar estos cargos entre los abogaditos jóvenes, fascistizantes y muchos de ellos hijos de personajes de la situación, quienes se precipitaban a vestir el uniforme guerrero de «campaña»; con ello, sin salir de la ciudad, presumían en espectacular atuendo (pistola, muñequera de balas y capotón imponente) de «novios de la muerte», alejándose del frente y de la trinchera, donde por razón de las quintas debieran hallarse. El batallón jurídico llegó a constituir, por esta causa, una unidad muy respetable.

Estos improvisados jurídicos militares fueron puestos al servicio del Ejército de un modo que no admitía dudas. Los telegramas en que se ordenaba la presentación eran de este tenor:

«Señor juez (o notario o secretario) de tal sitio. En el término de cuarenta y ocho horas se presentará usted en el cuerpo de Ejército X a prestar servicios de carácter jurídico militar, sirviendo incondicionalmente las órdenes del Ejército».

Así ninguno podía luego llamarse a engaño.

Y por si alguna leve duda pudiera quedar en la mente de alguien, ahí está el bando publicado por el general Queipo de Llano (quien siempre pecaba de más sincero que los otros), de seis de agosto último, transcrito literalmente en todos los periódicos de la zona, donde puede leerse:

«Art. 5. A la disposición del jefe militar en cada zona funcionará un consejo de guerra, *sumarísimo de urgencia,* que actuará en los lugares que esta autoridad designe».

Como puede verse, cada jefe con mando llevaba en su «equipaje» un consejo de guerra... ¡para su uso particular!

¿Pero se sabe lo que es eso de «Consejo sumarísimo de urgencia»? Pues no soy yo sino el «Boletín Oficial del Estado», publicado en Burgos, cuyo decreto donde se regula esta materia lo establece así:

«Para dar mayor rapidez a las causas se establece un procedimiento especial por virtud del que, en un solo acto se oirá al acusado, a los testigos de cargo, en un mínimo de dos, y se dictará sentencia, que será seguidamente ejecutada.

»Cuando el tribunal crea, por alguna circunstancia, que el asunto requiere examen detenido del caso, se suspende este procedimiento y se seguirá por el trámite del juicio sumarísimo ordinario».

Es decir que lo que en todas partes se tiene para los casos gravísimos y extraordinarios. ¡En la España nacionalista es para los casos extensos y muy dudosos!

De defensor; de garantías procesales; de posible apelación o recurso, de todas esas nimiedades que en el mundo son requisito, base y eje de toda justicia, no se halla en el citado decreto.

Pues no es esto todo. Lo verdaderamente horrible y bochornoso para los profesionales españoles, es que por imposición y desacuerdo del agregado alemán en la Secretaria de Justicia, no salió el decreto como se firmó en principio; y ciertamente con su modificación se suprimió una novedad que hubiera causado sensación mundial.

La novedad consistía en que *no era preciso, para dictar sentencia, ni siquiera oír al acusado.*

Me consta que el agregado alemán se había quedado horrorizado y alegaba:

—¿Pero qué inconveniente tienen ustedes en que se les oiga?

El pobre hombre no conocía la existencia de los juicios «a posteriori», juicios en que la ejecución había precedido al fallo.

* * *

He presenciado tan sólo un consejo de guerra de estos «eventuales», tramitado por un juzgado «eventual» también. No me quedaron fuerzas para presenciar ningún otro.

Se celebró en el salón grande de la Audiencia, cedido para estos menesteres. El consejo había de juzgar a veintitantos vecinos de Miranda, entre ellos el alcalde del Frente Popular, los concejales y otros elementos del partido socialista[107].

---

107. De este caso ya ha tratado el autor en el capítulo IX (ver también nota 68 de ese capítulo). Se trata del sumarísimo 83/1936 contra 49 vecinos de Miranda de Ebro. Como se ve, el número de encartados no queda exactamente reflejado en los distintos pasajes de este libro. Probablemente los tres acusados

También había encartadas cinco mujeres: dos de ellas esposas o compañeras de dos de los acusados y tres más cuyos maridos no habían sido encontrados y ellas los sustituían por «derecho de representación».

Presidía el consejo un militar calvo y de avanzada edad, retirado, y que resultó ser coronel nada menos, no se sabe cómo ni en virtud de qué misterios del expedienteo militar. Como es natural, el hombre no tenía la menor noción de todo aquello; para obviar este inconveniente y asesorarle como vocal ponente, se sentaba a su lado, como capitán jurídico, un conocido monárquico, secretario de Goicoechea.

Los procesados ocupaban cinco grandes banquillos; en el primero de ellos tornaban asiento las cinco mujeres, que aparecían completamente rapadas y una de ellas con un pequeñuelo en sus brazos; éste no cesaba de llorar poniendo con sus gemidos una nota dramática en la sala.

El fiscal pedía para todos pena de muerte; no se molestaba en graduar la responsabilidad de cada uno. Pena de muerte para todos, incluso para las mujeres.

Se les acusaba de intento de rebelión y tentativa de incendios y saqueos. La rebelión, por haberse opuesto «al movimiento rebelde», y la tentativa de saqueo por el hallazgo en la casa del pueblo de líquidos y elementos para provocar incendios.

Como culpables de aquellos futuros saqueos habían sido detenidos los elementos caracterizados de la casa del pueblo de Miranda.

«no habidos» de los que se habla a continuación eran Isidoro García de Albéniz (concejal), Pedro Varona Clemente y Daniel Puente, que fueron comisionados por el Comité de Defensa de la Casa del Pueblo mirandesa para ir a Eibar y traer armas. Fueron detenidos y fusilados en Vitoria tras consejo de guerra.

No había ocurrido nada, ciertamente, ni hubo víctima alguna; aquellos treinta y tantos «criminales» que desde el mes de febrero eran dueños de la situación, no habían quitado la vida ni molestado en su hacienda a nadie, pero al ver que avanzaban las fuerzas para detenerlos se habían intentado hacer fuertes en la casa del pueblo y habían consumado la rebelión, aunque sin causar muerte ni daño alguno.

El fiscal, con estos materiales «indudables» razonó fácilmente su petición de pena capital; había un punto difícil únicamente, y era que cuatro de los más caracterizados no habían estado en el pueblo desde hacía más de tres meses; uno estaba en el hospital y los otros tres trabajando en Barruelos, pero el fiscal supo hábilmente sortear este detalle y demostró que, aunque estos cuatro individuos no se hallaban en el pueblo el día de los sucesos, se sabía por sus fichas y por su actuación anterior, que estaban también comprometidos para ello y que, desde luego, si hubieran estado allí hubieran sido de los más distinguidos.

Las mujeres, en el informe fiscal, resultaban igualmente responsables, pues «instigaron y animaron a los hombres para oponerse al Ejército que iba a detenerlos», y además eran «caracterizadas marxistas».

Hablaron los defensores oficiales designados por turno y con ello ya hicieron bastante y el consejo se suspendió a las dos para ser reanudado a las cinco, con los restantes informes de las defensas.

Pensaba haber asistido también por la tarde pero había salido impresionado y la escena que sorprendí a la salida de los reos y su traslado a la prisión me hizo desistir de aquel propósito.

A la puerta de la Audiencia esperaba la gente curiosa y los familiares de los presos.

Al salir estos, y a pesar de la abundante Guardia Civil que los vigilaba, no pudo evitar que las familias, las madres y las esposas se arrojaran a abrazarlos, llorando. Fue un momento emocionante; mientras la Guardia Civil luchaba por desasirlos, las mujeres gritaban angustiadas y algunos de los presos, al tiempo del abrazo entregaba a aquéllas la cartera y los relojes o recuerdos más queridos...

Habían visto claramente su destino... Y en aquel último abrazo entregaban los objetos como en un último adiós... No necesitaban esperar la terminación del consejo de guerra para conocer su fin.

Y yo no quise tampoco ver su continuación. Ni ningún otro consejo...

e) *La Justicia oculta*

La justicia funcional, anteriormente examinada, es la que pudiera llamarse allí justicia patente, externa o visible, pues existe otra, subterránea, que es la más feroz y tenebrosa.

Se ejerce esta oculta justicia por todas y cada una de las fuerzas que han apoyado el movimiento militar y su método, exclusivamente eliminatorio y represivo, se basa en los tópicos de «espíritu de Cuerpo», «represalias colectivas», «necesidad de sostén y amparo a los Institutos armados» y otras frases arteras, manidas por los dirigentes reaccionarios.

El clero, organizado como estamento, como colectividad, con una triste idea de que «era su hora llegada», ha ejercido también, en unión de las restantes fuerzas, esta oculta justicia, no abierta o descaradamente, sino por infiltración y presión suasoria en los órganos activos.

La Falange, a la que con injusticia notoria se ha achacado, generalmente y casi en exclusividad, los crímenes perpetrados, ha sido, seguramente, la que menos víctimas ha causado, y desde luego la que ha procedido con un criterio más justo y recto; de todas las milicias y cuerpos es la única que se ha preocupado de que una relativa moral y equidad informara sus decisiones[108].

Falange actuaba por medio de sus órganos informativos y sus tribunales especiales; conocí algunos casos de actuación del juzgado especial de Falange y puedo afirmar que, dentro de la retorsión social que su existencia acarrea, inadmisible en buenos principios jurídicos, se preocuparon siempre de que no cayera el inocente y, sobre todo, de que los pobres afiliados o dirigidos no pagaran culpas de otros dirigentes.

No, no achaquemos injustamente a la fuerza fascista (hablo, naturalmente, de la fuerza primitiva y originaria, ya que la actual es derivación y secuela del mando militar) crímenes y actuaciones que,

---

108. Una investigación mínimamente objetiva no puede avalar estas manifestaciones. Como hemos visto, los falangistas constituyen el conjunto más numeroso dentro de los piquetes que ejecutan «sacas», «paseos» y otros tipos de violencias y atropellos en la mayor parte de la España «nacional». Otra cosa es —como también hemos apuntado— que la responsabilidad última, directa o indirecta, se halle en las autoridades militares establecidas y, desde luego, en los jefes sediciosos, que conciben un «Movimiento» destinado a descabezar y desangrar a cuantos llevaban adelante el plan reformista y democratizador de la II República. Desde las directrices de Mola a las «listas negras» operantes a nivel local parece claro que la represión fue algo premeditado y planificado. Según Ramón Salas Larrazábal, el comité que ordenaba las ejecuciones en Burgos operaba en el Gobierno civil y estaba formado por el teniente coronel Martín Dorado, los comandantes Villanueva y Pastrana y el secretario del Gobierno civil, Nebreda, quien había perdido un hijo falangista por accidente (Salas, R. en Vv. Aa., *Historia de Burgos,* tomo IV, pág. 517).

si es verdad que existieron, no tienen punto de comparación, en intensidad e injusticia, con los cometidos por otras fuerzas reaccionarias, y notoriamente, llevándose la primacía, la Guardia Civil y las fuerzas clericales[109].

La Falange depuraba, con su criterio para mí inadmisible, pero al fin y al cabo con un criterio, la responsabilidad de cada detenido; las fuerzas reaccionarias aludidas no se molestaban ni en depurar siquiera, guiándose solamente por indicios, acusaciones, delaciones y aun por meras venganzas particulares.

Yo he levantado los cadáveres de varios falangistas en los que la propia organización fascista hizo justicia al comprobarse su actuación vengativa o criminal. No he sabido de caso alguno en que aquellas otras fuerzas castigaran posibles excesos semejantes[110].

---

109. La implicación de la Guardia Civil en la represión franquista es innegable, siendo algunos de sus jefes tristemente célebres, como el sanguinario capitán García Lasierra, actuante en la zona de la Ribera y de Lerma. No es menos importante la presencia del clero en ese ámbito, si bien tiene otro carácter distinto al de la Guardia Civil o al de las milicias. Con algunas excepciones (tanto relativas a su implicación como líderes militares –llamativa en el caso de los requetés– o ejecutores como, sensu contrario, por su oposición a la violencia), el papel del clero destaca: primero, por su justificación moral e intelectual del Movimiento, que presenta como Cruzada en la que puede haber una legítima utilización de la violencia y de la muerte del adversario; luego, en muchos casos, como índice acusador de las posibles víctimas en el ámbito local y como informante necesario sobre los antecedentes políticos y sociales de los sospechosos; finalmente, como apoyo institucional básico para el orden del Nuevo Estado dictatorial, a través del nacional-catolicismo.

110. Hemos indicado algún caso de castigo, incluso con la muerte, sobre milicianos por robos o extorsiones (Castro, L., *op. cit.*, págs. 271 ss.). Salas Larrazábal alude a casos de falangistas muertos por sus compañeros por excesos en la violencia (Salas, R., *op. cit.*, pág. 517. Al parecer se funda en algún testimonio de García Venero, quien en sus obras insiste en el carácter justiciero de Hedilla y sus

* * *

Justicia antigua esclavizada; justicia nueva creada con fin bastardo; justicia desprovista de toda garantía y publicidad[III].

Tal ha sido y es el panorama de esta augusta función y poder en la España nacionalista.

Y no se piense que el transcurso del tiempo ha modificado esta visión siniestra. Bien reciente es la orden dictada por la Inspección de Sanidad, en 18 de agosto último, que se ha publicado en los periódicos de la zona, entre otros en *El Diario de Burgos* del 20 del mismo mes, de donde la recojo textualmente:

> Inspección provincial de Sanidad.—Circular.—De orden del Excmo. Sr. Gobernador civil de la provincia, se pone en conocimiento de los señores alcaldes que, para el cumplimiento de lo ordenado por la Superioridad, referente al *enterramiento de cadáveres abandonados en el campo*, requerirán la cooperación de los señores médicos y farmacéuticos titulares, sobre todo en lo referente a designación de sitios donde deben realizarse los referidos enterra-

---

seguidores). También hemos oído testimonios de casos en que algún miliciano era asesinado por sus jefes para evitar una delación posterior.

III. En la versión anterior se incluía el siguiente párrafo: «Merecen señalarse como fuerzas donde la represión encontró más eficaz apoyo las de Acción Ciudadana, milicias cívicas y similares, constituidas en cada ciudad por elementos no jóvenes, sino por los viejos caciques». Se trata de grupos de voluntarios de clases medias y de cierta edad que se prestaron para funciones de vigilancia y de orden, un poco al estilo del somatén primorriverista (muchos sirvieron en los dos cuerpos). En relación con ellos estaría la «segunda línea» de Falange, esto es, aquellos afiliados que, por la circunstancia que fuera, no podían ser movilizados a los frentes de guerra. A unos y otros se les llamaba a veces burlonamente «amas secas», porque «no daban el pecho».

mientos, procurando que se efectúen lejos de manantiales, pozos y cursos de agua, aunque ésta no sea destinada para bebida, para evitar su contaminación.
Burgos, 18 de agosto de 1937.
El inspector provincial de Sanidad,
Pedro González.

La orden transcrita no precisa comentarios.

XV

LAS INCAUTACIONES DE BIENES

La propiedad privada o particular, en la zona nacionalista estaba y sigue estando dividida en dos clases: la de los adictos al movimiento militar, sagrada e inviolable, y la de los no adictos o contrarios, violable e irrespetada por completo.

En los primeros días de la rebelión las patrullas armadas de todos los partidos aglutinados en la obra común del alzamiento recorrieron las ciudades, los pueblos y hasta las pobres aldehuelas, apoderándose «manu militari» de todos los bienes pertenecientes a los «izquierdistas», designación genérica que abarcaba desde el simple lector de un periódico «zurdo» hasta el más rabiosamente extremista.

Recuerdo que habiendo ido a un pueblo cercano llamado Villafría de Burgos a practicar un inventario judicial, en el mes de agosto, en uno de sus primeros días, motivado por una herencia, nos encontramos sorprendidos con la desaparición de todos los enseres, objetos, granos y cabezas de ganado que figuraban en el inventario proyectado; hasta los muebles caseros, de escaso valor, habían sido arrancados del domicilio del causante.

El alcalde y el juez municipal que nos acompañaban en la diligencia no parecían extrañarse grandemente de aquello.

Les hicimos ver la importancia de aquel despojo en unos bienes que se hallaban sometidos a nuestra intervención judicial; y aquellas dos autoridades pueblerinas nos daban la explicación muy convencidas:

—Se lo han llevado todo los de las milicias. No ven ustedes que esta familia era muy de las izquierdas...

Y como eran muy «de las izquierdas» los futuros herederos, pues los vecinos, que eran muy «de las derechas» se habían constituido en «Milicia» y se habían llevado todos los bienes.

Pudo causarnos extrañeza aquel primer caso actuariado, pero en los restantes ya no nos molestábamos en practicar inventario alguno, sin informarnos previamente sobre la «filiación» del causante y de los herederos, y de si había precedido la visita de «las patrullas».

Llegó a tal extremo el abuso que en los Juzgados de primera instancia se planteó el conflicto de la carencia de asuntos civiles por testamentarías o reclamaciones de deudas, lo que dado el sistema económico vigente, nos acarreaba dificultades grandes; en una reunión que los secretarios judiciales tuvimos, hubo de examinarse con toda preocupación el caso.

Ocurría en la zona nacionalista —pues en esto sí que se hallaban de acuerdo todos los poderes— que un acreedor de «derechas» no acudía nunca al juzgado en reclamación de su deuda, sino que al frente de su «milicia» se «incautaba» de los bienes de aquel enemigo del movimiento; y los acreedores de «izquierda» no se atrevían a molestar lo más mínimo a persona alguna, temerosos de crearse un enemigo de posible influencia «militar». Resultado: que los escribanos, que no éramos de derechas ni de izquierdas, no veíamos en nuestros juzgados pleito alguno.

Esto no podía causar sorpresa a nadie, desde el momento en que la propia autoridad había dado el ejemplo. En nuestro juzgado llevábamos un pleito antiguo, motivado por una reclamación de mucha importancia de la Sociedad Minas y Ferrocarril de Burgos, de capital enteramente inglés, contra un deudor; se hallaban embargadas y depositadas, a disposición de nuestro juzgado «exclusivamente», varias toneladas de vigas y carriles de hierro de los empleados en la construcción del empalme de la línea de esta Sociedad con la general[112].

Pues bien, un día el gobernador de Burgos, don Antonio Almagro, nos manifestó que «habiendo sido necesario aquel hierro para la construcción del aeropuerto de Burgos» (centro importantísimo de aviación que estaban construyendo los alemanes, para dominar toda la vega de Burgos y del pueblo de Fresno de Rodillo[113], si bien algunos maliciosos aseguraban que lo construían con vistas a otra nación cercana) se habían incautado de tal material, «lo que nos comunicaba a los efectos oportunos». Los «efectos oportunos» fueron dar «toda clase de facilidades» a aquella incautación «legal y patriótica».

---

112. Se trata del ferrocarril minero que unía Villafría con Monterrubio de la Demanda para dar salida al hierro y al carbón de las minas de la sierra, construido a principios del s. XX. Pero la explotación no resultó rentable, de modo que la línea quedó sin uso a los pocos años. (Por contra, la trinchera que se hizo en la Sierra de Atapuerca para este tren reveló los yacimientos arqueológicos que hoy tienen tan gran trascendencia científica).

113. Debe ser: Fresno de Rodilla. Lo que debieron de hacer los alemanes, es decir, los técnicos de la Legión Cóndor, no fue un nuevo aeródromo, sino las mejoras y adaptaciones necesarias para que los de Gamonal-Villafría, ya existentes, fueran completamente operativos.

Del mismo modo, en una quiebra que se seguía en nuestro juzgado, se había embargado una fábrica de calzados importantísima, de los Hijos de Arasti, con una existencia enorme de materiales.

Un día se presentaron en nuestro juzgado dos catalanes, militarizado uno de ellos, cuyo nombre no recuerdo, pero de una firma importantísima de tejidos en Barcelona, y nos exhibieron un oficio de la autoridad militar, no muy claro, en que se les ordenaba que se hicieran cargo de los materiales y de la fábrica; el juez puso dificultades legales a tal petición pero a los pocos meses supimos que el Ejército se había incautado, por requisa, de todas las existencias. Y nosotros, que entendíamos en el asunto de la quiebra, nos habíamos enterado «a posteriori».

Con tales antecedentes y otros similares del modo de actuar en las altas esferas del poder, poco podían extrañarnos aquellos «deslices» de la masa.

En un pueblo, en el mes de noviembre[114], fuimos a practicar una diligencia; era la misma todos los años, pues se trataba de un viejo pleito seguido entre un rico propietario y varios vecinos, también de posición, los cuales venían obligados a pagar a aquel un canon anual, con arreglo a la sentencia dictada en el pleito.

Todos los años los vecinos, sistemáticamente, se negaban a pagar tal suma, y todos los años tenía que constituirse allí el juzgado, iniciar unas diligencias de embargo y entonces, pero sólo cuando llegaba el juzgado, pagaban los vecinos su deuda. Nosotros decíamos, en broma, que era un canon anual en favor del juzgado, ya que constituía un ingreso seguro en determinada época, por la contumacia estúpida de los deudores.

---

114. En la versión original se precisaba: Ibeas de Juarros.

En el mes de noviembre, como todos los años, nos constituimos en el pueblo, a petición del procurador señor Echevarrieta. Al llegar allí el primer vecino que nos recibió nos advirtió jubiloso:

—Este año ya no hay lío... Ya no hay que embargar ni pagar nada. Gracias a Dios, nos hemos quitado ese enredo ya...

Y, asombrados, nos enteramos de que al llegar a aquel pueblo las primeras patrullas armadas, vociferantes, en busca de los caracterizados izquierdistas, muchos vecinos «de derechas» habían señalado al acreedor aquel del viejo pleito como «peligroso y socialista».

El favorecido con la designación, que nunca se había metido en política, fue ejecutado seguidamente.

—¡Ya está tan tranquilo el pueblo! –decía, socarrón, otro vecino.

Desaparecido el «perturbador», la paz volvió a reinar en aquel pueblecito ingenuo...

* * *

Después de la primera época de anarquía, vino una segunda época que podemos llamar de «anarquía controlada».

Esta segunda etapa se caracteriza por las requisas y aportaciones «voluntarias».

Se constituyeron comisiones de «gente de orden» que, acompañados de elementos armados, llegaban a los pueblos a verificar las requisas y recoger las aportaciones voluntarias de los vecinos al Glorioso Movimiento[115].

---

[115]. Las suscripciones y cuestaciones abiertas para el ejército, las milicias, el Auxilio Social, etc., eran muy numerosas. A la altura de marzo de 1937, *Diario de Burgos* –que, como toda la prensa «nacional» colabora en ellas con notorio entusiasmo– da cuenta de no menos de diez recaudaciones abiertas: el Plato único,

El metálico, los coches, los aparatos de radio, las ropas, colchones, el grano, los ganados, todo lo que era susceptible de aprovechamiento pasaba a poder de estas fuerzas recaudadoras.

Cada jefe o jefecillo de grupo disponía a su antojo de los bienes requisados. Singularmente en los automóviles reinaba el desajuste más gracioso; el coche requisado por un jefe era a su vez incautado por otro, que le dejaba en el cambio otro de peor clase; no podían ellos mismos dejarlos abandonados un instante.

Las subscripciones y aportaciones se efectuaban también de un modo ingenioso: se presentaba una patrulla en casa de un «izquierdista» y el jefe le decía seriamente:

—Venimos a dar a usted las gracias por su aportación de X pesetas (aquí la cifra que fijaran) y venimos a recoger el cheque correspondiente.

Si el «izquierdista» ponía cara de asombro o de vacilación se le hacía reaccionar prontamente:

—Esperamos que eso del donativo de usted no habrá sido una broma suya, o que se haya usted arrepentido, porque una broma, en las actuales circunstancias, usted comprenderá...

Inútil expresar que el acusado de bromista confirmaba inmediatamente, con la entrega del cheque, la certeza de aquel donativo «voluntario».

---

el Aguinaldo del combatiente, la Cruzada contra el frío, la Suscripción nacional, para los hospitales, para Málaga, etc. (Castro, L., *op. cit.*, pág. 170). En ese contexto debieron de darse muchos abusos y latrocinios, que en ocasiones eran castigados ejemplarmente por las autoridades. A veces los periódicos, que solían dar diariamente las listas de donantes, también ponían en evidencia a los que no daban o no lo hacían en proporción a sus posibilidades.

Ante este nuevo estado de cosas y los abusos cometidos, vino la tercera época, o sea, la de las incautaciones reglamentarias de bienes. Esta última etapa se dividió en dos sub etapas: primeramente, el derecho feudal de sanción; después el funcionamiento de las comisiones incautadoras de bienes.

En virtud del derecho feudal de sanción, cada jefe o general con mando tenía facultades de imponer multas o sanciones económicas, sin limitación alguna, a su exclusivo capricho, sólo coartado por el de otro superior en mando.

Estas multas, ejecutivas en el acto bajo la sanción que es de suponer, eran de una variedad asombrosa. En los boletines oficiales del Estado que se editan en Burgos, puede examinarse, pues es raro el ejemplar diario en que no aparezca, algún edicto con la imposición de tales sanciones.

Sobre todo en Andalucía y Norte de África las multas de 500.000 pesetas, 1.000.000 de pesetas, y aún más, están frecuentemente publicadas.

Recuerdo el caso del alcalde que fue de Burgos, ratificado en su cargo al producirse el movimiento militar y que continuó ejerciéndole durante varios meses, hasta que un suceso nimio le enemistó con el gobernador. Este alcalde, llamado Luís García Lozano, en unión de un abogado burgalés, conocido derechista, diputado conservador durante varias legislaturas, Tomás Alonso de Armiño, firmó un documento que disgustó profundamente al mando.

El general de la División les impuso, mancomunada y solidariamente, una multa de 500.000 pesetas a cada uno[116].

---

116. Además, ambos estuvieron un mes en la cárcel. Todo por un suceso que no hubiera tenido mayor trascendencia de no haber sido por la actitud delatora de la mayoría de los miembros del Colegio de abogados de Burgos. En una reunión

Se comisionó a nuestro juzgado para practicar los embargos correspondientes en ejecución de estas multas y en ellos solamente pudimos hallar a García Lozano 137 pesetas en una cuenta corriente de un banco y los muebles de su casa. A Alonso de Armiño le embargamos unas 20.000 pesetas que, fruto de una vida de trabajo tenía ahorradas en papel del Estado, y también los muebles del hogar.

Los dos sancionados, personas muy conocidas y estimadas en la región, acudieron en recurso a Mola, general que, por tener «más mando» que el que les sancionó era el que podía solucionarlo.

El general Mola rebajó la multa desde 500.000 pesetas a dos mil quinientas para los dos, cantidad que fue satisfecha en el acto y cesó nuestra actuación por tal multa.

El general que había impuesto la primera multa siguió en su elevado cargo...

Estas reducciones, regateos y genialidades eran frecuentísimas, llegando también este sistema a desprestigiarse tanto que se inauguró un nuevo estado de cosas con la segunda sub etapa de las comisiones de Incautación de Bienes.

Yo que he sido, a causa de mi cargo judicial, secretario instructor de la Comisión de Burgos y recibía diariamente las consultas y noticias de las restantes comisiones de la zona, puedo atestiguar el lamentable proceder de éstas.

---

de éste se planteó dar de baja a los letrados republicanos que estaban colegiados en Burgos (como Ossorio, Jiménez de Asúa, Ruiz de Funes, Eduardo Ortega y Gasset, etc.); pero tanto Luis García como Alonso de Armiño votaron en contra, alegando el carácter profesional y no político del Colegio, cosa que quedó reflejada en acta y debió de ser prueba de cargo suficiente para el castigo reseñado. Sobra decir que Alonso dejó de ser director del Instituto y que García abandonó la alcaldía a partir de ese momento. (Lo cual no es extraño; sí lo es que hubiera permanecido en el cargo hasta diciembre, a pesar de sus antecedentes republicanos).

Las comisiones de Incautación de Bienes, nombre de por sí bastante significativo, se constituyeron en cada provincia y eran presididas por el gobernador y constituidas por el magistrado de más confianza de la Audiencia respectiva y el abogado del Estado asignado. Esto era en el papel, pues de hecho las constituían exclusivamente los gobernadores[117].

Cada gobernador disponía por sí y ante sí, sin consultar ni reunir a los restantes miembros de la Comisión que, por lo general, estaban satisfechísimos de que dicha autoridad actuara unipersonalmente en labor tan ingrata. En prueba de esta actuación dictatorial del gobernador, casualmente tengo a la vista un edicto publicado en el «Diario de Burgos», del 14 de mayo de este año, en el que bajo el epígrafe de «Comisión de Incautación de Bienes», puede leerse:

He acordado iniciar expediente contra los siguientes...» (y viene aquí la relación de los encartados), firmando el gobernador A. Almagro.

Así acontecía en todos los casos. El gobernador formaba una relación de las personas «no gratas» que en unión de la de «detenidos y fusilados» formaban la lista de las «incautaciones».

---

117. Las Comisiones de incautación de bienes son consecuencia de un decreto de la Junta de Defensa de 13 de septiembre, el cual pone fuera de la ley a todas las organizaciones del Frente Popular y dispone la incautación de sus bienes. Pero sin necesidad de esa normativa, ya desde el primer momento la Guardia Civil y las milicias fascistas se habían apoderado de los locales y pertenencias de esas organizaciones, así como de las de muchos de sus miembros. En Burgos, la comisión se constituyó formalmente en octubre de 1936, bajo la dirección del teniente coronel Carlos Quintana Palacios, juez militar especial de la VI División. (Quintana fue señero ejemplo de versatilidad al servicio de las dictaduras: concejal con Primo de Rivera, luego juez «especial», director de la Comisión de incautación, alcalde de Burgos, procurador en las Cortes franquistas...). Acabada la guerra, los tribunales de responsabilidades políticas ultimarán y generalizarán las labores confiscatorias iniciadas por las comisiones de incautación.

A tanto se elevaba el número de estos «incautados» que se efectuaban las diligencias mediante impresos que se repartieron a todos los juzgados de la zona.

Estos expedientes eran todos análogos: se encabezaban con los informes del párroco, del jefe del puesto de la Guardia Civil y del alcalde y se completaban con la declaración del acusado y de dos personas o tres que éste designara para acreditar sus alegaciones de defensa.

Puede comprenderse en aquellas circunstancias que bastaba un informe contrario o tibio del párroco, del jefe de puesto o del alcalde para que el encausado, a pesar de sus extensas declaraciones y defensas, se le considerara «culpable». Esto aparte de que la acción de embargo y depósito de todos los bienes del acusado era anterior y preventiva a la declaración de culpabilidad o inculpabilidad.

En estos expedientes alternaba el caso dramático con el cómico; yo he tenido abundancia de uno y otro.

Como caso dramático recuerdo el de una pobre viuda de Buniel, cuyo marido había sido ejecutado por «izquierdista» y que hubimos de desahuciar y arrojar de su pobre casucha, mientras sus tres pequeñuelos, agarrados a sus faldas, nos conmovían con sus lloros. La pobre mujer no tenía un céntimo y vio como la justicia les dejaba abandonados, arrebatándoles todo lo que poseían, incluso un cerdo que, con grandes sacrificios, conservaba para vender y con su importe ir defendiéndose ella y sus chiquillos. Nuestra tardanza en efectuar aquel inicuo lanzamiento motivó la enemistad, ya no paliada jamás, del gobernador con nuestro juzgado[118].

---

118. Este caso va más allá de la anécdota. Puesto que la multa y la incautación recaían sobre hombres ya ejecutados o encarcelados, en su mayor parte con escaso patrimonio, eran sus familias, sobre todo sus esposas, las que, como se indica en este ejemplo, debían hacer frente a una situación que muchas veces las sumía en la

También he visto casos de una comicidad formidable; no se borra de mi memoria el de un buen hombre, con ínfulas de literato, tipo de «intelectual» provinciano, quien desde que se proclamó el alzamiento había compuesto veintitantos himnos al Ejército, a la España Imperial y que cuando estaba ensayando con cientos de niños y de niñas un Himno a Franco que iba a ser su consagración, se encontró sorprendido con nuestra llegada a los efectos del expediente de Incautación de Bienes; aquel hombre, adicto ferviente al movimiento, no salía de su asombro.

—Esto es cosa del párroco –decía muy indignado–. Como presume de músico y no he querido colaborar con él en este himno, se ha vengado tachándome de izquierdista. Pero me las va a pagar...; precisamente mañana veré a Franco...

* * *

En el primitivo decreto sobre Incautaciones de Bienes se establecía la confiscación de éstos exclusivamente a los pertenecientes a las sociedades o partidos componentes del Frente Popular; es decir, los bienes de las casas del pueblo, de los partidos de Izquierda Republicana y otros análogos.

En otro decreto que se publicó el 10 de enero de 1937 se ampliaba la confiscación a los bienes de las personas (ya no era de los partidos) que integraran tales sociedades o partidos del Frente popular.

La orden de la misma fecha, publicada en el «Boletín Oficial» ordenaba dirigir el procedimiento «contra todas las personas que se

---

miseria más absoluta. De ahí el brutal repunte de la mortalidad infantil (que superó el 200 por mil en Burgos entre 1939 y 1942), de la prostitución y de la miseria.

consideraran desafectas al régimen o que por sus ideas o actuaciones anteriores fueran en algún modo responsables de actos de oposición al Glorioso Movimiento Nacional».

Ampliada la base operatoria y a merced de la autoridad militar y de su calificación de afección al movimiento los bienes de todos los ciudadanos, fácil es comprender que en aquella época de pasión incontenida, las personas no vinculadas al mando de un modo absoluto, aun sin haber cometido acto alguno de oposición, vivían en continua tensión y peligro.

Las autoridades de cada región, ante facultades tan omnímodas, no tardaron en saberlas aprovechar cumplidamente; tengo en mis manos el «Heraldo de Aragón» correspondiente al 9 de enero de 1937 y en él puede leerse el bando publicado por el general Ponte, supremo jefe de aquella región:

«Don Miguel Ponte y Manso de Zúñiga, general jefe de la Quinta División Orgánica.— Hago saber: que con objeto de que queden fijadas de una manera clara y terminante las normas que han de seguirse para las medidas precautorias o *confiscación de bienes* de las asociaciones *y personas desafectas* al Glorioso Movimiento Nacional, ordeno y mando:»

Y siguen una serie de medidas draconianas para sujetar los bienes de las personas. *No cometedoras de delitos, sino simplemente desafectas al glorioso movimiento.*

Relaciónase el texto y espíritu de este bando con el estado pasional existente en la zona, en época de lucha y feroz intransigencia, y se podrá dar una idea de sus resultados.

Por si el celo patriótico o afán punitivo contra los izquierdistas no fuera suficiente, una Orden circular del generalísimo Franco, el 21 de mayo último, vino a aumentar la presión persecutoria, al acuciar a los requisadores y buscadores de bienes de izquierdistas, creando las Brigadas de Investigación, que en cada provincia y con absoluta autoridad, se dedicaban a tal afán pesquisitivo[119].

Los gobernadores civiles dictaron en sus respectivas provincias, con arreglo a tal circular, las órdenes complementarias pertinentes.

Véase, como ejemplo, la dictada por el de Málaga, el 16 de junio del Primer Año Triunfal, en la que llega a establecer hasta un premio para estas Brigadas de Investigación, consistente en un tanto por ciento, que debía repartirse entre los que componen tales brigadas, *a título de gratificación por sus trabajos* (el texto íntegro se halla en todos los periódicos de aquella zona, de dicha fecha).

Horroriza pensar serenamente lo que este aliciente crematístico e inmoral puede haber influido en la labor siniestra de estas brigadas, y en la justicia de sus actos...

* * *

En resumen: las Comisiones de Incautación de Bienes son organismos que bajo una ficción legal se dedican a la expoliación y confiscación de todos los bienes de aquellas personas que al mando militar dominante no son gratas.

---

119. Como régimen dictatorial y represivo, el Nuevo Estado disponía de varios cuerpos o instancias con finalidades policiacas: además de los cuerpos de policía y de la Guardia Civil, FET de las JONS tenía sus propios servicios de información, lo mismo que el ejército, sin olvidar las guardias cívicas y algunas policías locales. Acabada la guerra se creó la Policía armada (1941). Según el decreto de su creación, el régimen hacía frente con ella «a la necesidad de una vigilancia tensa y rigurosa de todos sus enemigos».

No lo dice un acusado ni un perseguido por ellas; lo dice y lo atestigua el Secretario Instructor de la que opera en Burgos...

Pero por si alguien cree esta apreciación gratuita, ofrezco textualmente los apartados *f) y g)* de la Orden de 10 de enero de 1937, creadora de estas Comisiones de Incautación[120]:

«Art. 3.º. Apartado f): El expediente, con su resumen, será elevado por la Comisión respectiva al general de la División, comandante general o general en jefe de las fuerzas de África.

»Apartado g): Dichos generales, previo informe de sus auditores, declararán, sin ulterior recurso, si el o los inculpados son responsables de los daños y perjuicios expresados en el Art. 6.º y *fijarán en caso afirmativo* la cuantía de la responsabilidad».

Ergo: sobran las Comisiones de Incautación de Bienes, ya que de hecho y de ley (?) es el general en jefe quien, con el informe de su auditor, decide y sanciona la responsabilidad.

---

120. Ese decreto creó la Comisión Central de Incautación de bienes; las comisiones provinciales venían funcionando desde varios meses antes, como se ha indicado.

XVI

EL CLERO

La conducta del clero en la zona nacionalista no debe ser enjuiciada pura y simplemente por su actuación en pleno movimiento militar; un examen imparcial de tal actuación obliga a estudiar como antecedente preciso su conducta anterior al alzamiento en aquella zona o región y su relación con los sucesos de la zona republicana.

Quede sentado, como premisa ineludible, que el clero en España, lo mismo en sus clases elevadas (jerarquía canónica) como en su gran masa (estado llano parroquial), no ha visto nunca con simpatía la República y ha sido, desde luego, abiertamente hostil a la República del Frente popular.

Seamos justos; la República popular tampoco veía con simpatía a la clase clerical; llevemos este sentido de justicia a su extremo: la República popular, que en el fondo no sentía inclinación alguna al elemento clerical, no exteriorizó jamás este sentir ni hostilizó en modo alguno a los representantes del culto católico.

En Burgos, durante los meses de febrero a julio de 1936, bajo el dominio político fuertemente ejercido del Frente Popular, los cultos y actos externos religiosos, aun los más exhibicionistas y llamativos, continuaron su ritmo normal[121].

La República, que había mostrado su deseo de concordia con la Iglesia, acudió por medio de su alta magistratura a la inauguración oficial de la iluminación monumental de la catedral burgalesa; en pleno gobierno del Frente Popular, la Semana Santa, festividad exclusivamente religiosa, fue respetada en los actos oficiales y tolerada su celebración, aun en los organismos directamente dependientes del Estado laico.

Nadie podrá exhibir un caso, un ligero o minúsculo caso, detalle o punto concreto, demostrativo de que la República haya realizado en esta región acto alguno agresivo o de menosprecio a la religión, a sus sacerdotes o a los creyentes.

A pesar de ello, el clero, los elementos clericales y hasta algunos fieles de la Iglesia Católica Romana, no perdonaban a la República tres puntos básicos de su programa: la independencia de la Iglesia con relación al Estado, la libertad externa de cultos y, sobre todo, la creciente progresión de la enseñanza no confesional.

---

121. Pero en Miranda de Ebro (y probablemente en alguna otra localidad) no se celebraron las procesiones de Semana Santa, seguramente por temor a altercados callejeros. Tampoco habían salido en la capital en 1932 y 1933 y la documentación informa de algunas ofensas y gamberradas contra párrocos en algunas localidades. Por el contrario, el presidente Alcalá Zamora visitó la ciudad en noviembre de 1935 para inaugurar la iluminación eléctrica de la catedral, algo que pretendía ampliar el gobierno del Frente Popular.

Estos tres puntos, adoptados ya como esenciales en todos los países modernos, aun en los de orientación fascista, no encajaban, sin embargo, en la oscura e intransigente mentalidad de esta región.

Otro de los elementos que el análisis ha de tener en cuenta al enjuiciar la conducta del clero en esta zona, es la repercusión en ella, y principalmente en esta clase, de los sucesos de la zona republicana.

No he vivido la guerra en la zona roja y, por tanto, no puedo examinar tal elemento subjetivamente por vía de experiencia, sino a través de los datos recogidos y de la impresión de la zona nacionalista.

Indudablemente en la zona llamada roja, en los primeros momentos de la rebelión militar se desató una corriente de persecución religiosa.

El pueblo, sencillo e indefenso, atacado en sus entrañas, acusando el dolor de la injusta revuelta, con la que el elemento armado correspondió a su actitud noble en la hora del triunfo electoral, vio en el clero, amparador y guía decidido de la rebelde actitud guerrera, un enemigo más, y reaccionó fuertemente contra su directa ingerencia en la lucha.

Sucesos, siempre lamentables, acaecieron en los primeros momentos; ciertamente no pueden ser imputados exclusivamente a la República estos desmanes, sino a los órganos que debieron ser su apoyo y base, y que con su actitud rebelde favorecieron la indisciplina y desbordamiento de las masas; pero esta consideración de orden moral no puede encubrir ni hacer desaparecer el hecho real; en la zona republicana, no por acción de Gobierno, sino por falta de brazo armado coactivo, el clero fue perseguido en los primeros momentos de la contienda.

Tal es la verdad cruda y escueta.

Esta persecución en la zona republicana, exaltada y agrandada desorbitadamente por los interesados en buscar efecto político, creó en el clero nacionalista, por solidaridad y sentimiento de venganza, un estado de nerviosismo, de furor patológico y de rencorosa excitación, cuyo alcance nadie puede valorar exactamente.

Transmitido este estado vesánico, con la autoridad e influencia del clero a aquella gente generalmente inculta y de pasiones fuertes, ha dado como resultado, en respuesta vengativa a aquellas primeras persecuciones de la zona roja, una triste y continuada historia de represalias.

El clericalismo soberbio y dominante de aquella región ha visto bambolearse y negado su prestigio y poderío en una parte del país; sabe que muchos de sus miembros perecieron en la lucha, y reaccionando altivamente, aprovechando su ascendiente sobre las conciencias y sobre la voluntad mediatizada de los creyentes, ha cometido el *crimen imperdonable de elevar a guerra santa una lucha fratricida*[122], *cuyo fracaso inicial aprovecharon las potencias fascistas que quieren asegurarse, sobre las ruinas de España, puntos favorables de estrategia.*

Yo que sinceramente he reconocido la premisa de la persecución, puedo elevar mi queja indignada sobre las consecuencias. A ninguna clase le es permitido constituirse en vengadora, pero el clero no puede, si quiere seguir conservando su virtualidad y derecho a la existencia, olvidar su fin y su evangélico ideario para irrumpir brutalmente en las contiendas humanas.

Y él, en la lucha desatada, no ha olvidado nada en represalia vindicativa. Desde el púlpito, diariamente, el sacerdote que debía

---

122. Alusión a la pastoral colectiva de 6 de agosto de 1937. El concepto de cruzada, de lucha en todos los terrenos contra el laicismo y el anticlericalismo rampantes, ya había sido reivindicado por algunos durante la II República.

ejercer misión de paz y caridad, remanso en la contienda, lejos de ello, insulta, excita y halaga las torpes y humanas pasiones de odio y venganza.

En los oídos fanáticos del pueblo en armas resuenan con acento de clarín las incitaciones bélicas de su pastor y guía:

«No podemos, no debemos, ni conviviremos jamás con el socialista impío, ni con el liberal que ha manchado sus manos con tanta sangre y tanto crimen... ¡Guerra a sangre y fuego! Que no haya tregua ni cuartel hasta que la victoria de la Religión y del Orden no se realice plenamente. La sangre de tantos hermanos nuestros sacrificados, martirizados bárbaramente, nos lo exige y demanda...».

En la catedral solemne de Burgos, esmaltada de boinas rojas y fusiles centelleantes, ante miles de almas enardecidas, la voz que podía derramar la caridad y el perdón, que debía ser freno y olvido, hirió mi corazón con esta arenga excitante, avivando en las conciencias fanatizadas la llama destructora.

En la iglesia de la Merced[123] un domingo, en plena misa, después de un acto religioso, ante las autoridades y clases patronales, la voz del predicador interrumpía la liturgia del Santo Sacrificio:

«¡Vosotros! Vosotros que os llamabais cristianos tenéis la culpa de muchas cosas. Habéis convivido, tolerado, dado trabajo al obrero sindicado en sociedades enemigas de la Religión y de la Patria; habéis desoído nuestras advertencias y tratado con judíos y masones, con

---

123. La iglesia de la Merced, como se ha indicado, era administrada por los jesuitas, una orden especialmente beligerante contra la república. El artículo 26 de la constitución republicana había establecido su disolución y la nacionalización de sus bienes. En Burgos el Estado no consiguió hacerse con el convento de la Merced (ver capítulo VI), pero la iglesia pasó a ser regida por el cabildo. Al parecer, los jesuitas permanecieron en la ciudad alojados en casas de particulares.

ateos y renegados, contribuyendo a dar pujanza a las logias que nos habían de hundir en el caos. ¡Aprovechad esta trágica lección! Debéis ser, debemos todos ser, para ellos, como el agua y el fuego... Ni un punto de contacto... ni perdón para los criminales destructores de iglesias, asesinos de prelados y sacerdotes virtuosos... Que no quede entre nosotros ni aun la semilla, la mala semilla, que es siembra del diablo. ¡Los hijos del demonio son también enemigos de Dios!...».

En algunos elementos torturados por el amargor de la guerra, el relato continuado de tanto atropello e iniquidad, la voz autoritaria del representante de Cristo, introducía el veneno, haciendo imposible la reconciliación humana...

Uno de los tópicos creados por el afán vengativo clerical fue el de la masonería.

Se la presentó como enemiga de Dios y de España y se excitó constantemente, por la cátedra religiosa y por la prensa, al exterminio de todos sus afiliados.

En aquel pueblo, poco versado en estas cuestiones, la palabra «masonería», pronunciada misteriosamente, envuelve extrañas ideas de poderes ocultos y abracadabrantes, con prácticas tenebrosas.

El padre Tusquets dio varias conferencias en la zona nacionalista; resaltaba en ellas los horrores y crímenes cometidos por los «masones»; mostraba su influencia en la España roja y rugía ferozmente pidiendo la eliminación y exterminio de todos los masones. Sus resultados se hicieron pronto patentes.

Primeramente en Burgos, Pamplona y Sevilla, y posteriormente en Zaragoza y Galicia, las listas de la masonería no tardaron en aparecer.

He querido indagar frecuentemente en la certeza de estas listas, el modo de su hallazgo o aparición, y no lo he conseguido. Únicamente conozco el proceso de su descubrimiento en Burgos.

Habiendo sido encarcelado uno de los que se consideraba como masón, fue a visitarle a la celda el tristemente célebre padre Leturio, jesuita, alma y motor de la represión en su aspecto clerical. Su especialidad consistía en obtener conversiones al catolicismo de los condenados a la última pena y en oír sus últimas confesiones, preñadas de terrores y angustias y envueltas en acusaciones de complicidad, siempre aprovechables.

El padre Leturio, inteligente, habilísimo, obtuvo la promesa de que la vida del encarcelado sería respetada si facilitaba la lista completa de los masones de Burgos. Aquello interesaba al gobernador, mucho más que la lista de los comunistas o anarquistas[124].

El detenido formó efectivamente una lista. A esta relación, que nació exigua e incompleta, el sabio y justo padre Leturio añadió los nombres que estimó convenientes y, ya completada, fue presentada al gobernador como la lista oficial de la masonería.

---

124. Según la documentación del Archivo General de la Guerra Civil de Salamanca (Sección de Masonería, legajo 450-A-2), en la ciudad funcionaba una logia, «los Walls de Burgos» que solo llegó a tener sede pocos meses antes del 18 de julio. De ella formaban parte Julián Peñalver, director de la prisión central, Eliseo Cuadrao, alcalde de Villarcayo y diputado del Frente Popular, González Avellaneda, secretario particular del gobernador Fagoaga, Andrés Morquecho, practicante municipal, Manuel Rodríguez Martín, maestro de Villarcayo, Pablo Carcedo García, industrial, Arturo Morquecho, tío de Andrés, y algún otro. Al menos los cinco primeros fueron ejecutados por esa causa, siendo los demás encarcelados. Según testimonio de familiares de Eliseo Cuadrao, ellos ignoraban su pertenencia a la masonería.

El gobernador, un hombre cruel y atrabiliario[125], con una historia clerical destacada y un furor enfermizo contra todo lo que fuera liberalismo, controlaba la represión ejercida por la justicia «oculta o subterránea».

Él aprobaba o desaprobaba las listas fatídicas que las diversas organizaciones reaccionarias sometían a su decisión inapelable y fatal. Frecuentemente, en un *gesto de piedad,* reducía aquellas listas o eliminaba alguno de los apuntados.

Al recibir la lista de los masones la aprobó seguidamente. Creía que el padre Leturio se la llevaba con tal fin, pero éste (con la habilidad característica de su Orden) le hizo ver que no todos los de aquella lista merecían la misma suerte fatal: había hombres de derecha, buenos y estimados en la ciudad, muchos de familias conocidamente católicas, y que a su juicio debían formarse dos grupos: uno con los que por su actuación anticatólica y criminal merecían la eliminación, y otro los que, sin ser acreedores a tal sanción debían solamente ser destituidos de sus cargos o empleos y condenados *tan sólo* a la indigencia[126].

---

125. El Gobierno civil de Burgos fue ocupado por Fidel Dávila hasta primeros de septiembre de 1936. El general Francisco Fermoso estuvo en ese cargo desde entonces hasta el 12 de octubre y luego, hasta 1940, el teniente coronel Antonio Almagro, que es de quien probablemente habla Ruiz Vilaplana en este pasaje. Nótese que aquí, como en otras capitales provinciales de la España sublevada, el gobierno civil era regido por militares.

126. Se añadía en la versión previa este párrafo: «Con aquella intervención salvadora, conocida perfectamente por los interesados y por sus familiares, el P. Leturio se aseguraba una influencia y un dominio inalienable sobre ellos. Esto le interesaba más en algunos casos que una ejecución más, con secuela de odios y enemistades...».

Así se verificó; se constituyeron las dos listas y la habilidad del padre Leturio supo (A. M. D. G.)[127] salvar de la muerte a muchos desventurados. El «Boletín Oficial» se llenó de destituciones, suspensiones y traslados que la gente recibía extrañadísima, pero el fin había triunfado. La Iglesia venció a la masonería y los jesuitas dispusieron en la ciudad de una red más tupida y firme de influencia creada por el miedo.

* * *

El clericalismo, vencedor de la masonería, actuaba, no solapada sino abiertamente en el régimen nacionalista.

Absortos, preocupados en la difícil misión guerrera, los verdaderos dueños de España (los mandos extranjeros que tutelan a Franco) en la zona interna dominada por el terror, impera el clericalismo, en virtud de una fórmula sencilla: el Ejército domina al pueblo y el clero domina al Ejército en sus altos mandos.

«Con la ayuda de Dios y de su representante Franco ganaremos la guerra»; tal es el lema que campea en la zona nacionalista.

La Iglesia asiste, presidiendo, todas las manifestaciones bélicas; bendice las armas y los trofeos; organiza constantes *Te Deum* y rogativas, no por la paz, sino por el triunfo y por el exterminio del contrario.

La Iglesia, que pudo ser la única y verdadera mediadora en este conflicto entre el Ejército y el pueblo, es solamente la inspiradora sibila de aquél, y llevada de un instinto sanguinario y atávico de defensa, se ha colocado hostilmente frente al pueblo.

---

127. «*Ad maiorem Dei gloriam*», lema de la compañía de Jesús.

Ella (no la Iglesia de Cristo, sino la curialesca, organizada en España, con su Papa Negro, el cardenal Segura[128]) es la que asiste y reconforta a los reos, «víctimas» de la represión.

Ella, infiltrada en los mandos y organizaciones, sojuzgadora de la mujer, su gran palanca social, ha confeccionado esas trágicas listas de «ateos, liberalotes y masones» que han muerto sacrificados por sus ideas.

Ella ha levantado en Bilbao y Cádiz esos grotescos autos de fe, empujando a una muchedumbre inculta a la destrucción vesánica del pensamiento y de la cultura y ha organizado e inspirado esas cruzadas de hipócrita lujuria sobre la «moral y decencia en el vestir» que, en titulares vergonzosos de la prensa, incitan a la ofensa y a la acción directa, a la masa contra las «mujeres de vestir poco recatado», llegando a injuriar a las mujeres que van «sin medias», como expresa el bando del gobernador de Burgos publicado en 19 de julio último y que puede leerse en la Prensa local de esa fecha.

Y finalmente ella, en horrendo sarcasmo de evangelización, ha organizado en las cárceles y penales de su zona esas misas y comu-

---

128. Pedro Segura, cardenal primado, había sido expulsado de España por el gobierno republicano en mayo de 1931 por sus manifestaciones contrarias al régimen y permaneció en Roma hasta agosto de 1937, en que volvió a España como arzobispo de Sevilla. De origen burgalés, es quizá el ejemplo más señero de clérigo ultramontano, incompatible no ya con los principios republicanos, sino con cualquier germen de liberalismo o laicismo. La sede burgalesa fue pródiga en este tipo de eclesiásticos montaraces: además de los jesuitas ya mencionados, por aquí anduvieron el P. Florentino Zamora Lucas, albiñanista y orador en los frentes, el canónigo Gómez Rojí, diputado agrario en las constituyentes, Fray Justo Pérez de Urbel, alférez provisional, primer abad del Valle de los Caídos, el propio arzobispo de Castro, etc.

niones colectivas y obligatorias, para los millares de reclusos que la pasión y el fanatismo han encerrado entre sus muros.

Tuve que asistir en Burgos a una de estas ceremonias en el Penal y no la olvidaré mientras viva. En presencia del obispo, de todo el clero influyente y de las autoridades, dos mil seis cientos presos, en formación, encuadrados por los fusiles vigilantes, oyeron la misa y recibieron todos, ¡todos!, la Sagrada Comunión... ¡Se llegó hasta el extremo de enseñar a los presos unos motetes... que entonaban medrosa y lúgubremente!...

Aquel canto fúnebre no se borra de mi conciencia. Dos mil seis cientos hombres curtidos, rapados ignominiosamente, vestidos pobremente en su mayoría, muchos de ellos con su trágico final ya decretado, recibieron todos, ¡todos! (las autoridades lo decían con orgullo) la comunión.

Las elegantes señoras invitadas, las autoridades, todos, en fervor fanático, elogiaban este acto de acendrado arrepentimiento y religiosidad.

Yo que por mi cargo asistía, angustiado, horrorizado, a aquella comunión coactiva, entre los muros que el terror dominaba, pensaba que esta imposición religiosa al vencido, al que sufre prisión, precisamente por su idea, es el sacrilegio más espantoso, la ofensa más satánica que puede hacer el falso catolicismo a Aquel que levantó su Cruz, como lábaro santo, contra la violencia y el crimen...

XVII

LOS MILITARES

En la España nacionalista imperan en absoluto, con todo exclusivismo, los militares; ni la Falange, ni los Requetés, ni los monárquicos de Renovación Española han ejercido allí hegemonía alguna trascendente; pura y sustancialmente los militares han sido los dueños de la zona. Y siguen siéndolo, con la diferencia de que antes eran los militares españoles y ahora... son los militares extranjeros.

Militares eran los elementos todos del primer Gobierno de Burgos; militares son Queipo y Franco; militares los dos jefes del Gobierno que han ejercido el cargo: Dávila y Gómez Jordana; militares todos los gobernadores civiles de la zona, alcaldes, delegados y los que ejercen alguna jurisdicción o mando. En la España nacionalista el que no es militar no es nada.

Aun los que ejercíamos alguna forma de autoridad, residuo de la que anteriormente poseímos habíamos de revalidarla en el fielato de los militares.

Para circular, para efectuar traslados y viajes, aun en la zona a la que se extendía nuestra jurisdicción, no era suficiente la posesión del cargo; necesitábamos tener el salvoconducto militar, renovable cada mes y firmado por el jefe de Estado mayor de la División. Yo conservo el último, que me fue facilitado por el teniente coronel Aizpuru, fechado el 5 de junio de 1937 y que dice textualmente:

«Ejército del Norte. VI Cuerpo de Ejército. Estado Mayor. Queda autorizado don Antonio Ruíz Vilaplana y personal que le acompaña, para llegar con el coche M 48792, para circular *por el territorio ocupado,* durante un mes. Burgos, 5 de junio de 1937. De orden de S. E. el jefe de Estado Mayor, Aizpuru».

No deja de tener cierta importancia el examen de este curioso salvoconducto. Él acredita, en primer término, que yo podía circular libremente (con permiso de los militares) hasta el día 5 de julio de 1937 –plazo inútil, pues el 30 de junio pasaba la frontera francesa–, pero además demuestra lo que para los propios generales y mandos de la zona nacionalista envuelve la idea de su hegemonía en aquel territorio. Lo tienen «ocupado»; no ejercen en él función de dominio, propiedad legítima o soberanía de derecho, sino que mandan en él por derecho de «ocupación militar».

Así lo dice, lo escribe y lo firma, de su puño y letra, «por orden de S. E.» (que debe ser el generalísimo) el jefe del Estado mayor Aizpuru. El documento es incontrovertible.

Las licencias de uso de armas, que por nuestro carácter de autoridad nos eran remitidas y autorizadas antes por el ministro de la Gobernación, al llegar el alzamiento hubimos de someterlas... al jefe de puesto de la Guardia Civil. También conservo, como demostración curiosa de la «capitis diminutio» que sufrió toda autoridad civil, el documento en que, por tal carácter de autoridad, se me concedió licencia y derecho a usar armas... ¡por un suboficial de la Guardia Civil, que firma Agapito López!... E idéntica autorización y firma necesitaban todas las autoridades judiciales, desde el presidente de la audiencia al último escribiente.

En los homenajes, actos oficiales, etc., las autoridades militares ocupaban siempre el lugar privilegiado, no tan sólo las autoridades de primer orden sino las secundarias y, en último término, las subalternas; después de éstas se hallaban las autoridades civiles de primer orden.

La vida oficial era para las autoridades civiles una constante y premeditada humillación; en cambio, bastaba poseer un grado cualquiera en el Ejército para que todo se solucionara fácilmente.

Recuerdo perfectamente que en mis frecuentes viajes a la Audiencia de Valladolid, cansado de las formalidades, requisas y altos en el camino para exhibición de los permisos, opté por rogar a un empleado de mi juzgado, al cual habían nombrado alférez provisional, que me acompañara. Él, por tener familia en Valladolid, lo hacía de buen grado y yo, llevándole a mi lado en el *baquet*, con su estrella en el gorro militar, iba tranquilo y confiado de que no me pondrían dificultad alguna en la carretera o entrada de la ciudad.

Todos los militares, aun simples capitanes y tenientes, con destino en Cuerpo armado, disponían de automóvil requisado y a su servicio.

El militar, en aquella zona, vive «patrióticamente» entusiasmado; todos los jefes y generales han sido ascendidos y colocados en cargos de importancia; por el habilidoso medio de considerar a los jefes y oficiales «habilitados» para el empleo superior inmediato, sistema inventado y practicado continuamente, se les ha proporcionado a todos un nuevo ascenso, pues las insignias del nuevo grado para el que son habilitados, no pueden llevarlas sino en la guerrera, a la altura del pecho (para distinguirlas de las del grado efectivo, las cuales se llevan en las bocamangas), pero la paga la perciben en los mismos billetes que estos.

Además, todos ellos saben y esperan confiados que con cualquier pretexto o motivo (aniversario del reconocimiento de Italia, llegada del embajador de Guatemala o festividad de Santiago Apóstol) será dictado en Salamanca un decreto con un ascenso global por méritos de guerra, para premiar la general conducta del Ejército en las operaciones gloriosas.

Todo ello, en conjunto, representa una corrida de tres grados en el escalafón.

Las concesiones de cruces, recompensas y homenajes están a la orden del día; el «Boletín Oficial» del Estado, en cualquiera de sus números que se examine, ofrece una larga lista de premios y condecoraciones concedidas.

La laureada de San Fernando, preciada condecoración que a todos nos infundía tanto respeto y admiración ha perdido ya su valor, pues es raro el militar de alguna categoría que no la posee. Desde luego la tienen todos los generales actuantes; se ha concedido a Moscardó, a Aranda, a Mola, y la tienen solicitada y en vías de concesión, Franco y Queipo. Parece que también les será concedida...[129]

---

129. Franco, al acabar la guerra, acumulaba los cargos de Jefe del Estado, Jefe del Gobierno, Jefe nacional de FET de las JONS, Generalísimo de los tres ejércitos y capitán general (empleo que había suprimido la República pero que el Nuevo Estado restableció). La cruz laureada le fue impuesta con motivo del primer Desfile de la Victoria, en mayo de 1939; se la prendió en el uniforme el general Varela, que era bilaureado.

Tienen también la laureada colectivamente todos los defensores del Alcázar de Toledo, todos los de la guarnición de Oviedo, los del Santuario de Santa María de la Cabeza; también la tienen en proyecto los de la Ciudad Universitaria. Finalmente, el Ayuntamiento de Zaragoza, en sesión de uno de los últimos días de agosto, ha solicitado la laureada para... ¡la virgen del Pilar!... No es una exageración o una humorada, que mi espíritu religioso no sabría inventar; es un acuerdo firme y una petición que puede ser comprobada fácilmente en los propios periódicos de Zaragoza.

El militar vive allí satisfecho. Pierden el tiempo los que esperen desafecciones o levantamientos, pues yo que sé cómo están instalados y viven todos ellos; aseguro que no ocurrirá tal cosa. Los militares de aquella zona permanecerán adictos y seguirán en sus puestos hasta que... los otros militares, más fuertes y poderosos, los italianos y los alemanes (que tampoco están mal instalados ni viven míseramente) los vayan desalojando de sus cómodas posiciones... Ya ha empezado –y ciertamente de un modo acelerado– esta sustitución vergonzante.

* * *

Cuando, por voluntad inconmovible del pueblo, advino a España el régimen republicano, el militarismo sufrió un rudo golpe.

En España no ha existido jamás el militarismo imperial que existe en otras naciones; la propia Francia, país eminentemente democrático, tiene un ejército de cimiento republicano, pero de espíritu expansivo, colonial y guerrero.

En nuestro país el militar no tuvo nunca afanes imperialistas; la Falange actual, inspirada por Alemania e Italia, ha traído al país un sentir imperialista, expansivo y dominante, pero el Ejército no ha aportado carácter alguno de esta índole a la rebelión.

Una parte de él, la juventud, los oficiales inteligentes renovados en la Escuela Superior de Guerra y en contacto con las grandes figuras y escuelas militares de otros países, han querido imbuir en su clase este espíritu de conquista e imperialismo; vano empeño, porque la masa militar española es rutinaria y de limitados horizontes; en su fracaso experimental, aquellos oficiales inteligentes y de valía han acudido al partido español que representa su afán imperialista y nutren hoy los cuadros de la Falange.

El militar español, tipo medio, no tenía ni tiene otra aspiración ni le mueve otro impulso que la conquista del escalafón.

En honor a la verdad, tal es la única aspiración de toda la burocracia española, y el militar español, tipo medio, no es más que una variante brillantemente uniformada de la empleomanía del país.

Es cierto, como he expresado, que hay oficiales modernamente orientados y que pueden parangonarse con los técnicos extranjeros. En aviación, y en el cuerpo de Artillería principalmente, he conocido oficiales cuya cultura y aptitud temperamental nada envidiaban a los destacados valores civiles, superándolos en muchos casos.

Existe también, por fortuna, y suele coincidir con el tipo anterior, el militar no imperialista pero amante de su carrera y al propio tiempo vinculado al pueblo, que no ve en éste un enemigo ni cree que su misión es sojuzgarlo, sino ampararle y defenderle por la fuerza que él colocó en sus manos. También he conocido militares democráticos, de un gran corazón y valía; la guerra actual ha destacado y señalado con caracteres fuertes estos relieves antes borrosos.

Pero la mayoría de los militares, el gran escalafón de la fuerza armada, está compuesto de individuos cuyas características y temperamentos son de uniforme vulgaridad.

Hace unos quince años visitamos, los alumnos de la Facultad de Derecho, la Academia militar de Toledo, conviviendo con los cadetes, comiendo con ellos, haciendo su misma vida y tratando de hacer viable una fusión e intimidad, por idea acertada del entonces catedrático de Derecho Natural, don Fernando Pérez Bueno. Conocí entonces, conocimos todos los futuros abogados, la ideología y sentir de aquellos muchachos, que hoy en su mayoría constituyen los cuadros de mando de la oficialidad y primera jefatura. Yo guardo un recuerdo muy agradable de aquella convivencia, pues en honor a la verdad los alumnos de la Academia mostraban hacia nosotros una afección y cordialidad admirables[130].

Conviví con varios de ellos y llegué a intimar con alguno; de aquel estudio íntimo, esbozado entonces insustancialmente, y de mis posteriores observaciones, he llegado a comprender la idiosincrasia media del militar español.

El militar es víctima, en su vida, de una injusta desproporción entre el comienzo de su carrera y su desenvolvimiento.

En los años de academia y a su salida de ella, en la época de alférez o teniente, la vida se le presenta fácil, excesivamente fácil y agradable.

Entusiasta de su brillante carrera, con vistosos uniformes que enmarcan actos y desfiles atrayentes, el joven militar se cree omni-

---

130. Pero muchos de los oficiales africanistas –luego golpistas el 18 de julio– pasaron por la academia de Toledo: Franco, Mola, Varela, Yagüe, Infantes, Sáez de Buruaga, Alonso Vega, etc.

potente y la vida es para él una prolongación alegre de sus años de estudios.

Las muchachas casaderas y románticas, únicas que suelen conocer, lo reciben arrobadas; los familiares y amigos alaban su prestancia y el corte de sus guerreras. Sobre todo algunos uniformes (¡aquel precioso azul de Caballería!) atraen las miradas y las simpatías femeninas.

El militar se siente correspondido amorosamente y envidiado, rodeándose imperceptiblemente para él de un cierto aire de soberbia y altivez. En esta época, además, suelen sus gastos verse compensados, en su exigua paga, por los envíos familiares, a veces fruto de grandes sacrificios, pero que le permiten vivir en un plan y ambiente de relativo lujo y altura.

Pronto la vida, con sus duras exigencias, se impone. Llega el destino o empleo en provincias o en África[131], y con una rapidez incontenible, la muchacha casadera que lo capta; unos meses de noviazgo, el ascenso a capitán y el matrimonio. Es la eterna historia del escalafón militar.

Época de capitán y comandante: los gastos crecidos de una familia, el boato artificioso de que se rodean, la paga que continúa exigua y la carencia de aquellos envíos familiares compensadores, unido todo ello a la complicación de los hijos, a la pérdida de aque-

---

131. Como es sabido, durante la Restauración los militares ambiciosos preferían los destinos en el Marruecos español, donde era más fácil subir en el escalafón por méritos de guerra, muchas veces inflados por los superiores. El caso más evidente es el del propio Franco, que llega a general con 33 años. Pero no todos tenían esa suerte: en ese momento Yagüe, que era de su promoción, solo era comandante. La república revisó a la baja todos esos ascensos y ello fue un casus belli más contra ese régimen.

lla esbeltez juvenil y al deterioro y «lo anticuado» de los uniformes, produce en el interesado una depresión y decaimiento abrumadores.

Las necesidades caseras crecen alarmantemente y el pobre jefe se ve obligado a pedir un nuevo destino, con miras exclusivamente económicas, en Cajas de movilización o centros oscuros pero que, con gratificaciones especiales y quinquenios, nivelan, con alguna representación comercial compatible, el presupuesto, en déficit alarmante, del hogar.

El espíritu militar de la juventud se pierde; el uniforme quedó estrecho y «demodé» y su reposición es un gasto imposible. Para algunos casos de formación o presentación uniformada obligatoria, el capote de un amigo y el sable de otro, evitan posibles recriminaciones.

Aquel militar gallardo, de romántico uniforme azul, es hoy un amargado empleado, rodeado de hijos y con una señora que a fuerza de sacrificios y renunciamientos ha perdido todo contacto con la sociedad elegante.

Desde que salió de la academia, el militar no ha tenido tiempo ni interés, por leer obras de cultura general y visitar centros artísticos, pues su trabajo y la preocupación del escalafón absorben toda su vida. Aquellas nociones de geometría y de balística que le obsesionaron en la academia, se pierden ya en sus recuerdos, junto al primer amor y a la primera «juerga de cadete». Ha perdido todo su entusiasmo y su ilusión y si alguien le proporciona un destino o empleo de contable o administrador en alguna empresa, deja su carrera y su uniforme, su sable y su balística, para proporcionar mayores ingresos al erario doméstico.

¡Cómo va un militar, en tales circunstancias, a sentir afanes imperialistas o de conquista! La dureza de la vida, el fácil acceso y desarrollo en otros destinos civiles, la preferencia que en la lucha encuentran otros oficios y empleos menos arriesgados que el suyo y mejor retribuidos, le producen un estado de resentimiento y de desconfianza latente y potencial.

El militar sabe que el médico, el escritor, el negociante y el usurero consiguen situarse en la vida mejor que él; sus ingresos le permiten a cualquiera de aquellos ciudadanos un veraneo costoso, una casa lujosa, automóvil… todo lo que es el triunfo en la vida, con el sentido un poco limitado que del triunfo él conserva.

La esposa, aquella linda muchachita del paseo provinciano, hoy respetable madre de familia, se lo recuerda constantemente, presentando ante sus ojos el bienestar económico de otros amigos civiles y ambos comprenden que por mucha rapidez que el escalafón adquiera no podrá llegar a proporcionar tales ventajas.

En las largas sobremesas invernales, en los paseos del estío, va cuajando en sus pensamientos la idea de que vive injustamente postergado en la sociedad y de que todas aquellas personas de profesiones liberales y productivas constituyen las clases enemigas culpables de su relegación y malestar.

Ya no piensa que antaño, cuando al principio de su vida ésta le dio ocasión por optar, aquel médico, aquel profesor que hoy ocupa un lugar en el mundo, escogió una carrera modesta y de poco lucimiento exterior, mientras que él, en libre iniciativa, se cegó con el brillo de las armas.

Se han perdido en los oscuros rincones de su memoria aquellas tardes provincianas, en las que él paseaba con las jóvenes más lindas y «distinguidas» de la ciudad, la prestancia de su uniforme nuevo, que había de aprisionarle lentamente, mientras aquel profesorcete, aquel medicucho, de traje vulgar y carente de aventuras, desdeñado, en el silencio de su habitación modesta, estudiaba, trabajando afanosamente para un día encumbrarse en la libre palestra de las profesiones liberales.

Despechado y dolido, el militar de este tipo, tan abundante en la carrera, es terreno apto y abonado para todo cuanto signifique un choque o cambio brusco en el devenir del tiempo. Sueña con el «golpe de fuerza», que de improviso y sin esfuerzo alguno continuado, le eleve sobre toda aquella sociedad civil tan despreciable...

No por el trabajo o el mérito, sino por el abusivo empleo de los medios de destrucción y coercitivos que el pueblo confiado puso en sus manos, aspira a dominar, triunfador absoluto con el ardor y la rabia amasadas en las veladas rencorosas...

Por esto cuando en España la «elite monárquica», el generalato alfonsino, dio la señal del alzamiento, no secundaron sus órdenes rebeldes los militares dignos y amantes de su noble profesión, ni las zonas más cultivadas y valiosas de la oficialidad, sino la inmensa legión media del escalafón del Ejército, miles de jefes y jefecillos resentidos y preparados. Gran ocasión para las medianías, para los descontentos e ineptos.

Ellos, los amargados, los rencorosos, vieron en una sola noche, y como premio a su traición, dominados y abatidos los resortes esenciales y vitales de la sociedad culta y organizada, encarcelados los obreros, medrosos los indefensos ciudadanos de la clase media, satisfechas, ¡al fin!, sus ansias de venganza.

Trágica y sangrienta etapa la que representa el triunfo del militarismo mediocre. Qué diferentes estos jefes y oficiales, crueles, tiranos de un pueblo indefenso, de aquellos cadetes sonrientes y amables que en el suntuoso Alcázar toledano, sellaron con la juventud universitaria una alianza cordial y democrática... No, no puede ser que ellos se convirtieran en estos. Porque si aquel espíritu abierto a la noble y digna carrera militar, aquel optimismo y patriótico ardor que nos complacíamos en reconocer, han producido este fruto maldito, estos esbirros que han aterrorizado y ensangrentado España, reniego de aquellos días y amistades…

Pero no… no puedo pensar que así sea. Aquellos muchachos fuertes, llenos de vida y de nobleza que conocí, son los que unidos fraternalmente al pueblo (con la misma fraternidad que nos unía en abrazo cordial y amistoso a los futuros abogados y militares) luchan por defender el país común, esta España tan hondamente sentida por ellos y nosotros, de la tiranía reaccionaria y de la vergonzosa colonización fascista extranjera.

XVIII

LAS MILICIAS

La Falange

Falange Española fue la primera organización seria de un espíritu nuevo de rebeldía contra las teorías democráticas.

Se inició su vida con algunos ensayos literarios y reuniones de una parte de la juventud «snob» y aristocrática; la fundación de revistas y grupos o cenáculos literarios fue el primer brote del nuevo movimiento antidemocrático. De este brote nació la Falange Española.

Las JONS (Juntas de Ofensiva Nacional Sindicalista) han sido en España las primeras entidades que llevaron a la lucha o acción directa el espíritu de aquellas reuniones.

Fundidas ambas sociedades en una global denominada Falange Española de las JONS, se constituyó la nueva entidad política bajo el mandato directo y único de José Antonio Primo de Rivera.

La historia de esta formación social nos llevaría demasiado lejos en esta exposición; por otra parte, ni es interesante a los fines descriptivos ni desconocida de la gente, ya que la actualidad dramática española ha aireado sus interioridades y génesis.

La Falange Española de las JONS trajo a la lucha en España un sentido nuevo, intelectual y batallador en el antiliberalismo; en la idea, programas de viejas autocracias con remozamientos de literatura grandilocuente; en la organización, un sentido deportivo y espectacular, atrayente para las clases aristocráticas y pseudo-fascistizantes.

La organización nueva rechazaba la denominación de fascista y se recluía en el confuso nombre de nacional-sindicalismo, pero en el fondo no era más que una variante «sui géneris» del fascismo imperante en ciertos países[132].

Al ocurrir el movimiento militar, la Falange empezaba su lucha contra las esencias democráticas del pueblo español; la militarada monárquica precipitó artificialmente su desarrollo y esta improvisación ha sido la principal causa de su fracaso.

Carente la organización de una base sólida sedimentada en la lucha y en el ambiente popular, con el jefe y los principales elementos encarcelados, la Falange tuvo que improvisar sus cuadros de mando y hacer frente a un estado anormal, con escasos medios y elementos directivos.

La ausencia de José Antonio Primo de Rivera, el fracaso de la militarada en las grandes urbes industriales y el influjo extranjero agobiante han hecho fracasar un posible movimiento nacional-sindicalista, yugulando su desarrollo.

Sobre todas las dificultades, la carencia de jefe en los días difíciles del alzamiento ha anulado toda su labor[133].

---

132. Autores como H. R. Southworth o S. Payne caracterizaron a Falange hace años como variante española del fascismo, cosa que puede ser corroborada con el análisis de los discursos y de las prácticas de los propios falangistas.

133. José Antonio permaneció en la cárcel desde el 14 de marzo del 36 hasta su fusilamiento el 20 de noviembre siguiente. Manuel Hedilla fue elegido jefe de

Yo conocí a José Antonio Primo de Rivera en la época común de los estudios universitarios; posteriormente, recién lanzados a la liza forense, batallábamos juntos, como todos los nuevos abogados, por los pasillos de la audiencia y de los juzgados.

La impresión que de él conservo no puede ser más favorable; era en los tiempos de la Dictadura ejercida por su padre, don Miguel Primo de Rivera, y ciertamente, a pesar de que el apellido era en aquella época un amuleto prodigioso, José Antonio era un muchacho llano y modesto; tal vez excesivamente modesto para que su virtud fuese absolutamente sincera.

Por aquella época el Colegio de Abogados de Madrid, era el vivero de las rebeldías y de las inquietudes políticas. Fuertes corrientes republicanas arrastraban al torbellino de la polémica los actos y sucesos del día; allí se formó la levadura democrática directriz que había de fusionarse más tarde con el sentir del pueblo.

José Antonio, obligado a enfrentarse con los republicanos, más por íntimo sentimiento de afección filial que por convicción, disentía, sin embargo de las corrientes monárquicas y reaccionarias.

Recuerdo que en una conversación mantenida con él, a raíz del advenimiento de la República, me hizo un gran elogio de Azaña, al que consideraba equivocado en su trayectoria política, pero una gran promesa de estadista.

—Yo, lo que siento - me decía–, es que Azaña no sea de los míos, pero reconozco que como él preconiza es como hay que gobernar; ¡claro que desde mi bando!...

---

la Junta de mando provisional el 2 de septiembre de ese año, pero no logró nunca imponer del todo su liderazgo en las distintas facciones del partido, que, por otro lado, creció espectacularmente tras el 18 de julio, integrando a jóvenes de escasa o nula formación política y a otros exizquierdistas.

Pasó el tiempo y el desnivel de las vidas nos separó casi completamente; cuando ha vuelto a sonar su nombre en mis oídos ya no es el de aquel muchacho que conocí en la Universidad sino el de su mito.

En la España nacionalista, entre otros muchos mitos existe el de José Antonio, creado por las juventudes filofascistas, halagado en principio por las clases reaccionarias y contra el que ahora luchan éstas con la misma intensidad que el caudillo Franco y la intervención extranjera.

Se ha hecho de él, de su vida y de su «ausencia», un símbolo. Preguntad a cualquier nacionalista por José Antonio; si es falangista os dirá que vive todavía; si es monárquico, os contará su muerte y su martirio; si es clerical no le concederá importancia[134].

Al abrirse la sima inmensa que separa las dos Españas, el mito de José Antonio ha quedado flotando entre una y otra; nadie habla de su muerte oficialmente; solamente se le menciona como «el Ausente». Seguramente no habrá caso en el mundo tan interesante como el de esta figura; la necesidad de caudillaje que siente el fascista le obliga a sostener la ficción de tal «ausencia», pues es indispensable para su ideología un mito sobre el que apoyar su tinglado provisional.

En la España reaccionaria, el mito «del Ausente», con el misterio de sus martirios y la interrogante de su muerte es de una fuerza incontrastable. Porque «el Ausente» reunía todas las condiciones para entusiasmar a esa pléyade de aristócratas y señoritos que, sin enrolar-

---

134. Aunque la ejecución de José Antonio era conocida por las autoridades del Nuevo Estado, el reconocimiento oficial de su muerte no se hizo hasta el año siguiente. Fue entonces cuando se ordenó por decreto que figurasen en todas partes las lápidas de los «Caídos por Dios y por España», destacando el nombre de José Antonio al final de la lista. Mientras tanto, circularon por la España «nacional» todo tipo de rumores sobre su persona: que había sido llevado a Rusia, que estaba a punto de ser canjeado por algún preso republicano, etc.

se en las filas de la Falange por él creada en los años difíciles, pretenden ahora aprovecharse de la sensiblería creada en torno a tal figura.

La España reaccionaria, que ha aceptado a José Antonio como símbolo, y que antes lo atacaba desde sus cómodas posiciones burguesas, no conoce ni uno solo de sus valiosos trabajos literarios o sociales derramados en libros, revistas y discursos, pero, en cambio, adorna con profusión sus casas, escaparates y solapas con el retrato cuidado y retocado «del Ausente». Es un caso de cretinismo y sensiblería enfermiza, verdaderamente indignante.

La Falange, durante el movimiento, se ha rodeado de una siniestra fama, nacida de hechos ciertos, pero explotada injustamente por elementos que la han superado en calidad y cantidad en la labor vengativa y represiva.

A la fuerza clérico-monárquica, celosa del auge de Falange, convino destacar la labor represiva de ésta, acallando con ello su intervención directa en la misma. Es interesante a este respecto la polémica suscitada entre la Falange y el sector requeté-monárquico sobre este tema, en el curso de la cual se ha declarado repetidamente por Falange, y últimamente por la Radio F. E. de Valladolid, sin haberse probado su falacia, que ella jamás ha actuado como fuerza de represión, aisladamente, sino con el beneplácito de las autoridades militares constituidas.

La Falange debe ocupar su puesto en la imputación de las represiones y venganzas sociales, pero no debe cargar con su exclusiva; la justa indignación del pueblo debe ser orientada hacia todos los causantes de las mismas.

La primitiva y originaria Falange Española de las JONS dio, desde el primer momento de la rebelión, un contingente crecido para los frentes de combate; puede calcularse en unos cincuenta mil el número de falangistas que combatían al comienzo de la guerra en primera línea[135]; sus reservas, actuantes también circunstancialmente o en servicios de enlace, se elevan a otros tantos.

El crecimiento de Falange fue debido, en gran parte, al fácil acceso que prestó a los elementos populares; el obrero y el campesino, dominados por el terror, amenazados por el cacique, acudieron a la Falange como puerto de salvación contra la tiranía de éste. Falange no exigía la virginidad de origen; en sus filas entraron miles de izquierdistas y marxistas, a los que el régimen de terror colocaba en la opción de la camisa azul o la muerte.

Este auge de la Falange desató prontamente la envidia y recelo de las fuerzas reaccionarias; éstas, que sólo ven como solución del problema social el exterminio del proletariado sindicado, no transigen con su vigorización al calor de Falange. Enfrentados los «camisas azules» con los caciques reaccionarios, hubieran vencido aquéllos en la lucha si la dirección extranjera, percatándose de la importancia de este movimiento auténticamente nacional y difícilmente dominable, no hubiera exigido a Franco la disolución y fusión de Falange con otros partidos y tendencias antagónicas, bajo su mando único y directo[136].

---

135. En la versión anterior se añadía: «*aunque no siempre con mucha brillantez*». Según Casas de la Vega, en octubre de 1936 había unos 35.000 voluntarios falangistas, número que se duplicó en el transcurso de la guerra, con un porcentaje que pasó del 54 al 75 % del total de las milicias (Cit. en Ellwood, S., *Historia de la Falange española,* Barcelona, 2001, págs. 81-82). Puesto que en la retaguardia también eran el grupo mayoritario, no es descabellado considerarlos –como hemos hecho– los principales actores de la represión, a pesar de la insistencia exculpatoria hacia ellos de Ruiz Vilaplana. Contra lo que dicen algunos hagiógrafos de José Antonio, Hedilla y demás líderes falangistas, la apelación a la violencia era algo más que un recurso «dialéctico» en ellos.

136. Una vez elevado Franco a la jefatura militar y política del Movimiento el 1º de octubre del 36, la unificación de las organizaciones políticas que le apoyaban era vista como una necesidad creciente para garantizar el éxito de la guerra

Por este decreto de unificación, el hecho más transcendental de la rebelión, internamente, hasta el punto de que divide en dos períodos aquélla, se amalgamaron artificiosamente la Falange, de espíritu moderno y visión futura e innovadora, con el Requeté, vieja fuerza tradicional, rutinaria y arcaica, desapareciendo todas las demás milicias o fuerzas auxiliares.

El Requeté

El Requeté es la fuerza clerical de tradición en Navarra; de espíritu montaraz y arisco, el Requeté, fanático e intransigente, tiene por lema «Dios, Patria y Rey», extraño complejo, cuya resultante cierta es «lo que mande el cura».

Mola, el general más inteligente del cuadro rebelde, comprendió prontamente la fuerza de esta mesnada guerrera y desbocada, haciendo de ellos la base de su caudillaje; los requetés, con sus escapularios y medallas, obedientes al mandato del clero, acudieron ciegamente al campo de batalla a aplastar «al enemigo infiel» cuya existencia, personalidad y estructura ignoraban completamente. Yo, en doce meses de guerra y de convivencia con ellos, todavía no he conseguido enterarme de lo que quieren estos individuos y cuál es

---

y la consolidación del Nuevo Estado. Desde luego, esto era compartido por Hitler y Mussolini, más allá de sus dudas acerca de la competencia de Franco para dirigir las operaciones militares y acabar cuanto antes la guerra. Dentro de Falange había tendencias pro-nazis, mussolinianas o meramente oportunistas. Del mismo modo que en Italia y Alemania, el movimiento fascista, una vez llegado al poder, elimina a sus bases radicales e ignora el contenido «revolucionario» de su programa, el decreto de unificación supuso el final de las veleidades radicales del falangismo; su revolución quedó «pendiente», sine die.

su idea en esta lucha; parece que quieren un rey, que no es el mismo que el de los otros, y de cuya dinastía originaria han muerto él, sus herederos y hasta un regente que designaron...[137]

Esta fuerza absurda, pero de recio espíritu combativo, alcanzó poca raigambre popular en las demás regiones; pero, en cambio, fue mimada y protegida por las clases dirigentes reaccionarias, que vieron en aquella masa la garantía de una vuelta al pasado y de una retroacción al dominio clerical. En la mujer castellana, de religiosidad oscura, el Requeté, con su estampa de cruzado y profusión de cruces y medallas, ejerce extraordinario influjo.

El famoso decreto de unificación de milicias sometió a la Falange a la caciquería de la camarilla militar y reaccionaria de Franco; los falangistas antiguos y «auténticos» no quisieron participar en esta farsa humillante de la *Falange española tradicionalista y de las Jons* y se separaron de la organización, refugiándose unos en el ejército regular y otros en sus puestos o empleos civiles.

Desde la fecha de implantación de esta dictadura militar sobre Falange murió ésta con su espíritu verdadero y sus afiliados sinceros preparan en la sombra la verdadera y definitiva revolución, que llaman nacional-sindicalista, por la que constantemente claman sus órganos y su prensa.

El Requeté tampoco se muestra entusiasmado con esta fusión, pero como con ella ha mejorado notablemente, absorbiendo los puestos de mando esenciales y beneficiándose de las organizaciones creadas en la retaguardia por Falange, se ha sometido al mando único, obediente además a la aprobación clerical de tal medida.

---

137. Al comienzo de la guerra el pretendiente carlista era Alfonso Carlos de Borbón (que también demandaba el trono de Francia). En septiembre, a su muerte, le sucede su sobrino Francisco Javier, a título de regente.

En rigor, la híbrida entidad *F. E. T. de las JONS* arrastra una existencia precaria y ficticia, pues cada milicia conserva sus insignias, distintivos y uniforme propios; todo el poder dictatorial de Franco no ha sido capaz de imponer el decreto, firmado y guardado medrosamente sobre el uniforme único de tal milicia (camisa azul y boina roja), idea de Yagüe, el amigo íntimo de Franco, hoy también por cierto en desacuerdo completo con él y desterrado[138].

Las otras milicias

Además de la Falange y el Requeté, fuerzas básicas de la rebelión nacionalista, como auxiliares del Ejército han existido en aquella zona otras milicias que por su escasa importancia examinaremos ligeramente.

Ya en el capítulo segundo vimos la actuación y funcionamiento de las milicias de Albiñana, los «Legionarios de España»; las «primeras camisas azules» aparecidas en la región burgalesa al advenir el movimiento militar.

---

138. En efecto, hubo cierta resistencia a la unificación por parte de unos y de otros, pero Franco, asesorado por Serrano Suñer, se impuso con mano dura desde el principio. Yagüe mantuvo algunas discrepancias con Franco, tanto de índole militar como político, sin que, en nuestra opinión, minaran seriamente su sólida fidelidad al Caudillo, del cual fue uno de los principales valedores. Como este libro se publica en 1937, resulta difícil saber a qué «destierro» de Yagüe se refiere, pues no lo hubo; es verdad que su discurso en Burgos con motivo del primer aniversario de la Unificación (19 de abril de 1938) motivó su apartamiento del mando del Ejército de África durante unas semanas, mientras que a partir de junio de 1940 Franco le tuvo más de dos años confinado en su pueblo natal (San Leonardo de Yagüe). Yagüe solía llevar la camisa azul con el yugo y las flechas debajo de la guerrera.

Las Juventudes de Acción Popular, los *Japosos,* como se les denominaba en la zona, eran una mesnada insignificante y poco considerada, residuo vergonzante de aquel partido presuntuoso de los «Trescientos»; Gil Robles, que osó presentarse en la zona a revistar sus fuerzas, tuvo que ausentarse precipitadamente, ante las serias advertencias de Falange y pasea hoy su tristeza y fracaso por la tierra portuguesa, queriendo ser el enlace de la vieja política con el movimiento nuevo, por vía Londres-Herrera-Franco.

Las fuerzas de la JAP, impotentes para defender a su jefe, le vieron partir apesadumbradas y pasearon su triste acefalia por la zona franquista; esta fuerza languideció paulatinamente, consumiéndose en aquel amor al jefe imposible.

Las milicias de Renovación Española, grupitos de aristócratas monárquicos, de uniforme elegante y boina verde, tuvieron una actuación inicial heroica y exaltada en las alturas de Somosierra, pero desde aquella gesta aislada nadie supo lo que hacían ni representaban; yo llegué a la convicción de que esta milicia la componían los hermanos Miralles[139] únicamente.

Además de esas fuerzas ideológicas, se constituyeron en cada provincia y aun en cada ciudad y pueblo de importancia, las llamadas milicias ciudadanas (Acción Ciudadana en Zaragoza y Sevilla,

---

139. Los hermanos Miralles (Carlos, Manuel y Luis) lideraban un grupo de «muchachos que llevan apellidos ilustres –al decir de la *Historia de la Cruzada* (vol III, tomo XII, pág. 412)– vástagos de la aristocracia financiera, política o de la sangre». Se habían ofrecido a Mola para ocupar el puerto de Somosierra y facilitar el paso de las columnas sublevadas venidas del norte. La tardanza de estas y la reacción republicana hizo que Carlos cayera en ese frente el 21 de julio, siendo uno de los primeros «caídos» o «mártires» al que se rindieron honras fúnebres de gran boato en Burgos. Más tarde murieron también sus dos hermanos en combate.

Guardia Cívica en Galicia, etc.), cuya misión consistía en nutrir los piquetes de ejecuciones, ser los conductores y guardianes de los reos, hacer guardias en Telégrafos y demás centros oficiales y desfilar torpemente en las procesiones y actos de homenajes.

Estas milicias, constituidas por hombres maduros (la vieja guardia reaccionaria de cada ciudad), se distinguieron notablemente en la fiereza represiva, pues sus componentes se dedicaron sañudamente a la satisfacción, en cada localidad, de sus mezquinos odios y rencores personales; la gente les odiaba despectivamente: «¡ya vienen los quintos!», se oía burlonamente, en las calles, al desfilar estas fuerzas de ciudadanos maduros y vejestorios.

Las milicias ciudadanas impusieron en las ciudades un sentimiento rencoroso hacia el elemento civil no uniformado; yo he tenido que pasar por la humillación (al igual que todos los paisanos) de soportar en las calles y cafés, carteles vejatorios que decían:

«Los que no lleváis uniforme merecéis faldas».

Pues bien, todas estas milicias que se dedicaban tan ardorosamente a la injuria y vejación al elemento civil desarmado se hundieron al soplo del decreto de unificación de milicias, desapareciendo, del mismo modo que se crearon, entre la indiferencia y desprecio del pueblo.

XIX

EL PUEBLO

DE los diversos aspectos interesantes surgidos en el panorama de la España nacionalista, quizá el que se presenta más firme y vigoroso para el análisis es el del pueblo.

¿Y el pueblo? ¿Qué hace, qué dice el pueblo en aquella zona?

Esta constante interrogación pende en los espíritus y en las conciencias, no sólo de los españoles sino de todo el mundo.

Porque la gente sabe perfectamente que en la gran zona nacionalista la imposición militar absorbente ha sojuzgado al elemento popular, pero inquiere el alcance, impresión y sentir de toda esta enorme masa.

¿Qué piensa? ¿Qué dice el pueblo?

Para poder resolver, siquiera sea en cierto modo, estas interrogantes, concretemos antes el verdadero sentido y significado de la palabra «pueblo».

El pueblo no es solamente el elemento proletario, al que antiguas injusticias han colocado después en planos de predominio; el pueblo no es un partido o clase determinada, de arriba o de abajo, de derechas o de izquierdas; es el conjunto de personas y de ideas, de afectos y de intereses, la familia humilde y el empleado burgués, el rico comerciante y el pastor, el mecánico y el estudiante, el campesino y el militar; en general, todos los factores de vida en el país.

¿Qué piensa este pueblo del régimen nacionalista?

Cuando se produjo el movimiento militar España no se hallaba dividida en dos zonas. España era un todo homogéneo, con las naturales diferencias de tierra y raza en sus regiones, pero que no afectaban al todo orgánico constituido por el Estado español. Ni siquiera las autonomías acusadas, catalana y vasca, imponían una distinción en el orden social, sino meramente en lo político y administrativo[140].

Se realizó el golpe militar y su fracaso en ciertas zonas dejó a España dividida artificialmente; tal delimitación no se hizo de un modo razonado o sentido, sino que la división absoluta, tajante entre las dos zonas, la roja y la blanca, ha sido causada pura y exclusivamente por razón militar y de guerra, y sutilizando aún más, por razón de guerrilla o de primer avance; allí donde surgió el choque o la trinchera de contención quedó marcada la frontera divisoria.

---

140. Al empezar la guerra solamente Cataluña disfrutaba del régimen autonómico previsto en la consritución para todas aquellas provincias que, disponiendo de rasgos culturales comunes, lo desearan. El régimen vasco se constituyó una vez comenzada la guerra. En nuestra opinión, el sistema autonómico se hubiera generalizado en toda España de no haber sido por la sublevación, incluso en aquellas regiones que, como Castilla y León, habían mostrado al principio una hostilidad abierta a las autonomías, al percibirlas como una amenaza a la unidad de España. Sin embargo, los representantes políticos castellanos fueron moderando y cambiando su actitud hasta el punto de que hacia 1936 se hacían gestiones para «ir a la formación de un Estatuto para Castilla (Castro, L., *op. cit.*, págs. 80 ss.).

Consecuencia de esta delimitación fortuita, ha sido la existencia en España de una guerra absurda y estúpida, que no es racial ni de ideas, sino pura y simplemente geográfica.

Trazadas las líneas que los frentes enmarcan, se han creado artificiosamente dos grandes zonas: la roja y la blanca, donde todos los habitantes han de cobijarse, forzada y difícilmente.

Constituyen el pueblo, en la zona blanca (única que conozco) todos los que se encontraban en ella al trazarse militarmente la línea de separación. Esta afirmación, que parece una perogrullada, es la clave de su situación actual.

El pueblo sigue pensando igual que pensaba antes y pensó siempre; él no tenía problema vital alguno; el movimiento brutal que arrasa España no ha sido un alzamiento nacional contra un opresor, ni un intento logrado en devenir imperialista; ha sido pura y llanamente un golpe militar monárquico y reaccionario, y el pueblo ha ido presionado, a remolque de él.

El empleado, el obrero, el industrial, el estudiante, el campesino, todo el elemento componente de la sociedad civil, ni se dieron cuenta de su preparación ni, una vez impuesto, calcularon el alcance del mismo.

Ignorante al principio y atemorizado después, el pueblo vive desde el 18 de julio de 1936 víctima de dos fuerzas mantenidas en el terreno de su nivel intelectual tan inferior; una, el terror desatado por la reacción dominante; otra la calumnia y el engaño en que las altas esferas lo mantienen[141].

---

141. En este punto habría que aludir a la acción de los servicios de prensa y propaganda del Nuevo Estado, que desde el primer momento controlaron los medios de comunicación, los actos y espectáculos públicos y el sistema educativo

De los efectos del terror sobre el pueblo poco puede decirse ya que no sea suficientemente conocido.

El número ingente de fusilamientos y detenciones, el régimen de delación preconizado e impuesto, el ambiente dramático y clerical y su constante acción vengativa, han creado en el pueblo indefenso un estado de catalepsia y de pavor inenarrables.

Abandonado a sus tiranos, que por sorpresa y preparación anterior le han dominado, el elemento proletario en particular, sufre una grave crisis de desaliento y angustia.

Ante el brutal trallazo militarista y el predominio de las antiguas fuerzas de la reacción opresora, el pueblo, sobrecogido, ha buscado el amparo en las propias organizaciones de aquella zona; este es el secreto del auge falangista; los obreros y el pueblo en general, atemorizado e inseguro, se refugian en la Falange, en cuyo seno hallan fácil acogida, como un remanso en la persecución y lucha desatada.

Huyendo de una tormenta impensada y de alcances pavorosos, cada uno ha buscado refugio en la fuerza más idónea o simplemente en la de más fácil ingreso.

Esta es la causa del creciente influjo de todas las fuerzas coadyuvantes a la rebelión; no se han nutrido de partidarios, sino de advenedizos temerosos, anhelantes de resguardo.

Mas si el terror es una de las palancas actuantes, en especial sobre los proletarios, hay otro medio que ha ejercido su acción, principalmente sobre las otras clases sociales, con parecida eficacia que aquél. El engaño y la calumnia.

---

para inculcar los valores del nacional-catolicismo y silenciar y censurar férreamente cualquier principio o mensaje alternativo.

Sometida la prensa, única información y fuente de cultura de aquellas zonas, a una férrea censura militar; obligada a la inserción de todas las noticias y artículos que el mando, por medio de su Delegación de Prensa, cree conveniente, se ha infiltrado en el pueblo la dosis conveniente de rencor, falacia y estulticia[142].

La rebelión, fracasada en su iniciación, se ha sostenido en las zonas sometidas militarmente a fuerza de embustes y engaños; el día 18 de julio se afirmó que la República ya no existía, y desde aquella fecha todos los periódicos y órganos de propaganda, incluso el púlpito, se han dedicado a sugestionar al pueblo con el relato de la subversión social, dominio bolchevique y crímenes horribles que en la zona republicana imperan.

No se detienen ante nada para servir a las gentes incultas e impresionables el diario sustento mantenedor del rencor y el odio: relatos interminables y monótonos de tormentos, marca clásica del jesuitismo; constantes relaciones de asesinatos, casi siempre desmentidos posteriormente, pero no importa, pues ya causaron el efecto deseado a su tiempo; muertes de escritores famosos, como la de Benavente, narrada con lujo de detalles y torturas, cuya falacia es

---

142. El 4 de diciembre de 1936, el general Millán Astray, director general de Propaganda del Cuartel General de Franco, transmite, a través de los gobernadores civiles, «las instrucciones que hará saber a los censores, a los directores de periódicos y de toda clase de publicaciones escritas (…) con el objeto de que sepan a qué atenerse». Así, por ejemplo, se ordena que, hasta nueva orden, en la primera página de los periódicos figure destacadamente el lema «UNA PATRIA – UN ESTADO – UN CAUDILLO»; también deberá figurar, en recuadro, el parte oficial del Cuartel General del Generalísimo, así como «los artículos, las informaciones, órdenes y avisos que sean enviados por esta Dirección de Propaganda». (Archivo Histórico Provincial de Salamanca. Fondos del Gobierno Civil. Catalogación en curso).

fácil y felizmente comprobable; de hombres de ciencia, como el doctor Gómez Ulla; de figuras populares, como el torero Villalta; de obispos, como el de Valladolid.

Recuerdo que en Valladolid asistí a unos solemnes funerales, realizados con asistencia de las autoridades, en memoria de Ricardo Zamora, el futbolista famoso, que actualmente –y no en espíritu sino en carne mortal– actúa en un equipo francés.

En sufragio del arzobispo de Valladolid, señor Gandásegui, «asesinado por los rojos vascos separatistas (hordas)», se desplegaron ceremonias impresionantes; a los veinte días se presentaba el reverendo prelado en su diócesis, sano y bien conservado, en su automóvil oficial, ¡procedente de la zona roja!... donde le sorprendió el movimiento. Ante la gente atónita que acudió a recibirle negó todas sus torturas y aflicciones inventadas, expresando, por el contrario, las atenciones y respeto de que fue objeto..., lo que le valió, ante la gente reaccionaria, el dictado de «el obispo rojo» y la necesidad de que los requetés le montaran una guardia permanente, pues sin respeto alguno a su dignidad y jerarquía, había quien hablaba de darle no sé qué *paseíto*.

Otro truco que causó gran efecto también en la zona fue el de las famosas «listas rojas», en las que se hallaban relacionados por los «rojos», con sus señas personales, domicilios y forma de recibir la muerte, todos los elementos reaccionarios y de prestigio de la ciudad respectiva.

De vez en cuando, al practicarse una detención importante, aparecía una «listita» de aquéllas; con ello se lograban dos objetivos: justificar la detención y promover la excitación indignada de los «apuntados» en la lista. Al verse así designados para una ejecución «frustrada» eran, naturalmente, elementos aptos para la represión vengativa.

En Burgos, en esta cuestión de las «listas» se llegó a una perfección y refinamiento admirables.

Había listas con graves señores apuntados para la eliminación pura y simple; otros, más destacados, para la eliminación previa tortura, envenenamiento doloroso u otro aliciente; y, por último, las terribles listas donde se relacionaron los que habían de desaparecer para siempre del mundo de los vivos, en unión de todos sus familiares, incluidos los niños y sirvientes[143].

Yo estaba maravillado ante aquellos «hallazgos» y deseaba ardientemente ver aparecer mi nombre entre los «apuntados», pues aquel olvido me iba creando alguna atmósfera adversa.

Los «rojos», que desde febrero hasta julio habían sido dueños de la situación y no habían sido capaces ni siquiera de encarcelar a un reaccionario, se habían convertido en unos cuantos días, casi en horas, en unos feroces criminales de refinada perversidad. Suerte tuvieron los derechistas «agraciados» de que les llegaran tan torvos propósitos después del movimiento militar, porque si se les ocurre antes, cuando podían realizarlo efectivamente, no puede uno imaginarse los horrores que se hubieran producido en la pacífica ciudad burgalesa...

El engaño persistente, la continuada injuria y delectación en la invención de crímenes, originaron en la mentalidad media de aquella zona una idea del Estado republicano poco más o menos como la siguiente:

---

143. Las emisoras franquistas dieron como asesinados también al pintor Zuloaga, a los hermanos Álvarez Quintero, al actor Rafael Ribelles, al escritor Fernández Flórez, etc. (Barbero E., *Crónica teatral*, Revista *Luna* nº 1, 26 de noviembre de 1939, Madrid, 2000, pág. 74). Bien es cierto que Maeztu, Muñoz Seca y algunas celebridades menores sí fueron ejecutadas en zona republicana.

El Gobierno de la República ya no existía habiendo ocupado sus puestos y «poltronas» unos cuantos forajidos y desalmados, guiados por los «sicarios de Moscú» *(esto de Moscú es en ellos una obsesión).*

Azaña y Companys ya no eran nadie en la zona roja y habían pretendido huir setenta y siete veces.

Por las calles la gente roja va vomitando blasfemias y saqueando las casas. En la que ven un signo religioso no queda vivo ni el gato.

Un simple «adiós» en alta voz es una condena a muerte segura.

Los ex presidiarios ocupan los ministerios y centros oficiales; Azaña, Prieto, Araquistaín, Negrín y otros cuantos de su «calaña» se reunían en los sótanos del Banco de España para repartirse, con el puñal sobre la mesa, las alhajas y el oro, robados de las cajas de seguridad.

Los militares rojos, descamisados y chillones, rabiosos por el avance de los nacionales, apolíneos y bellamente uniformados, se mesaban los hirsutos cabellos y emprendían veloz huida procurando, antes de escapar, matar a diez o doce vecinos «de derechas» y llevarse las ropas y los cubiertos de plata.

Araquistaín, en la embajada de París, descolgaba los tapices y cuadros para llevarlos al prendero más próximo, con toda rapidez, para terminar antes de que llegara Ossorio y Gallardo, su sucesor, quien, habiendo llegado «demasiado tarde», se desesperaba pensando qué iba él a llevarse, al cesar, con tal abuso del «predecesor».

Marcelino Domingo, con su maleta llena de oro y joyas, buscaba comprador por las casas de Méjico.

Esto, que parece una humorada o exageración, está todo colacionado de artículos y crónicas serias de la Prensa de aquella zona.

Léase tal Prensa, repásense sus noticias, examínese la baja calidad y nivel moral de sus ataques e infundios y de todo ello se deducirá certeramente la situación del pueblo en la España nacionalista; mantenido en un engaño, en un ambiente mezquino dentro de la lucha, el pueblo odia sin razón ni por qué y desconoce en absoluto la razón y causa de esta guerra.

* * *

El pueblo vive a merced de los mandos militares. Ellos disponen de él en todo, en los bienes, en los destinos, en los homenajes, en las creencias y hasta en las diversiones.

Cercando cada vez más las posibilidades liberadoras del pueblo, se mantiene a éste en un perenne engaño y excitación.

Aun en los casos más notorios de condenas dictadas por los tribunales de la República se han presentado las ejecuciones acordadas como vulgares asesinatos.

Véase, por ejemplo, en *La Voz de España*, de San Sebastián, del día 27 de agosto de 1937, lo siguiente, transcrito literalmente:

> Ayer se cumplió el aniversario de la muerte del general Muslera y teniente coronel Baselga, *asesinados* en San Sebastián durante el dominio rojo separatista. Se les sometió a Consejo sumarísimo.
>
> El sumario se componía escasamente de 25 folios. No existía ningún hecho concreto que les acusara, ni prueba alguna de la que pudiera desprenderse la mínima responsabilidad… Jurídicamente se imponía la absolución y, sin embargo, se dictó sentencia de muerte… Debemos hacer constar que, según nuestros informes, el general Muslera y el teniente coronel Baselga, de acuerdo con Mola, tenían destinada una importante misión en el alzamiento nacional.

Y la gente lee sin protesta tan cínica declaración y el comentario primero.

El pueblo, engañado, lleva a una existencia moral lamentable; no siente la guerra, ni va a ella con entusiasmo alguno; ve partir para los frentes, en largas filas, a sus hijos, arrastrados por un imperialismo que no siente, que sus propios dirigentes saben perfectamente no les será posible inculcar. El «Tebib Arrumi», cronista oficioso del cuartel general de Salamanca[144], lo ha confesado en un artículo publicado en el semanario *Domingo*, de fecha 5 de septiembre: «No nos engañemos –dice el articulista–; cuando termine esta guerra tendremos muchos vencidos dominados, PERO CONVENCIDOS NINGUNO».

Y, como lo sabe, el militarismo imperante se ve obligado a mantener falsamente el fuego del odio, con mentiras infames y alevosas y en complicidad con el clericalismo falso ha hecho posible entre la España blanca y la España roja ese rencor atroz, que ni siquiera quieren limitar a esta generación, sino que en satánico furor quieren hacer extensivo a las inocentes generaciones futuras.

Así puede publicarse en el «Diario de Navarra», del 27 de agosto de 1937, este anuncio revelador de tan cerril intransigencia; esta muestra de caridad *cristiana,* que concentra la compasión en los niños de la zona blanca y ve con odio y rencor a los inocentes pequeñuelos de la zona contraria:

> ANUNCIO. Niños huérfanos. Una persona caritativa tiene el propósito de prohijar dos niños, y una familia, una niña, todos huérfanos de padre y madre, con las condiciones siguientes:

---

144. Pseudónimo de Víctor Ruiz Albéniz, cronista bélico adscrito al Cuartel General de Franco. Sus artículos eran de obligada inserción en la prensa franquista.

Primera: los niños y la niña deben tener de dos a tres años y buen estado de salud.

Segunda: que el padre de los mismos haya fallecido defendiendo nuestra Patria contra el marxismo.

Los niños tendrán su porvenir asegurado. Para detalles dirigirse al presbítero Gervasio Villanueva.—Maternidad de Navarra.

XX

LA INVASIÓN EXTRANJERA

La invasión extranjera que padece la España nacionalista es el hecho más grave en la historia, no sólo de esta rebelión sino de toda la historia contemporánea española.

La zona llamada franquista, nacionalista o fascista, denominaciones todas inconsecuentes y falsas, no se sostiene y defiende hoy día por el esfuerzo del Ejército sublevado, por el tradicionalismo racial o por su nacional-sindicalismo incipiente, sino por la técnica guerrera alemana y por las tropas italianas.

Suele incurrirse al tratar esta cuestión, por los no conocedores del problema, en un error gravísimo, y es el de conceder mayor importancia a la ayuda italiana que a la alemana; yo, que he permanecido en aquella zona durante el primer año de guerra, puedo atestiguar que la ayuda germana ha sido la esencial y básica en el conflicto español.

Los italianos, exhibicionistas y aparatosos, han lanzado al mundo el estruendo descarado de sus intervenciones en España, en racial presunción de estilo d'anunziano. Ciertamente, sus tropas regulares y movilizadas, con mandos directos del país fascista, han ocupado por completo el territorio nacionalista, pero no han hecho más que pasear, exhibirse y, de vez en cuando, como en Guadalajara, equivocar la trayectoria del avance o, como en Santander, entrar «victoriosa y heroicamente» en una población rendida condicionalmente; en cambio, los alemanes, más prácticos y cautos, han sabido coordinar su intervencionismo y su apropiación de toda la riqueza minera norteña con ciertas normas de disimulo político[145].

Todas las instalaciones antiaéreas, las baterías de gran alcance, materiales y montajes eléctricos, de campaña y de la retaguardia, son de procedencia alemana y manejados por ellos.

Mientras las tropas italianas pasean provocativamente por las carreteras, pueblos y ciudades españolas llenándolas de «Postas» y «Commandamentos», llegando, en su alarde cínico a tomar militarmente las estaciones férreas (en la estación principal de Valladolid, un enorme letrero «CORPO DI GUARDIA» me hizo enrojecer de indignación); colocan centinelas y «carabinieri» en las entradas y salidas de las poblaciones, que exigen los salvoconductos y permisos circulatorios y realizan, en fin, tantos abusos y escándalos, que toleran la maldad de algunos y la idiotez de otros; los alemanes, en cambio, tan eficaces en su ayuda (la conquista del norte de España es debida a su aviación), se muestran muy reservados, hasta el punto de que los técnicos no directamente afectos a servicio armado se presentan y actúan sin uniforme militar.

Pueril es insistir en la certeza de la invasión italiana ya que ellos mismos la declaran impúdicamente en sus actos oficiales y públicos;

---

145. «… con el tacto y discreción (sic) política más severa», en versión anterior.

más difícil ha de resultar la probanza de la intervención alemana, pues no se cuenta, como en el caso italiano, con la verborrea indiscreta y chillona de sus dirigentes.

El pueblo, en la zona nacionalista, como no podía menos de suceder, se ha percatado de la importancia de la invasión extranjera. A un procurador burgalés, directivo del Requeté y persona de influencia en la actual situación, le oí yo lamentarse sinceramente de la «cuenta» que las naciones extranjeras pasarían a España por su ayuda; claro que él achacaba la responsabilidad de todo ello a la consabida intentona comunista, que el Ejército evitó, pero reconocía la gravedad e importancia de la invasión.

Todos, del mismo modo, comprenden la peligrosa perspectiva de esta incursión extranjera prolongada, para la unidad e independencia de la Patria, pero sugestionados y fanáticos, creen que tal ayuda es el único medio de vencer a los *ejércitos rusos y franceses* que imaginan que pelean en contra de Franco.

El ejército nacional no ve tampoco con simpatía esta invasión de jefes extranjeros. Los militares nacionalistas hubieran deseado que Alemania e Italia les enviaran cañones, tanques y soldados, muchos soldados, para ser mandados y dirigidos por ellos; pero ven con desagrado que el país se puebla de divisiones con mandos italianos y de técnicos y oficiales alemanes, mejor equipados y pagados que los propios nacionales, y que son objeto de todas las atenciones solícitas del alto mando y del favor de la gente reaccionaria. El militar nacional se siente humillado y disgustado ante el invasor, su peligroso y preponderante rival.

Por otra parte, en los textos y partes oficiales y en todos los actos militares, los extranjeros ocupan el puesto preferente, no como acto de cortesía, accidental y aceptable, sino como derecho de primacía y dominio; a tal extremo llega la imposición que el militar español llega a ver con agrado el fracaso de los invasores, como ocurrió en la «retirada estratégica» de los italianos en Guadalajara, que provocó comentarios irónicos y mortificantes hasta en el propio cuartel general de Franco.

Y es que el militar extranjero no se recata sino que se complace en subrayar su menosprecio a la población y al Ejército de la zona. Un ingeniero, huido de Madrid, obtuvo en Burgos un empleo en la Administración del Estado; a los siete días de su posesión, le encontré muy preocupado, pues había sido desalojado del cuarto que ocupaba en el hotel, sin previo aviso ni excusa, por dos oficiales alemanes que encontró en su habitación.

Los hoteles tenían órdenes de colocar a los militares extranjeros en las habitaciones preferentes y relegar a los actuales huéspedes a las habitaciones interiores.

Cierto día, al llegar yo del juzgado, me comunicaron en el hotel que habían dispuesto de mi habitación para un alemán.

Yo que comprendía la inutilidad y aun el peligro de una protesta, me limité a subir al cuarto para recoger el equipaje; grande fue mi sorpresa cuando, al llegar, comprobé que ya había sido recogido y colocado en otra habitación pequeña, y en la que yo ocupaba un voluminoso equipaje perteneciente al alemán llenaba su sitio. El propio alemán, según me dijeron, había ordenado el traslado.

—A esto no hay derecho –decía alguien–; porque usted ocupa un cargo.

—Están ustedes muy equivocados –le repliqué para resarcirme–; a estos militares que vienen aquí, exponiendo su vida por nuestra Patria, debemos cederles siempre y sin reserva lo mejor. ¡En el suelo debíamos dormir todos para que ellos puedan reposar descansadamente!…

Al que no pensaba y se expresaba así, podía considerársele como enemigo del movimiento, lo que envolvía cierto peligro...

Más tarde me enteré en la comisaría de que el tal alemán no era un militar sino el representante industrial de una casa germana.

La situación de los españoles no militares en aquella zona es tan humillante que basta a este respecto señalar el siguiente hecho:

En el hotel María Isabel, el mejor de Burgos, requisado como tantos otros para los extranjeros, tenía su sede el cuartel general de la aviación alemana. Allí ondea la bandera hitleriana[146].

A los antiguos huéspedes del hotel se les ha obligado a buscar otro alojamiento; sin embargo, a algunos, caracterizados, se les ha permitido, con autorización de los alemanes, efectuar sus comidas en el hotel, pero en cuanto acaban de comer deben marcharse sin detenerse en el «hall» o en los salones ni un minuto.

A un presidente de audiencia, persona de gran prestigio en la región, que con su esposa osó un día detenerse después de comer, en el «hall» se aproximó un policía rogándole que no permaneciera allí, pues los alemanes no lo toleraban.

A las quejas de la esposa del digno magistrado, sobre la permanencia de otras señoritas, entre ellas las hijas de un grande de España, replicó muy azorado el agente, «que éstas eran consentidas por los alemanes, pues decían que el amor no estaba reñido con la guerra»... Y efectivamente, todas las noches en el hotel se organizaban bailes y reuniones, en los que participaban tales señoritas y otras jóvenes amigas «toleradas» por los germanos.

---

146. El edificio que ocupaba este hotel se halla en la plaza de Castilla, muy cerca del Palacio de la Isla, residencia oficial de Franco desde el verano de 1937. Se dice que en algún local cercano tenía sus dependencias la Gestapo.

Esta humillación indigna no era patrimonio exclusivo de los «civiles» sino que alcanzaba también al elemento militar indígena.

Cierto día hice un viaje por ferrocarril en compañía de un capitán del Ejército, muchacho culto y buen amigo mío; se dirigía a Talavera a incorporarse al frente aquel.

Viajábamos en el expreso de Sevilla y al subir a él en Burgos encontramos todos los departamentos ocupados y muchos viajeros, militares en su mayoría, de pie en los pasillos.

Recorrimos los vagones y en uno de ellos hallamos dos departamentos ocupados; uno, por dos oficiales italianos y otro por tres alemanes. En uno de ellos había en la puerta semi-cerrada un letrero: «ESTAFETA LEGIONARIA». Como eran departamentos de seis asientos, intentamos sentarnos en el que no tenía cartel alguno. Penetré yo el primero, hice el saludo fascista, con decisión y estudiada «pose» y, apenas iba a solicitar el permiso para sentarnos, cuando se levantó uno de los oficiales y sin decir una palabra (al menos inteligible para mí), nos cerró destempladamente la puerta, con grave riesgo, incluso, de aprisionarnos brutalmente con ella.

Comprendimos que no deseaban visitas y molestias y el capitán y yo nos refugiamos tristemente en un «tercera».

Yo vi lo que sufría aquel buen muchacho con tal desaire y pretendí quitarle toda importancia; labor inútil, porque de su rostro y de su pensamiento no se borraba (ni podrá borrarse nunca) aquel desprecio ofensivo del militar italiano a un colega de España…

En las clases sociales inferiores el problema es más grave. Los soldados extranjeros, bien pagados y en plan colonial, tratan despectivamente a los pobres reclutas nacionales, que tienen «treinta céntimos» de «sobras» por todo estipendio; aquellos, pueden permitirse el lujo de invitar a las mujeres en los cafés y bailes, mientras los «nuestros» tienen que limitarse a pasear, y si acaso, a un módico refresco.

Justo es reconocer que la mujer nacionalista de las clases humildes ha reaccionado con mayor dignidad que la «señorita». Yo he presenciado en Valladolid, en un baile popular, la retirada de todas las mujeres, como protesta por tener entrada gratuita los italianos y no los nacionales.

En todos estos establecimientos se han colocado letreros aconsejando a la mujer ser atenta y solícita con los soldados «hermanos» que vienen a luchar con los españoles contra el bolchevismo. ¡Qué poco se necesitan estas advertencias en los salones de té y casinos, donde las «niñas elegantes» se desviven por el oficial invasor!...

En el Casino de Burgos la hora de cierre nocturna es a las doce... excepto para los extranjeros, que pueden permanecer todo el tiempo que deseen. A dicha hora, libres de los «indígenas» molestos, comienzas los «bien pagados» advenedizos sus juergas a base de jerez y manzanilla que, ¡naturalmente!, les es ofrecida gratuitamente por la empresa directora.

Un solo día fuimos autorizados los «nacionales» a permanecer en el Casino hasta las dos de la madrugada y fue con ocasión de la conquista de Bilbao.

Hallábase el salón principal abarrotado de señoras y señoritas que festejaban y aclamaban a los oficiales y jefes extranjeros; después de obligarnos a escuchar y aplaudir sus cantos fascistas, los asistentes les halagaban con vivas repetidos a Alemania e Italia. Los militares, embriagados, con la provocación intolerable en sus ojos brillantes, contestaron con algo que yo recibí como una bofetada. No fue con un «¡Viva España!», ni algo análogo; fue con un «Viva la mujer guapa española»...

Las mujeres elegantes celebraron tal ocurrencia; los hombres, que tenían allí sus madres, sus hermanas, sus esposas... aplaudieron también; yo que me hallaba solo y no tenía a nadie conmigo, pensé que aquel «viva» en aquellas circunstancias, era una ofensa bochornosa.

Indignado por aquella mansedumbre, por aquella vergonzosa actitud de halago servil al invasor, salí del Casino yéndome a pasear por los barrios apartados. Quería acercarme al pueblo y ver como en sus humildes clases se festejaba aquel acontecimiento guerrero.

Por las calles tortuosas que nacen a espalda de la Catedral, bellísima en aquel nocturno claro, me encaminé al barrio «de pecado», donde se hallan las casas de «mala nota»[147].

Por la calle grupos de soldados, de falangistas y requeté, alegres y chillones, se cruzaban con los italianos y alemanes; también abundaban los moros.

En la puerta de la casa más importante, la de «la Luisa», presencié un escándalo imponente. La encargada arrojaba a la calle a un falangista que había pretendido entrar en la casa, requisada exclusivamente para los italianos. La patrulla de servicio lo llevó detenido al cuartel.

La casa de Lola (viejos conocimientos del juzgado) se hallaba requisada para los alemanes. Otra casa, requisada para los italianos, había sido cerrada la noche anterior.

---

147. La zona alta de la calle Fernán González. La prostitución era entonces tolerada si se ejercía en ciertos locales, siendo las mujeres controladas sanitariamente. No así la prostitución clandestina o callejera, que escapaba a ese control. Como se ha señalado, un efecto de la represión y de la miseria que reinó en la posguerra fue el aumento de este tipo de actividad, hasta el punto de que llegó a haber cárceles especializadas para mujeres «caídas».

La encargada de esta casa, apoyada en el quicio de la puerta, me saludó, aduladora:

—Señor secretario: qué triste e indignante es esto. Ya ve usted, por lo de ayer, que usted conoce bien por el juzgado, nos han cerrado la casa. Estos italianos maltratan a dos pobres chicas y en lugar de castigarles... nos cierran a nosotros la casa.

—¿También ésta está requisada para ellos? –pregunté por eludir la conversación.

—¡Claro, hijo! Y la de Carmen para los alemanes...

—Pero, ¿y los de aquí? –aventuré, tímido.

—¡Ah! La de la Peque, la peor, la han dejado para los españoles... y los moros...

* * *

A los pocos días actuamos en un suceso lamentable; una niña de cinco años había sido atropellada frente al Hospital Provincial por un automóvil militar italiano.

Nos trasladamos al hospital, donde la pobre niña se moría; el padre, un modesto albañil, se deshacía en quejas a su lado.

—¡Pobre hija mía! ¡Pobre hija mía!

El cuadro era impresionante. Yo que llevaba más de un año sin ver a mi hija, separada de mí por la guerra, y que es de una edad aproximada a la que veía allí agonizante, abandoné el local emocionado.

Cuando quisimos tomar declaración al conductor del coche, un soldado italiano, no nos fue posible, pues se negó a acatar otra orden que la de su capitán. Hubo que esperar la llegada de este oficial italiano; cuando llegó se informó del caso y nos manifestó que como el chofer no tenía, a su juicio, responsabilidad alguna, él se lo llevaba en su coche, pues era necesario para un servicio militar.

El juez, atendiendo al carácter militar del acusado con arreglo a la ley, pasó el sumario a la autoridad militar; ésta ordenó el archivo inmediato de todo lo actuado y allí no había pasado nada… Nada más que la pobre niña murió a las dos horas a consecuencia de las heridas causadas por el atropello.

Yo podría aquí decir más; contar más detalles vividos sobre la invasión extranjera, sobre la humillación que implica, pero no lo creo necesario.

No quiero cebarme en el caído, en el vencido y humillado. Porque humillado y caído está en realidad un general que, titulándose caudillo y español, pone su firma al pie del parte oficial de Guerra del día VEINTIDÓS DE AGOSTO último, que dice textualmente, al hablar de la toma de Santander:

> La columna española que opera en el flanco derecho de los Legionarios»…, etc.
> Salamanca, II Año Triunfal».

¡Triunfal! ¿Para quién? ¡No será para ese pobre general, sino, en todo caso, para ese ejército extranjero que hace pasar a un general español por la vergüenza de hablar en su parte oficial de *«la columna española»*!

EPÍLOGO

En mis horas de trabajo, en las prolongadas veladas al filo de las noches en vigilia, una constante y fija obsesión me torturaba: salir de la España nacionalista.

Aquel propósito, firmemente decidido, fue meditado serenamente en mi conciencia.

No ejercía yo cargo político alguno; había llegado a Burgos en virtud de un paso automático y forzoso de mi carrera y ni a la Monarquía ni a la República, ni a las derechas o a las izquierdas debía un puesto exclusivamente judicial obtenido en oposiciones consecutivas.

Al ocurrir el movimiento militar, y aunque mi pensamiento político no ha sido nunca fascista o militarista, no tuve inconveniente alguno en seguir actuando en mi esfera estrictamente judicial; el puesto era, por otra parte, interesante y no dejaba de tener alicientes, al menos en el aspecto egoístamente económico.

Presidente Decano del Colegio de Secretarios Judiciales y secretario único del Juzgado de instrucción en población tan destacada como Burgos, aquel movimiento, que venía a aumentar la importancia de aquella capital, sólo beneficios podía acarrearme; sin contar con que a la hora del triunfo posible tal situación me representaba un ascenso seguro al puesto de secretario en Madrid, meta y aspiración en mi carrera. Así me lo habían insinuado varios elementos preponderantes en la situación y a los que mi cargo oficial, insensiblemente, me iba acercando.

Pero, a cambio de esta posición egoísta y ambiciosa, mi conciencia, mi dignidad profesional, sobre todo mi sentir liberal y humano, se rebelaba abiertamente contra aquella dominación del crimen y la barbarie.

Recordaba los continuados asesinatos, los horrores de la represión reaccionaria desatada en la zona; no, no se trataba de exageradas o apasionadas campañas políticas, pues mis nervios quebrantados por la contemplación de tanto crimen, eran un testimonio irrecusable.

Ni siquiera podía paliar aquello con la excusa del móvil partidista o social; aquellos desgraciados obreros, los centenares de campesinos, pobres e incultos, sacrificados vengativa y oscuramente y cuyos cadáveres habían sido levantados por mí, no podían justificarse por teorías sociales o políticas.

Mi conciencia, adormecida por el fragor de la guerra, llegaba a disculpar la muerte violenta de los dirigentes, de determinados políticos extremistas, pero aquellas matanzas en serie de desgraciados, cuyo único delito era pertenecer a la clase proletaria, aquella constante prédica del odio y el rencor, la persecución dictada desde los altos mandos contra las ideas y el pensamiento, ¿qué disculpa podían ofrecer para la implantación de cualquier régimen?

Y yo, continuando allí, tenía que convertirme en instrumento al servicio de todo aquello. Inconscientemente, en turbia mezcla de egoísmo y de terror, iba colocándome al servicio de la represión y del odio. En mis actuaciones y diligencias, aun no habiendo nunca salido de la órbita estrictamente profesional, el temor a la represalia, el ambiente coactivo, hallaba eco en mi intervención parcial en favor de la situación e inconscientemente iba transformándome en una rueda más de aquel engranaje tiránico.

Y con todo ello quizá hubiera resistido, en un esfuerzo de voluntad y tolerancia, queriendo ver en los crímenes cometidos, en la trayectoria delictiva del movimiento militar, un estado accidental de pasión y lucha, que desaparecería al instaurarse plenamente el régimen; pero la invasión extranjera, descarada, cínica e infamante desarmó aquel resto de inercia en mi espíritu.

Aquellos aplausos obligados y forzosos a los aviones alemanes que se remontaban en criminal empresa de destrucción y muerte sobre ciudades pacíficas e indefensas, aquella constante humillación a todos los nacionales y, sobre todo, a la mujer... a las mujeres españolas; todo aquel ambiente de cobardía, amparador de continuados ultrajes a mi Patria, en sistema de colonización mansamente consentido, rebeló mi dignidad y mi ciudadanía.

En el interior, la gente estúpida, reaccionaria, cebándose en el crimen y la venganza sobre el vencido y el contrario en ideas, dejaba rienda suelta al verdadero enemigo, al invasor taimado y consentido.

No, no era aquello el movimiento nacional que yo, ingenua y forzadamente, acepté el 18 de julio, no con entusiasmo, pero al menos con un margen de espera y de confianza.

* * *

No era tampoco un movimiento fascista, que en su novedad hubiera aportado algún interés experimental; aquello no era más que la reacción hostil y desordenada, enfrentada por el militarismo traidor con el pueblo indefenso; aquello no era más que el imperio del clericalismo y de la tiranía del rico, del poderoso, apoyada en la fuerza y en el terror; el triunfo del «muera la inteligencia» de Millán Astray, degenerado por el fracaso militar en una infame venta del país al fascismo extranjero, amparador accidental y condicionado de tal régimen.

Yo, convencido de aquello, no podía dignamente, por una conveniencia económica o de porvenir en la carrera, hacerme encubridor y quizá un día cómplice de tanta infamia...

El 30 de junio de 1937 pasaba la frontera francesa; no perseguido ni disfrazado (lamento que mi anecdotario se vea privado de este heroico y espectacular final), pues yo pasé la frontera con salvoconducto en regla, saludado militarmente por la Guardia Civil del puente internacional, en automóvil propio y en posesión de todos mis títulos y derechos[148].

El 27 de noviembre de 1935 había llegado a Burgos, como secretario judicial; el 30 de junio de 1937, sin una interrupción en mi destino durante aquella etapa (mitad de República, mitad nacionalista), me marché de la zona y llegué a Francia, siendo todavía presidente decano del Ilustre Colegio de Secretarios Judiciales y secretario del Juzgado y Tribunal Industrial de Burgos, cargos que todavía, al redactar estas líneas conservo, pues públicamente no se ha decretado aún mi cese ni nombrado sustituto por las autoridades nacionalistas[149].

---

148. En versión anterior se añade: «... títulos que las autoridades que me facilitaron el paso de Francia, creyeron volvería, por egoísmo, a recobrar al cabo de unos cuantos días».

149. Más tarde Ruiz Vilaplana tuvo un expediente de responsabilidad política, así como otro penal por malversación (se le acusaba de haber sustraído dinero de su oficina judicial, así como el coche oficial).

Quizá esperen mi regreso, no comprendiendo que alguien pueda sacrificar su porvenir en aras de su sentir; tal vez la publicación de estas páginas desate contra mí una campaña violenta, en el estilo peculiar de aquella zona.

Nada me importa. Allí quedan mi cargo, productivo y envidiable, mi conveniencia personal, mis sueños de la carrera; aquí me espera el porvenir incierto, la preocupación económica diaria..., pero quiero volver a España, a mi verdadera España, de la que me separé contra mi voluntad, no ahora en mi paso a Francia, sino el 18 de julio de 1936, al instaurarse un movimiento delictivo...

Y quiero entrar en la verdadera España, en la España republicana, con toda mi verdad por delante, sea cual sea el resultado, presentándome ante ella y diciéndola de corazón: «aquí estoy; vengo de la otra zona; no he sido allí actuante, no he pertenecido a milicia ni partido político alguno; allí me sorprendió el movimiento militar y he continuado en mi cargo judicial, estrictamente en mi cargo, bajo el régimen aquel de fuerza, hasta que un día, convencido de lo que es aquello, lo dejé todo, mi cargo y mis ventajas, para servir a la España leal, en el puesto que se me designe. No he salido de allí perseguido ni hostilizado; he salido convencido, que es como se hallan todos los que allí se engañan y son engañados...».

Si España me acepta, con ella quiero vivir sus triunfos y sus tristezas. Y, si contra todos los dictados de la razón y de la justicia, la España republicana fuera vencida en la lucha, en mi destierro guardaré la ilusión de que, cuando mis hijos, hoy chiquillos, lean estas páginas, digan:

«Nuestro padre, cuando la suerte era incierta para la España leal; cuando a raíz de la conquista de Bilbao, los nacionalistas se hallaban inflamados de fe en su triunfo, y corrían por toda aquella zona vientos de optimismo ciego, dejó allí su porvenir y su carrera para venir al campo republicano sangrante y doliente. Comenzó una nueva vida, se acabó en nuestra casa la comodidad y el lujo; conocimos las dificultades y las privaciones, pero… ¡qué bien hizo nuestro padre!…».

FIN

ÍNDICE

PRÓLOGO

Ruiz Vilaplana, un secretario judicial en la capital de la cruzada . 11
Los comienzos de *Doy fe*. 15
La gran campaña. 24
La prensa fascista contrataca 30
De *Doy fe*... a *Un año con Queipo* 36
La cruzada de Constantino Bayle, S. J.. 43

PRIMERA PARTE
LOS HECHOS

I. Burgos, antes de la guerra civil 53
II. La noche del 17 de julio de 1936 63
III. Las primeras camisas azules. 74
IV. La «limpieza social» 80
V. Llegada de Mola y formación del primer gobierno
en Burgos. 95
VI. Continúa la «limpieza de la retaguardia» 105

VII. Los «enterramientos» de la Cartuja 114

VIII. La muerte de Mola y el monte de la Brújula 123

IX. El penal de Burgos 130

X. La ejecución de Antonio José, el músico poeta 142

SEGUNDA PARTE
LA ESPAÑA NACIONALISTA

XI. Franco 155

XII. El general Queipo de Llano 164

XIII. El gobierno de Burgos 175

XIV. La justicia 189

XV. Las incautaciones de bienes 206

XVI. El clero 220

XVII. Los militares 231

XVIII. Las milicias 243

XIX. El pueblo 254

XX. La invasión extranjera 265

Epílogo 275

Nuestro compañero de Redacción, Antonio Ruiz Vilaplana, que ha salido para Norteamérica con una misión oficial de propaganda y desde donde enviará a MI REVISTA sus acostumbradas e interesantes informaciones.

Doy fe... Un año de actuación en la España nacionalista
de ANTONIO RUIZ VILAPLANA,
acabó de imprimirse
el 30 de mayo
de 2023